Robert Düsterwald

Die Scheinheiligen

Wie uns nahestehende Menschen aus Firma, Familie
und Bekanntenkreis ausnutzen und hintergehen

… und wie wir uns dagegen wehren können.

Robert Düsterwald

Die Scheinheiligen

Der Autor

Robert Düsterwald, geboren in Bonn, ist selbstständiger Unternehmensberater. Nach seinem Studium war er zunächst mehrere Jahre lang als Berater, Projektleiter und Führungskraft in Unternehmen verschiedener Branchen beschäftigt. Zu seinen Aufgaben gehörten u. a. die Analyse von Geschäftsprozessen und Internen Kontrollsystemen. Als Auditor kam er auch mit den Themen Ordnungsmäßigkeit, Regelkonformität und Ethik in Berührung.

Bibliografische Information der Deutschen Nationalbibliothek

Die Deutsche Nationalbibliothek verzeichnet diese Publikation in der Deutschen Nationalbibliografie; detaillierte bibliografische Daten sind im Internet unter http://dnb.dnb.de abrufbar.

Rechtlicher Hinweis

Verlag: BoD · Books on Demand GmbH, In de Tarpen 42,
22848 Norderstedt
Druck: Libri Plureos GmbH, Friedensallee 273, 22763 Hamburg
Cover-Gestaltung und Titelbild: R. Düsterwald

ISBN: 978-3-7597-9384-3

Inhaltsverzeichnis

Hinweis: In diesem Buch wird aus Vereinfachungsgründen häufig das generische Maskulinum gebraucht. Hiermit sind jedoch alle Geschlechter gemeint.

1 Vorwort

Liebe Leserin, lieber Leser,

in diesem Buch geht es um Menschenkenntnis, genauer gesagt, um das Verständnis bestimmter menschlicher Unzulänglichkeiten.

Es geht um das Verhalten von Mitmenschen, die sich hinter dem Rücken anderer ungerechtfertigte Vorteile erschleichen, sie aus egoistischen Motiven hintergehen und ausnutzen. Menschen, denen ihr eigenes Wohlergehen weit wichtiger zu sein scheint als das anderer.

Um ihre Ziele zu erreichen, tarnen sie sich; sie nutzen vielfältige Mittel der Manipulation, greifen zu Halb- und Unwahrheiten, halten Versprechungen nicht ein und intrigieren gegen uns und andere.
Oft werden ihre Machenschaften lange Zeit nicht durchschaut. Ihre Motive bleiben uns verborgen, aber ihr Tun kann gravierende Folgewirkungen für uns haben. Wir werden ausgenutzt, finanziell geschädigt, beruflich benachteiligt, schikaniert, hinter unserem Rücken schlechtgemacht.

Zum Teil ist das alles menschlich; aber wenn es ein gewisses Maß übersteigt, dann kann es für uns durchaus brenzlig werden.

Mit etwas Glück haben wir es nur mit einem unangenehmen Menschen zu tun, der überheblich auftritt, sich herablassend gibt und uns immer wieder kleine Lügen auftischt. Der daraus entstehende Ärger hält sich in Grenzen. Doch wenn wir Pech haben, kann ein solcher Mensch anderen das Leben ausgesprochen schwermachen. Er kann ihnen Schäden zufügen, die sie bis in den gesundheitlichen oder wirtschaftlichen Ruin treiben können. Manche Opfer dieses Tuns vertrauen dem Täter sogar dann noch, wenn sie eigentlich erkennen müssten, dass er der eigentliche Grund für ihre Misere ist.

Wir müssen jedoch jederzeit damit rechnen, einem Menschen zu begegnen, der es nicht gut mit uns meint. An den unterschiedlichsten Orten treffen wir ihn an: An der Werkbank wie im Büro, im Kollegenkreis wie in der Chefetage, in unserer Familie, im Sportverein oder im Freundeskreis.

"Scheinheilige" habe ich diesen Menschentyp getauft, weil er bewusst den Anschein des Redlichen und Anständigen nutzt, um sich im Schutz dieser Fassade ungestört seinen eigenen, unrechtmäßigen Vorteil zu sichern.

Doch woran erkennen wir diesen Menschentypus eigentlich? Den meisten Menschen steht nicht auf der Stirn geschrieben, was sie wirklich denken, und wie sie wirklich zu uns stehen. Über eine gewisse Beobachtungszeit hinweg lassen sich allerdings bestimmte Verhaltensmuster erkennen, die darauf schließen lassen, wes Geistes Kind sie sind.

Dies setzt jedoch voraus, dass man auch auf kleine, scheinbar unwichtige Anzeichen achtet, die diesbezüglich wertvolle Hinweise geben können. Lässt man dann alles einmal gedanklich Revue passieren, dann ergibt sich aus einem Puzzle vieler Einzelteile ein Gesamtbild.

Mit diesem Buch möchte ich Ihnen, meinen Leserinnen und Lesern, eine persönliche Hilfestellung zur Erkennung unredlicher Verhaltensweisen an die Hand geben, und ich hoffe, dass Sie mit den Tipps, wie Sie sich dagegen verteidigen können, etwas anfangen können.

Ich habe dazu u.a. einen kleinen Test entwickelt, mit dessen Hilfe Sie eine Ihnen bekannte Person auf Merkmale unredlichen Verhaltens („Scheinheiligkeit") hin beurteilen können.
Anhand von weiteren Checklisten erfahren Sie, wie anfällig jemand für Attacken von Scheinheiligen ist, und wie sie sich in Organisationen verhalten. Außerdem zeige ich Ihnen, wie Sie sich gegen die unredlichen Machenschaften zur Wehr setzen können.

Das vorliegende Buch ist jedoch kein wissenschaftliches Werk. Der Menschentyp, der hier beschrieben wird, existiert in dieser Reinform nicht (vgl. Kapitel 3). Auch wenn im Buch immer wieder vereinfachend von dem "Scheinheiligen" gesprochen wird, so geht es hier im Grunde nicht um einen Menschentyp, sondern um ein Modell, mit dem man unerwünschte <u>Verhaltensmuster</u> erkennen kann, um sich besser dagegen zu wehren.

Zu diesem Zweck beinhaltet das Buch ausschließlich eine Zusammenstellung zahlreicher persönlicher Erfahrungen und Einschätzungen, die andere und ich im Lauf mehrerer Jahre gesammelt haben. Doch ich bin überzeugt davon, dass genau das den eigentlichen Mehrwert bietet.

2 Ethisches Verhalten in der Gesellschaft

2.1 Scheinheilige und ihr Blendwerk – was ist das?

Es war nicht ganz so einfach, einen Sammelbegriff für den Menschentyp zu finden, den ich in diesem Buch beschreiben möchte.

„Betrüger" ist ein rechtlicher Begriff – aber hier geht es vorwiegend um die, sich gerade noch im Rahmen der Legalität bewegen, obwohl sie eigentlich betrügen. Das Wort „Trickser" greift mir zu kurz, obwohl es gerade oft wie Taschenspielertricks wirkt, wie sie andere hereinlegen.
„Blender" habe ich sie in den früheren Ausgaben dieses Buchs genannt, aber sie blenden nicht nur kurz auf, sie schaffen regelrechte *Blendwerke*.

Nach einiger Überlegung habe ich mich dafür entschieden, sie mit dem Begriff „Scheinheilige" zu bezeichnen. „Scheinheilige" scheint mir am passendsten, denn sie geben sich den *Anschein* der Redlichkeit, um ihre eigentlichen Motive zu verbergen. Gern stellen sie sich auch als Held und Retter dar.

Doch wie soll man ihr Verhalten bezeichnen? „Scheinheiligen" ist kein Verb. Da kam mir wieder der Begriff des „Blendwerks" in den Sinn.
Denn Scheinheilige errichten manchmal ein ganzes Blendwerk aus Unwahrheiten, Täuschungen und Fallen um sich herum. Dieses böswillige Tun kann man getrost mit dem Begriff „blendwerken" bezeichnen. Für das *Verhalten* des Scheinheiligen werde ich also von nun an das Wort „*blendwerken*" verwenden.

Wie ist ein Scheinheiliger definiert? Ich denke, er lässt sich am besten wie folgt beschreiben:

Ein Scheinheiliger (im Buch auch „Blendwerker" oder „Böswilliger") ist ein uns privat oder beruflich nahestehender Mensch, der seine Interessen grundsätzlich über die anderer stellt und ihnen dadurch bewusst regelmäßig materielle oder immaterielle Nachteile zufügt.

Nach außen hin stellt er sich aber meistens als anderen wohlgesonnen dar.

Nahestehend bedeutet im *privaten* Umfeld, dass es sich um jemand aus unserem Freundes- und Bekanntenkreis oder aus unserer Familie handelt. Nahestehend bedeutet im *beruflichen* Umfeld, dass es sich um einen Kollegen, Mitarbeiter, Vorgesetzten, Kunden, Lieferanten oder einen anderen Menschen mit einem beruflichen Bezug zu uns handelt.

In beiden Fällen steht man sich relativ nah oder man hat zumindest häufigen Kontakt zueinander. Das bedeutet, hier liegt eine Situation vor, in der man sich eigentlich gegenseitig vertrauen können müsste, um besonders gut miteinander auszukommen. Der Umgang miteinander sollte respektvoll und fair sein.

Scheinheilige sind jedoch falsche Freunde, denn sie zeichnen sich dadurch aus, dass sie eine Vertrauenssituation einseitig zu ihren Gunsten ausnutzen. Wir vertrauen ihnen, während sie uns misstrauen und ihre wahren Absichten verschleiern, um ihre eigenen Ziele rücksichtslos zu verfolgen.

2.2   Ethik, Moral und Gesellschaftsordnung

Das Tun der Scheinheiligen, das ich hier „blendwerken" nenne, bezeichnet also ein Verhalten, das mit einem redlichen und ehrbaren Auftritt im Umgang mit anderen, mit Aufrichtigkeit und Verantwortung, mit Fairness oder Zuverlässigkeit nicht vereinbar ist.

Wir bewegen uns damit im ethisch-moralischen Bereich. Daher lohnt es sich, zu Beginn dieses Buches einen Blick darauf zu werfen, was diese Begriffe bedeuten, und warum Ethik in den meisten Zivilisationen einen hohen Stellenwert hat. Wenn ich Ihnen in einem späteren Kapitel dann den Begriff des Blendwerkens erläutere, werden Sie stets den Widerspruch zur Ethik erkennen.

Leider werden die beiden Begriffe, Ethik und Moral, in der Literatur nicht einheitlich und auch ein wenig abstrakt beschrieben. Ich erlaube mir deshalb einen eigenen Vorschlag zur Definition der beiden Begriffe:

Ethik – synonym: Ethos[1]

Ethik ist das Wertesystem einer Gruppe oder Gesellschaft, das deren Angehörigen insgesamt als anzustrebendes, wünschenswertes Ideal gilt. Das tatsächliche gezeigte Verhalten weicht in der Regel davon ab. Ethik ist insofern der Maßstab zur Beurteilung des Handelns Einzelner.
Wir unterscheiden menschliches Verhalten anhand dieses Maßstabs, indem wir es mit den Kategorien „gut" (dem Ethos entsprechend) oder „böse" (dem Ethos widersprechend) bewerten.

Moral

Moral spiegelt die in Bezug auf das Wertesystem gezeigten tatsächlichen Verhaltensweisen, aber auch die von den meisten Mitgliedern einer Gruppe oder Gesellschaft im Alltag akzeptierten Normen wider.
Moral bezeichnet also die im Alltag beobachtbaren Normen und Verhaltensweisen. Sie entsprechen nicht immer dem ethischen Ideal, sondern der allgemein üblichen Sitte. Eine Verhaltensweise, die dem ethischen Soll entspricht oder nahekommt, wird als ethisch oder als von hoher Moral zeugend bezeichnet. Eine Verhaltensweise, die unter der üblichen Moral liegt oder weit von ethischen Werten entfernt ist, wird als unethisch oder unmoralisch bezeichnet.

Es geht bei beiden Begriffen um die „Sinnesart", um die Art, wie menschliches Handeln begründet und bewertet wird. Mit Ethik verfolgt eine Zivilisation das Ziel, eine einheitliche, für alle ihre Mitglieder verbindliche Grundlage des mehrheitlich als „gut" angesehenen Handelns zu schaffen. Diese Grundlage soll dann dem Einzelnen zur Orientierung für sein eigenes Verhalten dienen. Die Gesellschaft wiederum hat damit

---

[1] *Wikipedia* versteht z.B. unter Ethik Folgendes:

„Die **Ethik** ist jener Teilbereich der <u>Philosophie</u>, der sich mit den Voraussetzungen und der Bewertung menschlichen Handelns befasst. Ihr Gegenstand ist damit die Moral insbesondere hinsichtlich ihrer Begründbarkeit und <u>Reflexion</u>.
<u>Cicero</u> übersetzte als erster *êthikê téchnē* (*die ethische Kunst*) in den seinerzeit neuen Begriff *philosophia moralis* (*Philosophie der Sitten*)."
Aus Seite „Ethik". In: Wikipedia – Die freie Enzyklopädie. Bearbeitungsstand: 2. Juli 2024, 04:55 UTC. URL: <u>https://de.wikipedia.org/w/index.php?title=</u> Ethik&oldid= 246383181 (Abgerufen: 22. August 2024, 09:39 UTC)

einen Maßstab zur sittlichen Beurteilung des Handelns Einzelner und kann bei Abweichungen belohnend oder sanktionierend darauf reagieren.

Wie der Einzelne dieser ethischen Orientierung am besten nachkommen kann, das beschreibt meines Erachtens sehr anschaulich der „kategorische Imperativ" von Immanuel Kant:

„Handle nur nach derjenigen Maxime, durch die du zugleich wollen kannst, dass sie ein allgemeines Gesetz werde."[2]

Ähnlich lautet ein altes Sprichwort:

„Was Du nicht willst, dass man Dir tu, das füg' auch keinem anderen zu."

Nun interessiert uns, warum solche Wert- und Moralvorstellungen als Regeln für das Verhalten aller Angehörigen einer Gruppe überhaupt aufgestellt werden. Es wäre doch zumindest einfacher, wenn jeder nur seinen eigenen Vorteil im Auge hätte, oder nicht? Stehlen z.B. geht schneller als kaufen und ist zudem eindeutig kostengünstiger, und betrügen ist meistens günstiger für den Betrüger als ehrlich zu verhandeln.

Der gesellschaftliche Konsens

Moral und Ethik sind aber keine individuellen, sondern gesellschaftliche Begriffe. Denn was falsch oder richtig ist, was vorteilhaft oder unredlich, das bestimmt eben nicht der Einzelne, sondern die Gesellschaft, also alle, die einer bestimmten Gruppe angehören. Die Gesellschaft gibt sich ein Wertesystem, an dem die einzelnen Mitglieder ihr Handeln orientieren sollen.

Warum tut die Gesellschaft das? Nun, weil es hierfür aus Sicht der Gruppe mehrere gute Gründe gibt. Dem individuellen schnellen Nutzen aus der Missachtung des Wertesystems Einzelner steht ein kollektiver Nachteil gegenüber: Mangelnder Schutz des Einzelnen vor ungerechtfertigter

---

[2] Der kategorische Imperativ, Immanuel Kant, 1724 – 1804.

Bereicherung durch Dritte mindert den Anreiz, selbst Vermögenswerte zu schaffen und ist somit volkswirtschaftlich schädlich.
Überdies ist Vertrauen die Grundlage einer fruchtbaren Zusammenarbeit. Die ständige Möglichkeit, hintergangen zu werden, bewirkt jedoch eine große Unsicherheit, die den Mut und die Tatkraft aller Beteiligten beeinträchtigt.

Nehmen wir ein Beispiel: Der Händler, der im Mittelalter dem Bauern die Ware abkauft, um sie am Markt gewinnbringend wieder zu verkaufen, wird irgendwann von Räubern überfallen, die ihm seine Ware als Beute abnehmen. Wenn dies wieder und wieder vorkommt, wird er irgendwann keine Ware mehr am Markt verkaufen. Der Bauer bleibt auf seiner Ware sitzen oder verbraucht sie selbst.

Nehmen wir nun an, dass irgendwann alle Händler ausgeraubt werden, dann wird vielleicht der Bauer überleben, aber der Rest der früher von seiner Ware belieferten Bevölkerung muss verhungern, weil die Ware nicht an die Frau/den Mann kommt oder verdirbt. Der Bauer wiederum wird nur noch für den Eigenbedarf produzieren, und auch die Räuber verhungern, weil kein Überschuss mehr vorhanden ist, der geraubt werden könnte.

Für die Räuber ist ihr Raub vielleicht kurzfristig lohnender und bequemer als ehrliche Arbeit, aber nur solange, bis der Bauer keine überschüssige Ware mehr produziert.
Zudem gehen die Räuber das Risiko ein, vom zuständigen Ordnungshüter gefasst und gehängt zu werden – auch dies könnte ein vorzeitiges Ende für das gewählte „Geschäftsmodell" der Räuber bedeuten.

Die Gesellschaft als Ganzes ist also daran interessiert, dass der Wert schöpfende Teil der Bevölkerung vor unredlichen Angriffen durch andere geschützt wird. Dies ist die Grundlage aller Zivilisationen: Sie geben sich gewisse, auch ungeschriebene Regeln, die für den Redlichen und die gesamte Gesellschaft auf Dauer von Vorteil sind, weil Leistung sich lohnt und die Möglichkeit, anderen in der Zusammenarbeit vertrauen zu können, auch langfristige Planungssicherheit schafft.
Gesellschaftliche Anerkennung findet in der Regel auch nur derjenige, dessen Verhalten sich am Ethos der Gruppe orientiert.

Gleichwohl gibt es Zeitgenossen, die zwar die Anerkennung wollen, den dazu nötigen Aufwand aber scheuen. Da sie wissen, dass dies gesellschaftlich „geächtet" würde, tarnen sie ihre unlauteren Verhaltensweisen. Wenn ein solcher Scheinheiliger geschickt genug darin ist, den Eindruck zu erwecken, redlich zu sein, dann träfen ihn ja bei einem Regelverstoß die dafür von der Gesellschaft vorgesehenen Strafen nicht. Doch so könnte er kurzfristig einen Vorteil auf Kosten anderer erzielen, ohne dass er hart dafür arbeiten müsste oder bestraft würde.

Solange also nicht jeder rational davon überzeugt ist, dass faires, redliches Handeln auch für ihn besser ist als unredliches, wird es Menschen geben, die durch Verschleiern ihrer Absichten ungerechtfertigte Vorteile für sich zu erzielen versuchen.

Dabei werden sie stets die möglichen Vorteile gegen die Nachteile abwägen, die ein „Erwischtwerden", z.B. in Form von rechtlichen Konsequenzen, nach sich ziehen könnte. Je geschickter sie andere täuschen können, desto unwahrscheinlicher wird es, dass sie bei ihren Machenschaften entdeckt werden, und desto weniger müssen sie die daraus entstehenden nachteiligen Konsequenzen fürchten.

Um das ethische Ziel zu erreichen, bleibt der Gesellschaft nichts anderes übrig, als das Fehlverhalten Einzelner zu sanktionieren – aber vorab muss sie dazu erst einmal ihr Ethos definieren.

Ein Beispiel für Ethos: Die 10 Gebote

Vielleicht sind sie ja noch nicht ganz in Vergessenheit geraten – die Zehn Gebote. Ich jedenfalls kenne sie noch aus dem Schulunterricht und der Vorbereitung zur Kommunion sowie aus früheren sonntäglichen Gottesdienstbesuchen.

1. Ich bin Jahwe, dein Gott, der dich aus Ägypten geführt hat, aus dem Sklavenhaus. Du sollst neben mir keine anderen Götter haben.
2. Du sollst den Namen des Herrn, deines Gottes, nicht missbrauchen.
3. Gedenke des Sabbats: Halte ihn heilig!
4. Ehre deinen Vater und deine Mutter.
5. Du sollst nicht morden.
6. Du sollst nicht die Ehe brechen.

7. Du sollst nicht stehlen.
8. Du sollst nicht falsch gegen deinen Nächsten aussagen.
9. Du sollst nicht nach dem Haus deines Nächsten verlangen.
10. Du sollst nicht nach der Frau deines Nächsten verlangen, nach seinem Sklaven oder seiner Sklavin, seinem Rind oder seinem Esel oder nach irgendetwas, das deinem Nächsten gehört.

Offenbar wurden schon vor mehreren tausend Jahren diese Regeln als unabdingbar erachtet, und es war offenbar nötig, sie zu kodifizieren – also scheint der Bruch dieser Regeln nicht nur heute öfter auf der Tagesordnung gewesen zu sein.

Wenn ethisches Verhalten eine Grundlage für die Sicherheit der gesamten Gesellschaft sein soll, dann muss die Gesellschaft auch darauf vertrauen können. Die Gesellschaft stellt dies meist durch eine Staatsverfassung, durch eine Justizordnung, manchmal mit Hilfe einer Religion und in der Familie über die Erziehung ihrer Kinder sicher. Damit die Regeln nicht nur Lippenbekenntnisse bleiben, wurden gerade in der Antike Regelverstöße mit schweren Strafen geahndet – die Todesstrafe wurde bereits bei aus heutiger Sicht sehr geringfügigen Vergehen verhängt, vielleicht auch, weil die Möglichkeiten der Aufklärung von Straftaten damals wesentlich begrenzter waren als heute, so dass nur eine grausame Bestrafung zu einer Abschreckung beitragen konnte.

Und nochmal Kant:

„Zwei Dinge erfüllen das Gemüt mit immer neuer und zunehmender Bewunderung und Ehrfurcht, je öfter und anhaltender sich das Nachdenken damit beschäftigt: der bestirnte Himmel über mir und das moralische Gesetz in mir."[3]

---

[3] Aus Immanuel Kants „Kritik der praktischen Vernunft".

3   Die Charakteristika von Scheinheiligen

Kommen wir nun zum eigentlichen Thema. Welches Verhalten ist für Scheinheilige typisch? Was kennzeichnet sie?

Ein sehr schönes Beispiel findet sich in einem Spiegel-Interview[4]. Dort wurde dem geschäftsführenden Vorsitzenden eines internationalen Modeunternehmens mit umstrittenem Ruf die Frage gestellt, warum die von ihm geleitete Firma wie kaum ein anders Unternehmen in seiner Branche polarisiere. Die Antwort begann mit dem Satz: „Das möchten wir auch gern wissen". Ich denke, schöner kann man Scheinheiligkeit kaum darstellen!

Wenn wir von Scheinheiligkeit sprechen, dann muss ich darauf hinweisen, dass wir hier immer nur über das nach außen sichtbare *Verhaltensmuster* reden. Der tatsächliche *Charakter* der Menschen dahinter bleibt für uns unsichtbar. Über ihn können wir nur Vermutungen anstellen, obwohl das Verhalten sicherlich eng mit dem Charakter korreliert ist.

Wenn ich also in diesem Buch von „Scheinheiligen" spreche, dann sind damit Menschen gemeint, die in einem bestimmten Zeitraum ein bestimmtes Verhaltensmuster zeigen. Ich unterstelle aber nicht, dass der Mensch hinter diesem Verhaltensmuster immer auch einen unmoralischen Charakter hat. Das muss nicht zwingenderweise der Fall sein. Menschen können sich ändern.

Für Scheinheilige in dem o.g. Sinne ist jedoch ein ausgesprochen egoistisches Verhalten typisch. D.h., dass sie ihre eigenen Bedürfnisse und Wünsche in den Mittelpunkt stellen. Nun werden Sie einwenden, dass das doch bis einem gewissen Grad für alle Menschen gilt. Das stimmt. Die Natur hat es so eingerichtet, dass der Überlebenstrieb eine der wichtigsten Eigenschaften des Menschen ist. Insofern ist ein „gesunder" Egoismus sicherlich normal.

Gleichzeitig hat die Natur Menschen aber auch mit einem sozialen Gen ausgestattet, das den Egoismus des Einzelnen einbremst und ihn befähigt, sich an als nützlich erkannte gemeinsame Regeln zu halten. Gerade bei uns

---

[4] Vgl. Spiegel Nr. 37 vom 7.9.2024, Seite 62.

nahestehenden Menschen ist gegenseitiges Vertrauen unerlässlich für das gemeinsame Überleben und ein gutes Miteinander.
Wäre das nicht so, würden Streit und Feindschaft zum Auseinanderfallen der Gemeinschaft führen, was echten Feinden der Gemeinschaft zum Sieg über die Gruppe verhelfen würde.

Vertrauen und Fairness, zumindest in der eigenen Gruppe (idealerweise, wenn auch eher unrealistisch, innerhalb der gesamten Menschheit), sind also der sinnvolle Gegenpol zum eigenen Egoismus. Das bedeutet, in einem angemessenen Rahmen auch die Rechte und Interessen anderer als gleichberechtigt anzuerkennen.

Oben haben wir aber gesagt, dass Scheinheilige die eigenen Interessen über die anderer stellen. Sie handeln also nicht sittlich-moralisch, sondern ausschließlich oder überwiegend egoistisch. Dass sie das, vor allem innerhalb des eigenen Kreises nicht zu erkennen geben dürfen, liegt auf der Hand. Sie würden ansonsten durchschaut und könnten ihre Ziele nicht oder nur noch schwer erreichen, außerdem würden sich einige Gruppenmitglieder von ihnen abwenden. Bei ihnen ist das Gleichgewicht zwischen „gesundem" Egoismus und sozialem Verhalten gestört, so dass nun ein ungesunder, überstarker Egoismus ihr Verhalten bestimmt.

Daraus resultiert fast automatisch eine gewisse Neigung zur Unehrlichkeit. Sie täuschen Wohlwollen und Arglosigkeit vor, obwohl es ihnen nicht um gegenseitigen Respekt geht. Da aber in einem gemeinsamen Kreis zum Wohlergehen aller grundsätzlich Vertrauen vorausgesetzt wird, ist dieses Verhalten so gefährlich - Familienangehörige, Bekannte oder Kollegen müssen ein gewisses Vertrauen in andere haben, sonst funktioniert die Gruppe nicht mehr.

3.1   Die Psychologie von Scheinheiligen

Das typische Verhaltensmuster von Scheinheiligen lässt sich in der Regel auf drei Elemente zurückführen:

1. Unehrlichkeit
2. Übermäßiges Streben („Gier") nach materiellen Gütern oder Vorteilen
3. Übermäßiges Streben („Gier") nach immateriellen Gütern oder Vorteilen

Alle drei Elemente sind anderen gegenüber unredlich, ja böswillig. Scheinheiligkeit entsteht also aus dem „Dreieck der Unredlichkeit".

Abb. 1: Das Dreieck der Unredlichkeit[5]

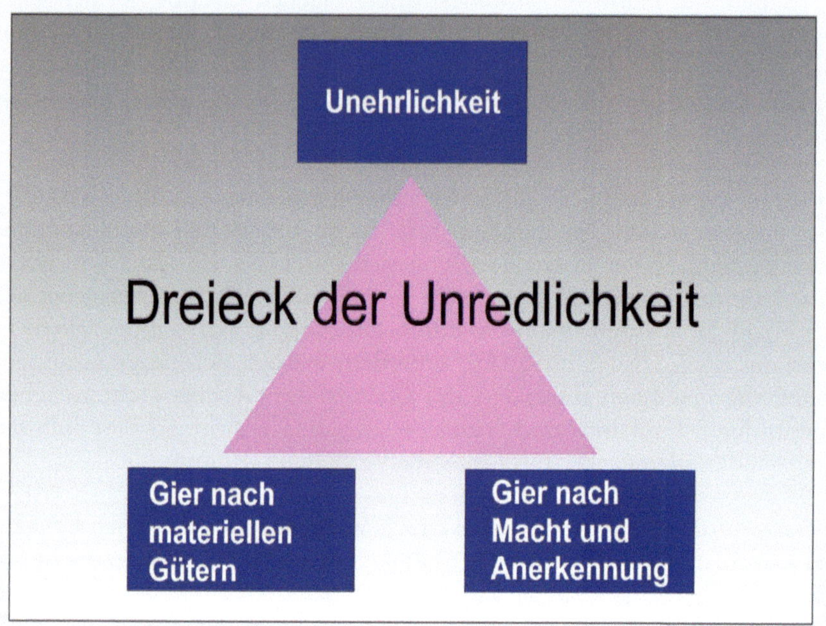

Egoismus

Egoismus als solches ist die Konzentration auf sich selbst, auf die eigenen Bedürfnisse, auf die eigenen Wünsche und Interessen. Egoismus ist per Definition rücksichtslos, denn er gehört zum Überlebenskampf. Ein gewisser Egoismus ist fürs Überleben unerlässlich.
In unserer Definition geht es aber um einen übersteigerten Egoismus. Das Individuum stellt sich und seine Bedürfnisse stets über andere und deren Bedürfnisse. Oft ist übersteigerter Egoismus auch mit einem überhöhten Selbstbild und einem Überlegenheitsgefühl anderen gegenüber verbunden. Nicht selten ist es aber auch so, dass Scheinheilige an einem Minder-

---

[5] Eigene Darstellung

wertigkeitskomplex leiden und durch Neid und Vorteilsnahme dieses sie quälende Gefühl zu kompensieren suchen.

Der entscheidende Punkt ist die Kälte und Rücksichtslosigkeit hinter diesem Egoismus. Was bringt Menschen dazu, andere zu betrügen und zu übervorteilen? Bestimmten Menschen scheinen andere einfach gleichgültig zu sein. Ihre Gefühlskälte resultiert möglicherweise aus einem angeborenen oder erworbenen Mangel an Empathie, vielleicht haben auch zahlreiche negative Erfahrungen mit anderen Menschen dazu beigetragen. Jedenfalls resultiert daraus offenbar eine gewisse Unfähigkeit, oder auch ein Unwille, andere als gleichberechtigte, fühlende Wesen anzusehen.

Bei übersteigert egoistischen Menschen kreist immer nur alles um ihn/sie selbst. Andere Menschen spielen keine oder kaum eine Rolle, und ihre berechtigten Bedürfnisse und Gefühle werden oft völlig ignoriert. Manchmal sind solche Egoisten schon für nur sehr kleine Vorteile bereit, ihnen Nahestehenden nachhaltigen Schaden zuzufügen oder billigend in Kauf zu nehmen.

Wir reden beim „Blendwerken" also von einem Verhaltensmuster, das prinzipiell blind für die Rechte und Bedürfnisse anderer ist und sich vor allem, manchmal ausschließlich, um den eigenen Nutzen kümmert. Scheinheilige sind diejenigen, die dieses Verhaltensmuster zeigen.

Das geht - per Definition- über den „natürlichen" Egoismus, den der Mensch zum Überleben braucht, hinaus.

Unehrlichkeit

Unter Unehrlichkeit soll hier die überdurchschnittlich starke Bereitschaft verstanden werden, gegen ethisch-moralische Prinzipen, aber auch gegen allgemeine Regeln und Gesetze zu verstoßen, um sich Vorteile auf Kosten anderer zu verschaffen.

Unehrlichkeit ist ein unabdingbares Element des Blendwerkens. Ein Scheinheiliger zeigt weniger Skrupel, gegen ethisch-moralische Prinzipen, aber auch gegen Regeln und Gesetze zu verstoßen als der Durchschnitt der Bevölkerung. Er nimmt das Risiko, dabei aufzufallen und bestraft zu werden, eher in Kauf, und auch die Missbilligung, die ihn trifft, wenn er bei einem Regelverstoß ertappt wird, berührt ihn meist weniger als andere.

Dieses Merkmal ist eine Folge des überstarken Egoismus. Es ist eben ein geeignetes Mittel, um schneller und einfacher in den Besitz der erstrebten materiellen oder immateriellen Vorteile zu gelangen oder mehr davon zu erlangen als auf ehrlichem Weg.

Durch die Unehrlichkeit nimmt jemand gewissermaßen die „Abkürzung" auf dem Weg zu den erstrebten Gütern oder Vorteilen, aber auch zur Vermeidung von Nachteilen und Strafen. Man erspart sich so Mühe, Aufwand, Widerstände, Kosten usw. und muss sich nicht für das eigene Tun verantworten.

Motiv Streben nach materiellen Gütern

Das Merkmal Gier nach materiellen Gütern bezeichnet den starken Wunsch, materielle Güter in Besitz zu nehmen, aber auch, diese Güter anderen nicht zu gönnen. Dieses zentrale Motiv strebt nach materiellem Wohlstand oder finanziellen Vorteilen in allen Facetten, auch auf Kosten und zum Nachteil anderer.

Im Unterschied zum Kriminellen - wobei die Grenze fließend ist - versucht der Scheinheilige meistens, durch verschiedenste Techniken der Manipulation andere dazu zu bewegen, ihre Besitztümer freiwillig an ihn oder eine dritte Person zu übertragen.

Die Techniken dazu sind vielfältig: Vom Erzeugen eines schlechten Gewissens über das Verschweigen von wichtigen Tatsachen oder die Vortäuschung von unrealistischen Gewinnen oder Verlusten wird alles Mögliche versucht, um das Opfer auf unmoralische, aber nicht unbedingt illegale Weise um seinen Besitz zu bringen.

Motiv Streben nach immateriellen Gütern

Das Streben nach immateriellen Gütern kann ein ebenso beherrschendes Motiv sein wie das nach materiellen Besitztümern. Am häufigsten ist darunter das Bedürfnis nach Macht und Anerkennung, aber auch der Wunsch nach Aufmerksamkeit und Beachtung zu beobachten. Neid spielt ebenfalls eine wichtige Rolle.

Das Bedürfnis nach Macht und/oder Anerkennung ist zu verstehen als der starke Wunsch, ein hohes Ansehen in der Gesellschaft zu erzielen, Aufmerksamkeit und Wertschätzung zu erfahren, andere zu beherrschen und selbst möglichst unabhängig zu bleiben. Oft geht hiermit einher ein Wunsch nach Titeln und Positionen, das Bedürfnis, im Mittelpunkt zu stehen, anderen voraus zu sein, gelobt und geliebt zu werden. Oder einfach nur darum, sich mächtiger als andere zu fühlen.

Menschen, die von diesem Bedürfnis getrieben sind, sind oft sehr ehrgeizig oder sogar ruhmsüchtig. Sie wollen wahrgenommen und gehört werden, unabhängig davon, ob sie etwas Interessantes zu sagen haben, sie wollen gelobt werden, auch wenn das Lob anderen zusteht, sie möchten einen wichtigen Titel tragen, obwohl damit vielleicht gar keine tatsächliche Macht verbunden ist oder der Titel ihnen gar nicht zusteht.

Andere streben Macht über andere an, nur um des eigenen Machtgefühls willen, nicht, um Dinge zu bewegen oder durchzusetzen. Im Management mancher Firmen tummeln sich einige Narzissten und Selbstdarsteller dieser Art.

Oft wirken diese Menschen besonders überzeugend, weil viele von ihnen sich anderen überlegen fühlen und tatsächlich keinen Zweifel an sich selbst kennen, obwohl es dafür - objektiv gesehen - oft gar keinen Grund gibt.

Schein ist ihnen wichtiger als Sein, vollmundig verkündete Absichtserklärungen sind ihnen wichtiger als deren Umsetzung. In den früheren Ausgaben dieses Buchs habe ich Scheinheilige noch „Blender" genannt - auf diesen Typ trifft der Begriff wohl am besten zu.

Das Streben nach immateriellen Gütern entspringt dem Bedürfnis, sich in Bezug auf andere besser oder zumindest wohlzufühlen. Das kann auch im negativen Sinn verstanden werden. Manche Menschen halten es nicht aus, wenn es anderen bessergeht als ihnen selbst, sei es materiell, sei es von der gesellschaftlichen Stellung her oder an anderen Kriterien gemessen.
Neid kann sich auf ganz viele Punkte beziehen: Eine gute Ausbildung, gutes Aussehen, Beliebtheit, Erfolg, Anerkennung, gute Beziehungen u.v.m.
Ein Neider strebt danach, das Verhältnis von immateriellen Gütern anderer in Bezug auf seine eigenen zu seinen Gunsten zu korrigieren.

Hat jemand Erfolg, versucht er, ihm diesen zu nehmen oder zumindest zu relativieren. Hat jemand eine gute Beziehung, versucht er, diese madig zu machen oder zu zerstören.

Das Ergebnis ist immer, dass sich der - insgeheim - als unterlegen ansehende Neider relativ besser fühlt, wenn es demjenigen, der objektiv oder vermeintlich über höherwertige immaterielle Eigenschaften verfügt, schlechter geht als dem Neider.

Neid und Missgunst sind destruktive Verhaltensweisen. Sie führen nicht unbedingt dazu, dass es dem Neider objektiv bessergeht, sondern oft nur dazu, dass es einem oder mehreren anderen schlechter geht. Nur relativ betrachtet geht es dem Neider besser.

Leider ist der Neid trotzdem ein häufig beobachtetes Motiv. Nicht selten kann man beobachten, dass tiefe Missgunst mit einem zuckersüßen Lächeln oder freundlichen Worten kaschiert wird.

Zu erwähnen sind auch noch diejenigen Menschen, die gern um Aufmerksamkeit heischen und ihre Umwelt gern kontrollieren. Sie lieben es, wenn andere ihren Regeln folgen, ihnen Bericht erstatten, ihnen zuhören und sich um sie kümmern - oft unter völliger Vernachlässigung eigener Interessen.

Dieser Typ liebt es, für andere Regeln einzuführen, die später nicht mehr hinterfragt werden und dann als unumstößlich gelten. Er liebt es, wenn sich alles um seine Bedürfnisse dreht und schafft es, anderen einzureden, dass das selbstverständlich ist.

Ein solches Muster zeigt sich häufig wie folgt: Er kontrolliert und beherrscht, er erlaubt und verbietet - Zufälle oder unabhängiges Handeln anderer sind diesem manchmal im Grunde recht unsicheren Menschen wenig geheuer. Die Beachtung seiner eigenen Person ist für ihn ebenso wichtig wie für den Menschentyp, dem das hohe Ansehen wichtig ist.
Der Unterschied ist nur, dass er nicht zur Selbstdarstellung neigt, sondern von anderen verlangt, ihm um jeden Preis zuzuhören, ihn zu unterhalten und sich um ihn zu kümmern, ja, ihn regelrecht zu bedienen.

Nicht zuletzt sind da noch die Zu-Kurz-Gekommenen zu erwähnen. Solche Menschen sind der festen Überzeugung, dass sie etwas Besseres im Leben verdient hätten. Ihrer Meinung nach sollten sie in der Firma eine Führungsrolle bekleiden, anstatt auf einem kleinen Sachbearbeiterposten dahinwerkeln zu müssen. Sie sind meistens der Meinung, dass andere - und nicht sie selbst - an ihrer Situation schuld sind, die sie nicht als gerecht empfinden, und unter der sie leiden.

Mangels Selbsterkenntnis kommt ihnen nur selten der Gedanke, dass sie selbst für ihre Fehler verantwortlich sein könnten - ihrer Ansicht nach waren es stattdessen immer die schwierigen Umstände, die anderen Beteiligten, die fehlenden Informationen, der unglückliche Zufall usw.

Wer ungern Verantwortung übernimmt, aber dennoch gern etwas Besseres wäre (oder sich dafür hält), leidet dauerhaft unter diesem Zustand und rächt sich dann an seiner Umwelt.

Sicher, die Beispiele, die ich hier genannt habe, treten nur selten in Reinform auf. Oft mischen sich die Motive, meistens haben Menschen, die andere übervorteilen, mehrere Motive. Dennoch gibt es bestimmte Hauptmotive, die sich in der skizzierten oder in einer ähnlichen Form bemerkbar machen.

3.2   Welche Schäden Scheinheilige anrichten können

Die Schäden, die Scheinheilige anrichten können, indem sie sich mit betrügerischen Methoden, mit Lügen, unehrlichen Vorschlägen, Zurückhaltung von Informationen usw. Vorteile auf Kosten anderer verschaffen, sind nicht zu unterschätzen.

Überall dort, wo sich Menschen begegnen, z.B. im Betrieb, im Verein, in der Familie oder im Freundeskreis, kann unredliches Verhalten seine Spuren hinterlassen:

- Benachteiligungen im Beruf oder in der Freizeit
- Mobbing und Diskriminierung
- Verlust von Vermögen und Besitz
- Entgangener Gewinn
- Gestiegene Schulden
- Sozialer Abstieg, Arbeitslosigkeit

- Zerstörte Beziehungen, aufgegebene Freundschaften, Trennungen von früher geliebten Menschen
- Ansehensverlust, Erniedrigungen und Beschämungen
- Soziale Isolation und Einsamkeit
- Sich-schlecht-fühlen, Schuldgefühle, Gewissensbisse
- Gesundheitsschäden, z.B. Depressionen, Neurosen, Ess- und Schlafstörungen.
- Abhängigkeit von einer Bezugsperson
- u. v. m.

In besonders extremen Fällen kann das rücksichtslose Verhalten einzelner Menschen Familienbande zerstören, Karrieren ruinieren oder wirtschaftliche Existenzen vernichten. Manchmal kommt es zu schweren psychischen Erkrankungen oder gar zum Suizid der Geschädigten.

Nicht selten sind den Betroffenen die ihnen drohenden Gefahren oder die ihnen durch die Machenschaften des Scheinheiligen bereits entstandenen Nachteile nicht einmal bewusst. Sie vertrauen ihrem Peiniger und erkennen erst mittel- und langfristig den entstandenen Schaden, aber nicht selten glauben sie auch dann noch, dass dieser auf Zufall, auf die Umstände oder auf andere zurückzuführen sei.

Gelegentlich bedarf es erst eines unumstößlichen Beweises dafür, dass der vermeintliche Wohltäter in Wahrheit ein hintertriebener Schurke ist, dem es gelungen ist, das eigene Vertrauen - unter Umständen jahrelang - zu missbrauchen, bis die Einsicht einkehrt, gemein hereingelegt worden zu sein.

Später freilich, wenn das Übel erkannt ist, sind die zugrundeliegenden Lügen oft juristisch irrelevant oder nicht beweisbar. Das Geschehene lässt sich oft nur noch teilweise oder gar nicht mehr rückgängig machen.

3.2.1   Beispiele für Schädigungen im Alltag

Beispiel 1:
Der Geschädigte war ein langjährig tätiger Freiberufler, der sich mit einem anderen, erst seit kurzem Selbstständigen auf die Gründung einer gemeinsamen Firma eingelassen hatte. Er vertraute dem vollmundigen

(aber unbewiesenen) Versprechen seines Partners, dass dieser als im Vertrieb besonders versierter Leistungsträger für beide Partner mehr Aufträge hereinholen könne, als wenn jeder für sich allein arbeitete. Die Bedingung dafür war, hälftig an der noch zu gründenden Firma beteiligt zu werden.

Der Altpartner ging darauf ein, und die Firma wurde diesen Bedingungen entsprechend gegründet. Drei Jahre später kam dem Altpartner der Verdacht, einem Hochstapler aufgesessen zu sein. Ihm war nämlich das auffallend hochtrabende Auftreten des Neuen unangenehm aufgefallen. Zudem hatte sich herausgestellt, dass sein neuer Partner in den drei Jahren weniger als ein Viertel des Umsatzes der gemeinsamen Firma erwirtschaftet hatte.

Dafür war es diesem aber sehr daran gelegen gewesen, seinen neuen Status als „Chef" herauszustreichen. Um diesen Status zu erreichen, hatte er unter anderem mehrere schwach qualifizierte Mitarbeiter eingestellt, deren Leistungen das Unternehmen im Grunde nicht benötigte. Dafür hatten deren Gehälter jeden Monat die mühsam durch den alteingesessenen Partner erwirtschafteten Umsätze regelmäßig wieder aufgezehrt.
Aber das kurz nach der Firmengründung an der Tür des Neuen angebrachte Schild mit dem Aufdruck „Manager" hatte nun endlich seine Berechtigung.

Darüber hinaus war es dem Hochstapler gelungen, Umsätze aus dem Geschäft mit einem Hauptkunden der gemeinsamen Firma heimlich abzuzweigen und vertragswidrig in die eigene Tasche zu wirtschaften.

Der Schaden für den Alteingesessenen belief sich nach den drei Jahren auf insgesamt knapp 150.000 Euro, wovon der Junior-Partner ca. 40.000 Euro in die eigene Tasche gewirtschaftet hatte. Der Rest war für die Gehälter der nicht benötigten Angestellten verloren gegangen.

Beispiel 2:
Eine Frau hatte geheiratet. Ihr Ehemann ließ sich die Renovierung des gemeinsamen Hauses von der beruflich erfolgreichen Ehefrau bezahlen und beanspruchte auch die Hälfte einer von seiner Frau durch Erbschaft erworbenen Wohnung für sich, „weil man ja in einer Ehe alles miteinander teilt".

Für den umgekehrten Fall, wenn er mehr verdienen würde als seine Frau (dies war später auch der Fall, als sie sich um die gemeinsamen Kinder kümmerte und zu Hause blieb), versprach er, es ganz genauso halten zu wollen. Ein Vertrag sei aber nicht nötig, man vertraue einander ja schließlich in einer Ehe. Im Grundbuch wurde allerdings alles genau so registriert, wie er es vorgeschlagen hatte.

Doch es kam, wenig überraschend, anders: Als sich das Paar einige Jahre später scheiden ließ, waren die gemeinsam erworbenen Immobilien zum größten Teil dem Ehemann übertragen worden. Zu den ursprünglichen mündlichen Vereinbarungen gab es keinerlei schriftliche Unterlagen.
Die Handwerkerrechnungen für die Renovierungen, die die Ehefrau allein von ihrem Einkommen bezahlt hatte, waren verschwunden, und der Ehemann konnte sich selbstverständlich an keine Details mehr erinnern.

Beispiel 3:
Ein hoch qualifizierter Trainer hatte mit der Beauftragten eines renommierten Verbands einen Rahmenvertrag geschlossen. Mit Hilfe dieses Rahmenvertrages sollte ihm die „unparteiische" Vermittlerin eigentlich Aufträge von den Verbandsmitgliedern vermitteln.
Danach kam es jedoch nie zu einem konkreten Geschäft. Stattdessen bekamen immer andere den Zuschlag.
Dem Trainer fiel schließlich auf, dass die Angestellte seit Jahren mit immer den gleichen „Verdächtigen" zusammenarbeitete. Darüber hinaus waren die Konditionen in dem einzigen Auftrag, der dem Trainer überhaupt angeboten wurde, geradezu unverschämt niedrig.
Dafür war der sogenannte „Overrider", also die Differenz zwischen dem Preis, den der Verband vom Kunden nehmen und dem Honorar, das er dem Trainer zahlen würde, besonders hoch.
War hier Vetternwirtschaft im Spiel? Nein, sicherlich nicht, man arbeitete eben rein zufällig immer mit denselben Personen zusammen!

Ein harmloseres Beispiel: Der Abteilungsleiter, der seinen Mitarbeitern Home-Office-Tage verbietet, weil sich „das nicht mit den Erwartungen des Unternehmens verträgt", obwohl sie ihn selbst aber an Brückentagen regelmäßig nur per E-Mail und Telefon erreichen können. Weil er für seinen eigenen Chef angeblich „von zu Hause aus" arbeiten darf.

In diesem Fall ist der Schaden zwar nur die Frustration und Demotivation der Mitarbeiter, aber man fragt sich natürlich, welche doppelten Maßstäbe dieser Mann sonst noch anlegt.

3.2.2 Schäden im Betrieb

Die Schäden, die Scheinheilige im Betrieb verursachen können, sind ebenfalls nicht zu unterschätzen. Hier werden nicht nur einzelne Personen, sondern oft der ganze Betrieb beschädigt, z.B. durch Übervorteilung von Kollegen, Zuschieben von Verantwortung für eigene Fehlentscheidungen oder Irrtümer, Missbrauch von Informationen oder ungerechtfertigte Vorteile aufgrund von Interessenkonflikten usw. Die Aktionen von unehrlichen Zeitgenossen reichen vom rücksichtslosen Mobbing über Erfolgsanmaßung bis zu vorsätzlichen Regelverstößen. Dabei wissen die Täter ihre eigenen Fehlleistungen gut zu kaschieren oder anderen in die Schuhe zu schieben. Ihr Bestreben ist es stets, nach außen eine „weiße Weste" zu behalten, so dass eine Korrektur oder eine Sanktion ihres Fehlverhaltens oft ausbleiben, stattdessen werden manchmal andere bestraft oder benachteiligt.

Auch wenn die hier zu beobachtenden Tricksereien nicht immer sofort erkennbar sind, und sie sich oft gegen Kollegen und nicht direkt gegen Dritte richten, stellen sie oft mehr als einen groben Spaß dar und sind meist kein Kavaliersdelikt.

Sie können für den Betrieb genauso gravierende Nachteile nach sich ziehen wie schwere Managementfehler oder Minderleistungen. Da sie i.d.R. auf Vorsatz beruhen, wiegen sie wegen des moralischen Aspekts und der Wiederholungsgefahr sogar noch schwerer.

Im Betrieb vorkommende Tricksereien können die unterschiedlichsten Folgen haben:

- *Qualitätsmängel:* Unzufriedene Kunden, ggf. Nachbesserungen, Regressforderungen, Preisnachlässe, Umsatzeinbußen
- *„Reparaturen" und Korrekturen* bei späterer Entdeckung der Fehlleistungen

- *Strategiefehler:* Wenn der Täter in einer höheren Position ist: Die Wahl einer falschen Geschäftsstrategie z.B., weil diese durch den nicht unparteiisch Agierenden zu seinem eigenen Vorteil manipuliert wurde, kann zu schwerwiegenden Auswirkungen im ganzen Unternehmen führen - zu Umsatzeinbußen, Verlusten oder gar zum Konkurs. Manchmal hat der Betreffende zuvor schon eine hohe Abfindung ausgehandelt.
- *Verzerrte Leistungsbeurteilung:* Durch die unlautere Vorspiegelung falscher Tatsachen und auf unlautere Weise erzielte oder unechte „Erfolge" ergibt sich ein unredlicher interner Wettbewerbsvorteil gegenüber ehrlichen Kollegen, die oft zur Bevorzugung des unfähigen oder betrügerisch agierenden Mitarbeiters führt.
- *Verlust von Talenten:* Durch geschicktes Kollegen-Mobbing und unfaires Ausbooten von Rivalen verlassen andere, ggf. sehr qualifizierte Mitarbeiter möglicherweise das Unternehmen, das den intriganten Täter gewähren lässt.
- *Hohe Fluktuation:* Die Fluktuation insgesamt kann deutlich zunehmen, weil das unredliche Verhalten von Seiten der Vorgesetzten nicht erkannt oder gar toleriert wird.
  Die Opfer des Intriganten (aber auch ganz allgemein integre Mitarbeiter) fühlen sich in einer Atmosphäre der Unaufrichtigkeit nicht wohl und verlassen das Haus - mit der Folge, dass die allgemeine Moral weiter sinkt und genau die Mitarbeiter übrigbleiben, die das Unternehmen besser nicht beschäftigen sollte.
- *Hoher Krankenstand:* Bei Mitarbeitern, die nicht so schnell einen neuen Job finden, weil sie z.B. in einem Spezialgebiet arbeiten oder räumlich gebunden sind, lässt die Leistungsbereitschaft nach, sie leiden psychisch unter dem betreffenden Chef oder den Kollegen, was sich in einem zunehmenden Krankenstand und nachlassenden Leistungen äußert.

3.2.3   Schäden durch Täter im Management einer Organisation

Das Motiv von Scheinheiligen ist, wie wir oben gesehen haben, die übersteigerte Gier nach Anerkennung, Ruhm, Ehre und anderen immateriellen Werten auf Kosten anderer. Gerne werden dabei Regeln verletzt und Fehler in Kauf genommen. Hauptsache, man steht gut da.

Kritisch wird es, wenn solche Täter im Management oder im Fachkräfte-Pool einer Organisation über weiterreichende Machtinstrumente verfügen. Das Schadenpotential ist hier enorm.

Im Kapitel 7, „Blendwerken in Organisationen", gehe ich näher auf das Thema ein.

3.3   Warum ist jemand ein Scheinheiliger?

Das ist eine Frage, über die man nur philosophieren kann.
Ist jemand von Geburt an von seiner genetischen Anlage her so egoistisch veranlagt, oder ist er es im Lauf seines Lebens geworden? Vielleicht auch beides: Er hat eine Veranlagung dazu, aber erst im Lauf des Lebens wird diese Veranlagung durch bestimmte Umstände dominant.

Ich kenne Menschen, die sich lange Zeit durchaus redlich verhalten haben, aber im Lauf ihres Lebens zum Zyniker und Menschenverächter geworden sind. Manchmal sind tiefe Kränkungen die Ursache oder zahlreiche schlechte Erfahrungen mit anderen. Vielleicht ist es eine Art, sich an seiner Umwelt für erlittenes Unrecht zu rächen, vielleicht hat jemand aber auch ganz einfach einen schlechten Charakter.

Wir müssen uns bewusstmachen, dass es den typischen „Scheinheiligen" nicht gibt. Der Name, den ich hier verwende, ist lediglich die Bezeichnung für einen Menschen, der sich einer oder mehreren Personen gegenüber über einen bestimmten Zeitraum hinweg in einer bestimmten Weise verhält. „Scheinheiligkeit" ist also nur ein Modell, das zur Erkennung und zur Erklärung unethischen Verhaltens dient. Der Mensch dahinter ist ein anderes Thema.

Und seien wir ehrlich: Ein ganz klein wenig von einem Scheinheiligen haben wir wahrscheinlich fast alle.[6] Das ist schon von der Evolution so gewollt und dem Überlebenstrieb geschuldet.

---

[6] Schon Jesus sagte: „Wer unter Euch ohne Sünde ist, der werfe den ersten Stein..." Johannes 8,7 in der Version Lutherbibel 2017.

4 Woran erkennt man Scheinheilige?

Ich habe im vorangegangenen Kapitel den Persönlichkeitstyp, den wir unter dem Begriff „Scheinheilige" verstehen wollen, in den Grundzügen beschrieben.

Es sei jedoch davor gewarnt, ganz neu kennengelernte, noch unbekannte Menschen sofort als Scheinheilige erkennen zu wollen. Bei einer kurzen ersten Begegnung hat man i.d.R. noch zu wenige Informationen, aus denen man sich ein realistisches Bild machen kann.

Selbst geschulten Psychologen dürfte es bei einem einmaligen, kurzen Kennenlernen schwerfallen, einen Scheinheiligen sofort als solchen zu erkennen. Mit sehr viel Erfahrung kann man zwar einen ersten Eindruck bekommen, aber halbwegs sicher sein kann man sich diesbezüglich noch nicht.

Meiner Erfahrung nach ist es erst nach einer gewissen Beobachtungszeit möglich, sich genauere Gedanken über die betreffende Person zu machen und die richtigen Schlussfolgerungen daraus zu ziehen.

Und dann kommt es auch noch darauf an, wie wir uns unsere Meinung über andere bilden, und ob wir unserem Meinungsbildungsprozess vertrauen können.

4.1 Wie wir unsere Meinung über andere bilden

Von einem Scheinheiligen hereingelegt zu werden heißt, zum eigenen Nachteil und zum Vorteil eines anderen bewusst getäuscht und manipuliert zu werden. Da gerade die bewusste Täuschung der Kern der Scheinheiligkeit ist, sollten wir uns zunächst die Frage stellen, wie wir uns eigentlich eine Meinung über andere bilden. Denn wenn wir einem Scheinheiligen aufgesessen sind, muss ja offensichtlich irgendetwas in diesem Meinungsbildungsprozess schiefgegangen oder vielleicht bewusst manipuliert worden sein.

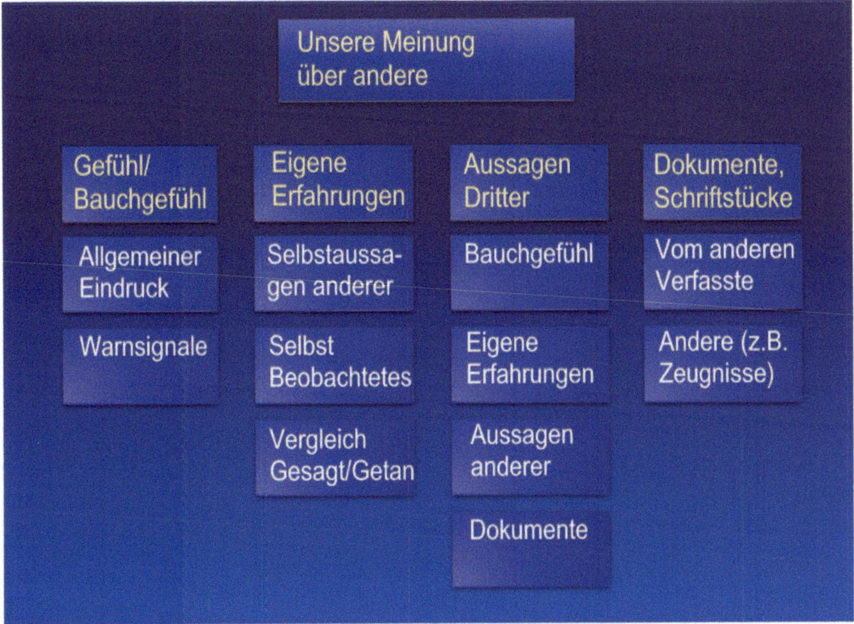

(eigene Darstellung)

Unser Meinungsbildungsprozess über andere beruht auf der Zusammenstellung und Auswertung derjenigen Informationen, die uns über die einzuschätzenden Personen zur Verfügung stehen.

Vier Quellen sind es meistens, aus denen heraus wir unsere Meinung über andere bilden:

- Unser Gefühl/Bauchgefühl
- Unsere eigenen Erfahrungen
- Die Aussagen Dritter
- Dokumente und Schriftstücke

Dabei ist keine Informationsquelle hundertprozentig zuverlässig. Im Gegenteil, der Meinungsbildungsprozess wird nicht nur von Fehlern und Irrtümern, sondern auch von bewusster Beeinflussung, von unterschiedlichen Interessenlagen, von Sympathien und Antipathien, von

Fehlinterpretationen und Stimmungsschwankungen, in unserem Fall manchmal auch von Einschüchterungen, bewussten Unwahrheiten und Täuschungen beeinflusst.

Schaut man sich das fragile Konstrukt der Meinungsbildung näher an, dann wird einem bewusst, dass uns jede einzelne der Informationsquellen zu Fehleinschätzungen verleiten kann. Und doch vertrauen wir in den meisten Fällen fest auf Gesagtes. Wir verwechseln Behauptungen und Gefühltes mit objektiven Tatsachen.

Um der Wahrheit nahe zu kommen, braucht es zum einen eine gewisse Beobachtungszeit und zum anderen eine Reihe möglichst objektiver Informationen. Aus den Worten des Betreffenden selbst oder aus Beurteilungen anderer über ihn können wir uns kein objektives Bild von ihm machen.

Denn auch die vermeintliche Objektivität derer, die den anderen angeblich gut kennen, ist womöglich von diesem selbst zu seinen Gunsten beeinflusst worden.

Immer wieder hört man von ahnungslosen Zeitgenossen, angesprochen auf ein möglicherweise unredliches Verhalten eines Menschen, Sätze wie diese: „Ach, nein, ich kenne ihn, das kann nicht sein, das muss ein Irrtum sein, das hat er bestimmt nicht mit Absicht getan!", „Das glaube ich nicht, dahinter steckt bestimmt einer seiner Kollegen.", „Der hat neulich sogar was für den Betriebskindergarten gespendet, der nimmt doch keinem was weg!"

Hinter solchen Fehleinschätzungen steckt genau das Problem, um das es hier geht: Scheinheilige erwecken einen falschen Eindruck, indem sie den Meinungsbildungsprozess anderer zu ihrem eigenen Vorteil manipulieren.

Der erste Eindruck

Über eine Person, der wir zum ersten Mal begegnen, besitzen wir anfangs oft nur wenige oder gar keine Informationen. Und dennoch haben wir sofort eine Einschätzung – unser Bauch sagt uns, was wir für einen ersten Eindruck von einem Menschen haben, ob wir ihn mögen oder ablehnen.

Wir tun dies oft unbewusst; in den berühmten drei bis vier Sekunden des ersten Kennenlernens, so sagen Psychologen, entscheiden wir intuitiv schon darüber, ob wir jemand sympathisch finden oder nicht.

Wahrscheinlich ist dies unser biologisch-evolutionäres Erbe. In einer archaischen Welt vor Tausenden von Jahren, angesichts von wilden Tieren, inmitten von Stammeskämpfen, bedroht von gefährlichen Seuchen, blieb keine Zeit für langwierige Analysen, ob jemand Freund oder Feind war.

Häufig wurde dies allein schon daran festgemacht, ob jemand zum eigenen Stamm gehörte oder nicht. Das berühmte „Bauchgefühl" leitete die Menschen an, und nicht immer ist es ein schlechter Ratgeber.

Aber was, wenn wir nun in einer deutlich komplizierteren Welt nicht mehr hungern müssen oder vom Feind erschlagen werden, wenn wir uns nicht dem anderen, stärkeren Stamm unterwerfen wollen? Sind unsere Instinkte noch so wach und zuverlässig wie in Urzeiten?

Damit verbunden ist die Frage, wann man einen Menschen überhaupt (gut) kennt. Ist der erste Eindruck stets der Richtige, oder kann man sich auch irren? Kann man jemandem an der Stirn ansehen, was er denkt? Weiß man wirklich etwas über jemanden, wenn man seinen Lebenslauf gesehen, seine Schulzeugnisse gelesen oder ein Bewerbungsgespräch mit ihm geführt hat?

Meistens weiß man das eher nicht. Meine Erfahrung ist, dass Menschen fast nie so sind, wie man auf den bloßen Anschein hin vermuten möchte. Aber wie kommen wir nun trotzdem zu einer möglichst wahrheitsgetreuen Einschätzung?

Gefühl, Bauchgefühl und Verstand

Es gibt interessante Theorien darüber, wie der Mensch zu Entscheidungen (und Einschätzungen) kommt: Er kann sie, gefühlt, aus dem Bauch heraus treffen oder sie systematisch-rational, anhand von Informationen gewichten und bewerten. Das Bauchgefühl repräsentiert unseren uralten, aus der Evolution heraus für Gefahrensituationen entwickelten Instinkt, der Verstand unser ebenfalls in Jahrtausenden entwickeltes Gehirn. Einer Theorie zufolge ist der richtige Entscheidungsweg der, der zu der Menge der zur Verfügung stehenden Informationen am besten passt.

Die Theorie besagt in etwa Folgendes: Verfügt man nur über sehr wenige Informationen, ist die Einschätzung einer Situation mithilfe des Bauchgefühls zuverlässiger als eine rationale Entscheidung. Besitzt man eine mittlere Anzahl von Informationen, entscheidet man besser mit dem Kopf. Wenn jedoch zur Beurteilung sehr viele oder gar unzählige Informationen zur Verfügung stehen, dann entscheidet man besser wieder mit dem Bauch.

Soweit, so gut. Aber wie lässt sich das auf die Einschätzung des moralischen Verhaltens unserer Mitmenschen übertragen? Unser Instinkt funktioniert vielleicht noch immer in Gefahrensituationen. Funktioniert er aber auch beim ersten Kennenlernen?

Die Instinkte sind beim modernen Menschen unterschiedlich gut ausgeprägt. Aber selbst, wenn wir für jemand beim ersten Eindruck Sympathie empfinden, dann spiegelt das nicht unbedingt auch gleich eine redliche Einstellung wider, denn die ist ja, wie wir am Anfang des Buches gesehen haben, auch eine Frage der individuellen Moral.

Unsere Sympathie hat auch nichts mit dieser inneren Einstellung zu tun, sondern ist häufig bloß die Folge eines angenehmen Äußeren oder (scheinbar) freundlichen Verhaltens. Sie kann durch ein gepflegtes Erscheinungsbild, eine sympathische Stimme, ein freundliches Lächeln und dergleichen ausgelöst werden.
Aber ob die/der Betreffende uns im Notfall wirklich aus der Gefahrenzone rettet, das wissen wir erst, wenn es soweit ist.

Das für unsere Augen Unsichtbare und für unsere Ohren nicht Bestimmte können wir aufgrund eines bloßen Sympathiegefühls nicht erkennen. Sympathie ist zudem manipulierbar. Freundliche Worte kosten ja nichts, aber wir können uns im Ernstfall auch nichts dafür kaufen. Oft sind die netten Äußerungen dazu gedacht, bei uns bewusst ein Gefühl der Sympathie und des Vertrauens zu erwecken.

Aber: Unsere Gefühlskomponente hat mehrere Seiten. Neben den von bestimmten Situationen und äußeren Reizen abhängenden Stimmungen, den eigentlichen Gefühlen, gibt es auch den schwer bestimmbaren „sechsten Sinn".
Hier kommt wieder das Bauchgefühl ins Spiel. Es ist spontan, unverfälscht und unmittelbar, eben aus dem Bauch. Es entspricht unserem urtümlichen

Instinkt. So kommt in bestimmten, als unangenehm empfundenen Situationen manchmal ein unbestimmtes, schwer zu deutendes Gefühl des Zweifels oder der Abneigung gegenüber bestimmten Personen auf.

Sollten wir mit dieser unbestimmten Ahnung richtigliegen und der Betreffende unsere Irritation bemerken, dann kann es sein, dass er damit beginnt, uns gezielt zu manipulieren, um uns schnell wieder zu beruhigen.

Wir sollten uns davon aber nicht einlullen lassen: Das kurzzeitig aufgetretene Störgefühl hat eine ähnliche Funktion wie der Schmerz bei körperlichen Leiden: Seine Aufgabe ist es, uns auf Gefahren aufmerksam zu machen. Hören Sie daher auf Ihre Störgefühle!

Aber Scheinheilige wissen über die Beeinflussbarkeit unserer Gefühlswelt recht gut Bescheid. Sie beeinflussen uns, indem sie uns zur richtigen Zeit ein gutes Gefühl geben (dann nämlich, wenn wir genau das tun, was für sie von Vorteil ist) oder uns einschüchtern (dann nämlich, wenn sie uns von etwas für sie selbst Nachteiligem abhalten wollen).

Lassen Sie sich deshalb nicht von bloßer Sympathie oder von Stimmungen beeinflussen, die jemand, häufig gezielt und bewusst, bei Ihnen hervorgerufen hat. Achten Sie lieber auf Ihren Instinkt, der Ihnen von Zeit zu Zeit Warnsignale meldet. Stellen Sie sich die daraus resultierenden unangenehmen Fragen, denen Sie eigentlich lieber ausweichen würden, und fragen Sie sich, was Sie gestört hat und was das bedeuten könnte.

Eigene Erfahrungen

Eigene Erfahrungen sind nicht immer, aber häufig die beste Informationsquelle. Sie setzen sich zum ersten zusammen aus dem, was jemand Ihnen selbst gesagt hat, dem „Gesagten", zum zweiten aus dem von Ihnen selbst beobachteten Verhalten, dem „Getanen" und zum dritten aus dem Vergleich von Gesagtem und Getanem, der sehr aufschlussreich sein kann. Ein Sprichwort sagt: „An ihren Taten sollt ihr sie erkennen".

Selbstaussagen anderer

Neben ihrem konkreten Tun zählen Worte zu den Hauptwerkzeugen eines Scheinheiligen. Doch das, was jemand sagt, dient i.d.R. einem Zweck. Und deshalb ist dem gegenüber, was andere sagen, vor allem auch über sich selbst, grundsätzlich Misstrauen angebracht.

Normalerweise bringen sich Menschen im Umgang miteinander ein gewisses Mindestvertrauen entgegen. Es ist eben zu aufwendig, jeder Aussage zu misstrauen und sie zu hinterfragen. Einfacher ist es, sich auf das Gesagte zu verlassen. Manche Menschen sehnen sich auch nach Harmonie oder Ratschlägen, sie schätzen es, nicht alles selbst entscheiden zu müssen.

Scheinheilige wissen das und nutzen es für ihre eigenen Zwecke. Oft vertrauen wir ihren Aussagen vorbehaltlos und gehen damit ein großes Risiko ein, denn woher wissen wir:

- ob die Äußerungen überhaupt der Wahrheit entsprechen,
- ob sie realistisch oder übertrieben sind,
- ob sie im Widerspruch zu früher Gesagtem stehen,
- ob uns etwas Wichtiges verschwiegen wurde,
- ob und wie wir sie überprüfen können,
- und ob sie gezielt zu unserer Beeinflussung eingesetzt werden.

Bedeutsam ist in diesem Zusammenhang auch die völlig fehlende Objektivität. Scheinheilige wollen stets vor allem ihre eigenen Interessen wahren, und gerade davon sind ihre Äußerungen geprägt. Ihre Worte sind in besonderem Maße darauf ausgerichtet, Vorteile zu erzielen und nicht darauf, einen objektiven Eindruck entstehen zu lassen. Fragen Sie sich also gelegentlich: „Wem nutzt dieser Vorschlag am Ende *wirklich* – mir oder jemand anders?".

Es lohnt sich, genau hinzuhören

Aber auch wenn Worte gezielt zur Beeinflussung anderer eingesetzt werden, können sie trotzdem als wichtige Informationsquelle dazu dienen, um einzuschätzen, ob jemand ein Scheinheiliger ist oder nicht, denn:

- Es ist aufschlussreich, *wie* jemand etwas sagt, und nicht nur, *was* er sagt.
- Sie können sich einen Eindruck von jemand verschaffen, wenn Sie darauf achten, wie viel Wertschätzung er Ihnen oder Dritten im Gespräch entgegenbringt.
- Sie bekommen aus seiner Art zu reden, einen Eindruck davon, wie sein Selbstbild aussieht. Je wichtigtuerischer er wirkt, desto wachsamer sollten Sie sein („Selbstdarsteller").
- Manchmal ist das, *was nicht* gesagt wird, sogar noch interessanter als das, *was* gesagt wird. Fragen Sie sich, ob interessante Punkte im Gespräch unerwähnt blieben und warum.
- Sie entdecken möglicherweise Widersprüche, Ungereimtheiten und Unscharfes. Gerade hier lohnt es sich, später einmal genauer nachzuforschen.
- Auch aus der Art, wie jemand über Dritte spricht, lassen sich Rückschlüsse ziehen. Kritisiert jemand Dritte in ihrer Abwesenheit, dann ist es interessant, ob er diese Kritik in deren Gegenwart wiederholt. Spricht er die von ihm an dem Dritten kritisierten Punkte auch in Gegenwart des Kritisierten ehrlich an, oder kennt dieser die an ihm heimlich geübte Kritik gar nicht?

Manchmal sind es gerade die kleinen, feinen Details, die kaum spürbaren Nuancen, die die interessantesten Aufschlüsse über einen vermutlichen Scheinheiligen geben.

Selbst Beobachtetes

Interessant ist es, jemandes Verhaltensweisen genau zu beobachten, z.B. sein Auftreten in bestimmten Situationen, sein allgemeines Sozialverhalten, seine Mimik, Stimmlage oder Sprechweise usw.

Dabei sollten Sie Folgendem Beachtung schenken:

- Wie tritt der Betreffende Ihnen gegenüber auf? Wirkt er zurückhaltend, bescheiden und wertschätzend oder anmaßend, fordernd und geringschätzig?
- Wie verhält sich der Betreffende gegenüber anderen Gruppen? Wie tritt er gegenüber Vorgesetzten, Mitarbeitern, Kunden oder Kollegen auf?

- Wie verhält er sich in kritischen Situationen Ihnen und anderen gegenüber? Geht er fair mit anderen um, oder lässt er sie im Stich?

Fragen Sie sich auch:

- Wie viel wissen Sie eigentlich wirklich über Ihr Gegenüber?
- Woher haben Sie dieses Wissen?

Worte, nur Worte, nur Worte...

Oft meinen wir etwas zu wissen, obwohl wir im Grunde nur von anderen selbst in die Welt gesetzten Aussagen glauben.

Nehmen wir zum Beispiel Herrn Schmitz. Herr Schmitz hat BWL im Abendstudium studiert und ist nach eigenen Angaben Diplomkaufmann. Er spendet regelmäßig Beiträge für Amnesty International und hat den Antrag auf eine Patenschaft für ein Kind in Afrika gestellt. Darüber hinaus engagiert er sich ehrenamtlich bei der freiwilligen Feuerwehr.
Nun könnte man annehmen, dass Herr Schmitz ein gebildeter Mensch mit sozialem Engagement ist.

Aber wir wollen das Beispiel nun dadurch ergänzen, dass wir einige Informationen aus weiteren Quellen hinzufügen. Daraus ergibt sich allerdings ein ganz anderes Bild.

Herr Schmitz hatte sein betriebswirtschaftliches Studium nämlich nach drei Monaten abgebrochen, ein Diplom besitzt er somit nicht. Seine Spendenbeiträge hat er zweimal gezahlt, danach die Zahlungen eingestellt. Er hat sich tatsächlich an eine Organisation gewandt, die Patenkinder vermittelt, und diese Tatsache gern überall herumerzählt, nur hat sich leider anschließend eben doch kein „geeignetes" Patenkind gefunden. Das allerdings hat Herr Schmitz dann nicht mehr erzählt.

Herr Schmitz existiert, aber sein Diplom und sein soziales Engagement sind mit großer Wahrscheinlichkeit reine Fiktion.
Daraus können wir Folgendes ableiten: Vielleicht ist es gar nicht mal so falsch, Unbekannten gegenüber erst einmal ein paar Vorbehalte zu haben.

Vor Gericht gilt die Unschuldsvermutung, bis das Gegenteil bewiesen worden ist. Man sollte vielleicht nicht so weit gehen, diese Regel umzukehren, aber die Unschuldsvermutung sollten wir – außerhalb einer Gerichtsverhandlung – vorerst wohl besser ignorieren.

Vergleich Gesagtes - Getanes

Sehr aufschlussreich ist es, die von der beobachteten Person gemachten Äußerungen, das Gesagte, mit ihren tatsächlichen Handlungen, dem Getanen, zu vergleichen.

Handelt die Person so, wie sie es versprochen hat? Weicht sie davon ab? Wenn ja, gibt es gute, sachliche Gründe für das abweichende Verhalten? Wenn nein, welche Rückschlüsse lässt dies zu?
Achten Sie darauf, ob jemand nicht das tut, was er gesagt hat oder etwas sagt, was nicht seinen Taten entspricht.
Fragen Sie sich, warum er dies tut oder sagt, denn sein Motiv kann durchaus hinterhältiger Art sein. Wir sollten als „ehrliche Haut" nicht einfach von uns auf andere schließen.

Aussagen Dritter

Unsere Meinungsbildung stützt sich auch auf Aussagen Dritter. Das ist im Grundsatz gut so, denn so haben wir eine weitere Meinung, gegen die wir die aus anderen Quellen gewonnenen Informationen spiegeln können.

Aber hierbei müssen wir Obacht geben, denn die Aussagen Dritter sind nicht selten weit weniger zuverlässig als unsere eigenen Beobachtungen oder als Schriftstücke, denn:

- Der Dritte kann in einem freundschaftlichen oder verwandtschaftlichen Verhältnis oder in einem Verhältnis der finanziellen oder einer anders gearteten Abhängigkeit zu dem vermutlichen Scheinheiligen stehen, ohne dass wir davon Kenntnis haben, so dass seine Aussage nicht objektiv ist.

- Die Aussagen des Dritten sind ggf. nicht zuverlässig, Selbstauskünfte des vermutlichen Scheinheiligen werden mit

objektiven Tatsachen verwechselt, Gerüchte für bare Münze
genommen.

- Der Dritte kennt den Betreffenden gar nicht gut genug oder hat
  kein umfassendes Bild von ihm. Manche Menschen brüsten sich
  aber gern damit, über andere gut Bescheid zu wissen.

- Bei der Meinung Dritter handelt es sich immer um indirekte
  Kommunikation, die selten vollkommen frei ist von Irrtümern,
  Missverständnissen oder Verkürzungen. Der Dritte verlässt sich
  selbst auf sein Bauchgefühl, auf Aussagen anderer, auf eigene
  Beobachtungen und Dokumente, aber welche Qualität diese
  Informationen haben, das können wir nicht beurteilen.

Achten Sie besonders darauf, in welcher Beziehung Dritte zu dem
potentiellen Scheinheiligen stehen. Selbst ein im allgemeinen kluger
Mensch kann von dem Scheinheiligen geschickt getäuscht worden sein; er
vermittelt Ihnen von ihm einen positiven Eindruck, der nicht den Tatsachen
entspricht.

Trotzdem lohnt es sich, von Dritten zusätzliche Meinungen einzuholen.
Vielleicht hat jemand auch schlechte Erfahrungen mit der betreffenden
Person gesammelt und kann Wissenswertes davon berichten.

Machen Sie die Aussagen Dritter aber möglichst nicht zur Hauptquelle
Ihrer eigenen Einschätzung, sondern nutzen Sie sie zur Abrundung Ihres
Eindrucks.

Dokumente, Schriftstücke zur Person des Beobachteten

Nicht nur in der Arbeitswelt sind auch Schriftstücke, Dokumente, die der
Beobachtete selbst verfasst, oder an denen er mitgewirkt hat, eine gute
Informationsquelle, z.B. Protokolle, Berichte, Artikel, Briefe, Verträge.

Interessant sind auch Lebensläufe, Selbstdarstellungen in sozialen Medien,
Zeugnisse, Referenzen usw., soweit Sie Ihnen vorliegen (z.B. bei einem
potentiellen Geschäftspartner oder bei einer Bewerbung). Interessant sind
aber auch Arbeitsergebnisse, falls es sich um einen Mitarbeiter oder

Kollegen handelt. Seien Sie auch hier kritisch und stellen Sie sich hierbei bitte folgende Fragen:

- Sind die Dokumente Kopien oder Originale? Sind diese echt?
- Gibt es im Lebenslauf Lücken, Implausibilitäten, Widersprüche?
- Stimmen die Angaben oder gibt es berechtigte Zweifel?
- Wie gut ist die Qualität von Arbeitsergebnissen? Sind sie aus zuverlässiger Quelle?
- Entsprechen die Selbstauskünfte des vermutlichen Scheinheiligen den Unterlagen oder widersprechen sie ihnen?
- Passen Ihre objektiven Beobachtungen zu den Dokumenten oder gibt es hier Unstimmigkeiten?

Auf die richtige Interpretation kommt es an

Wir haben nun gesehen, dass die Informationsquellen, die unserer Meinung zugrunde liegen, manchmal eine trügerische Sicherheit vermitteln, wenn wir sie nicht kritisch hinterfragen.

Aber selbst, wenn wir ausreichend viele, möglichst objektive Informationen gesammelt haben, müssen wir noch die richtigen Schlussfolgerungen daraus ziehen. Das ist nicht immer leicht. Denn die tieferliegenden Charakterzüge und die wahren Beweggründe für das Handeln von Menschen können wir anhand der vorliegenden Informationen meistens nicht sofort erkennen.

Gesichtsmimik, Emotionen, Vorlieben usw. sagen zwar einiges über einen Menschen aus, aber sie bilden nur *das nach außen gezeigte Verhalten* ab. Sie sagen noch nichts aus über die dahinterliegenden wahren Motive, die dem Betrachter verborgen bleiben.

Doch oft wird das Verhalten von sich im einzelnen widersprechenden Motiven beeinflusst, die erst in ihrem Zusammenwirken die beobachtbare Wirkung auslösen. Daher kann man vom beobachteten Verhalten nicht unmittelbar einen Zusammenhang mit einzelnen, dem Verhalten zugrundeliegenden Motiven herstellen.

Nehmen wir ein einfaches Beispiel: Eine Frau ist auf Partnersuche und trifft einen ihr angenehmen Mann. Sie führen ein langes Gespräch miteinander und stellen eine Reihe von Gemeinsamkeiten fest, z.B., dass beide nicht gern ins Stadion zum Fußballschauen gehen. Beide schauen jedoch gern Fernsehen.

Was vermuten Sie anhand dieses Beispiels? Dass die beiden gut zusammenpassen und nun eine Beziehung einzugehen versuchen könnten?

Das könnte ein Fehlschluss sein. Denn eine nach außen gezeigte Vorliebe kann aus völlig unterschiedlichen Motiven gespeist sein. In diesem Fall kann man sich mit seinem Rückschluss auf das hinter dem Verhalten liegende Motiv trotz objektiver Beobachtungen durchaus irren.

In dem Beispiel ist es nämlich so: Der Mann ist zwar ein ausgesprochener Fußball-Fan. Aber ansonsten ist er eher schüchtern und ungesellig und schaut sich lieber Sendungen im Fernsehen an, dabei bevorzugt er Fußball und andere Sportarten. Die Frau hingegen ist eine sehr gesellige, extrovertierte Person, die öffentliche Veranstaltungen an sich sehr schätzt, aber sie ist an Sport, insbesondere an Fußball, überhaupt nicht interessiert. Sie sieht dagegen gern Fernsehen, mit Ausnahme von Sportsendungen.

Wie man sieht, kann man sich auch bei den Schlussfolgerungen noch irren. Zu einer abschließenden Beurteilung werden manchmal weitere Informationen benötigt.

Schauen Sie genau hin!

Neben der Schwierigkeit, von Verhaltensweisen auf die unsichtbaren, wesentlich komplexeren Charaktereigenschaften und ihr Zusammenspiel zu schließen, kommt noch das Problem der angemessenen Informationsbasis hinzu.

Egal, welche der oben genannten Informationsquellen wir verwenden: Wir laufen ständig Gefahr, dass wir uns zu früh eine Meinung über andere bilden, anstatt uns zunächst einmal in angemessener Weise unparteiisch und objektiv über die vielfältigen Fakten in Bezug auf eine bestimmte Person zu informieren, bevor wir ein abschließendes Urteil über sie fällen.

Manchmal fragen wir andere, „was hältst Du von dem" und geben uns, wenn wir dem Urteil der anderen vertrauen, schon damit zufrieden. Oft schauen wir aber auch nicht genau genug auf die Informationen, die sich aus Dokumenten ergeben, wir sehen die Warnsignale nicht, die uns unser Instinkt mitgibt, und wir fragen dort nicht weiter nach, wo es angebracht wäre. Irren ist eben menschlich.

Zudem nutzen wir die verfügbaren Informationsquellen oft zu einseitig. Eine Meinung, die sich nicht auf möglichst objektive Fakten und logische Schlüsse, sondern ausschließlich auf Gefühle gründet, ist genauso riskant wie eine rein auf Papier basierende Analyse von Schriftstücken. Aussagekraft entsteht erst, wenn die Informationsquellen von einem guten Instinkt, mit guter Menschenkenntnis oder einer von einem absolut vertrauenswürdigen Dritten geäußerten Meinung unterstützt werden.

Gegenüber Scheinheiligen sind Vertrauensseligkeit, Harmoniebedürfnis, Bequemlichkeit und Verdrängen-Wollen keine guten Eigenschaften. Kurzfristig fühlen wir uns damit vielleicht wohl, denn so entziehen wir uns vorerst der oft unangenehmen Wahrheit.

Aber über kurz oder lang wachen wir vielleicht aus unserem Dornröschenschlaf mit der Erkenntnis auf, dass wir einem Menschen mit betrügerischen Absichten auf den Leim gegangen sind, der uns vorsätzlich und nachhaltig geschädigt hat.

Fazit

Fragen Sie sich, was Sie über die Menschen in Ihrer Nähe eigentlich wirklich zweifelsfrei wissen. Gibt es für Ihre Meinung halbwegs objektive Nachweise? Oder erkennen Sie bei genauerem Hinsehen Anzeichen dafür, dass Ihr Gesprächspartner Ihnen gegenüber doch nicht ganz so freundliche Absichten verfolgt, wie sie/er vorgibt? Hören Sie auf Störgefühle.

4.2   Der Scheinheiligen-Test

Wenn Sie sich nun aus den vielen einzelnen, kleineren Beobachtungen, die Sie im Zeitablauf gesammelt haben, ein gesamtes Bild machen wollen, lohnt sich eine systematische Vorgehensweise. Deshalb habe ich einen kleinen „Erkennungstest" für potentielle Scheinheilige entwickelt.

Es handelt sich dabei um eine kurze Checkliste, die Ihnen als Hilfestellung bei der Einschätzung dienen soll, ob die von Ihnen oder anderen an der eingeschätzten Person wahrgenommenen Verhaltensweisen auf Unredlichkeit schließen lassen. Bevor Sie die Checkliste ausfüllen, möchte ich Ihnen noch kurz ihre Struktur und ihre Nutzung erläutern.

4.2.1   Struktur des Tests

Der Test ist als Checkliste aufgebaut und in vier dem „Dreieck der Unredlichkeit" entsprechende Teile untergliedert:

- Der unaufrichtige Umgang mit Informationen
- Der Drang zur positiven, überhöhten Selbstdarstellung
- Die Neigung, viel zu fordern und wenig zu geben
- Die Manipulation anderer zu Erlangung eines unfairen Vorteils

4.2.2   Nutzung der Checkliste

Die Checkliste zum Scheinheiligen-Test beinhaltet eine Reihe von Aussagen, die auf unredliche Verhaltensmuster schließen lassen. Die Aussagen sind mit einem Wert, der den Grad Ihrer Zustimmung zu der jeweiligen Aussage ausdrückt, zu bewerten. Die Bewertung ist dabei wie folgt:

0 = Die Aussage trifft nicht oder nur wenig zu
1 = Die Aussage trifft zu
2 = Die Aussage trifft stark zu

Die Aussagen sind in vier Fragenblöcke unterteilt, für die jeweils eine Summe errechnet wird. Wenn Sie dann die Summe über die Ergebnisse aller einzelnen Fragenblöcke bilden, erhalten Sie den Gesamtwert.

Am besten geben Sie der Person, die Sie damit einschätzen, zunächst einen unverfänglichen Spitznamen, denn es wäre doch peinlich, wenn die beurteilte Person zufällig auf Ihrem Schreibtisch eine Checkliste mit seinem wirklichen Namen darauf vorfinden würde.

Falls bestimmte Punkte aus der Liste gar nicht (oder noch nicht) auf Ihre konkrete Lebenssituation zutreffen sollten, können Sie den Wert 0 vergeben.

Wenn es Sie interessiert, was sich hinter den einzelnen Kriterien verbirgt, dann können Sie die Details und Erklärungen dazu im **Kapitel 6** nachschlagen. Dort sind außerdem zu jeder hier abgefragten Verhaltensweise passende Beispiele für eine angemessene Gegenwehr aufgeführt.

4.3 Die Checkliste zum Scheinheiligen-Test

Nachfolgend finden Sie die Checkliste.

Abb. 3: Der Scheinheiligen-Test – Teil 1

CHECKLISTE ZUM SCHEINHEILIGEN-TEST

Bewertung: 0 = trifft nicht oder kaum zu oder ist nicht relevant;
1= trifft zu; 2 = trifft stark zu

Block 1 - Der unaufrichtige Umgang mit Informationen

Nr.	Kriterium	Wert
1	Lügt oft zu ihren/seinen eigenen Gunsten oder stellt unbewiesene Behauptungen auf	
2	Verschweigt Dinge, die für andere von Vorteil sind, spielt nicht fair	
3	Missbraucht Informationen zum eigenen Nutzen	
4	Beschreibt Dinge oft wolkig und nebulös, lässt vieles offen und unklar	
1.	**Summe Block 1 (maximal: 8 Punkte)**	

Abb. 4: Der Scheinheiligen-Test – Teil 2

<table>
<tr><td colspan="3" style="background:#4472c4;color:white">CHECKLISTE ZUM SCHEINHEILIGEN-TEST

Bewertung: 0 = trifft nicht oder kaum zu oder ist nicht relevant;
1 = trifft zu; 2 = trifft stark zu</td></tr>
</table>

Block 2 - Der Drang zur positiven, überhöhten Selbstdarstellung

Nr.	Kriterium	Wert
5	Spricht hinter ihrem Rücken schlecht über andere	
6	Neidet anderen ihren Erfolg, äußere Vorzüge und persönliche Stärken	
7	Drängt sich oft und gern in den Vordergrund, tritt gegenüber Gleichberechtigten respektlos auf	
8	Spricht mit anderen oft herablassend, stellt sich selbst als überlegen dar	
9	Beschreibt die eigenen Leistungen stets äußerst positiv und kritisiert andere	
10	Schmückt sich gern mit fremden Federn, kopiert Ideen und gibt sie für ihre/seine aus	
11	Übernimmt keine Verantwortung für eigene Fehler und schiebt sie anderen Personen und Umständen zu	
12	Stellt sich gern selbst als Freund und Retter dar, bauscht Kleinigkeiten zur Großzügigkeit auf	
13	Tritt großspurig auf	
14	Der Lebenslauf ist unklar oder entspricht nicht den Tatsachen	
2.	**Summe Block 2 (maximal: 20 Punkte)**	

Abb. 5: Der Scheinheiligen-Test – Teil 3

Block 3 - Die Neigung, viel zu fordern und wenig zu geben

Nr.	Kriterium	Wert
15	Hält Zusagen oft nicht ein, tut nicht, was sie/er verspricht, kann sich nicht erinnern, findet Ausreden	
16	Erwartet Zuverlässigkeit in hohem Maß von anderen und macht gern auf Versäumnisse aufmerksam oder "petzt"	
17	Hat eine Tendenz zur persönlichen Bereicherung und nimmt gern (ungerechtfertigte) Privilegien in Anspruch	
18	Fordert häufig Dinge ein, die ihr/ihm im Grunde nicht zustehen, gibt selbst nur wenig	
19	Reagiert gegenüber den Belangen anderer hart und gleichgültig	
3.	**Summe Block 3 (maximal: 10 Punkte)**	

CHECKLISTE ZUM SCHEINHEILIGEN-TEST

Bewertung: 0 = trifft nicht oder kaum zu oder ist nicht relevant;
1 = trifft zu; 2 = trifft stark zu

Block 4 - Die Manipulation zur Erlangung unfairer Vorteile

Nr.	Kriterium	Wert
20	Ändert entweder häufig seine Meinung oder beharrt starr auf ihr, trotz überzeugender Argumente	
21	Legt Rechtsvorschriften und ethische Grundsätze nachlässig und stets zu ihren/seinen Gunsten aus	
22	Tritt gelegentlich übertrieben freundlich auf oder versucht, andere einzuschüchtern	
23	Agiert oft heimlich oder stimmt sich nicht ab und geht einer offenen Auseinandersetzung aus dem Weg	
24	Stellt Fallen: Macht anderen Vorschläge, die nur zu ihrem/seinem einseitigen Vorteil sind	
25	Übt subtilen psychologischen Druck auf andere aus, um sie auszunutzen, manipuliert	
26	Pflegt ein "Amigo-System", belohnt „Ja"-Sager, bestraft sachlich argumentierende Kritiker	
4.	**Summe Block 4 (maximal: 14 Punkte)**	
	Gesamtwert: Summe aus Blöcken 1 -4	

4.4   Auswertung der Checkliste

Die Auswertung des Tests ist einfach. Sie können dabei wie folgt vorgehen:

Addieren Sie je Fragenblock die Werte der einzelnen Fragen und bilden Sie anschließend die Summe. Addieren Sie dann die Summen der einzelnen Blöcke und errechnen Sie so den Gesamtwert.

Der Ergebniswert sagt aus, wie stark die Eigenschaften eines Scheinheiligen bei der von Ihnen bewerteten Person ausgeprägt sind:

		Wert von	bis
1.	„Ehrliche"	0	6
2.	„Opportunisten"	7	13
3.	„Scheinheilige"	14	39
4.	„Gefährder"	40	52

Anhand der erreichten Punktzahl können Sie die beurteilte Person in die entsprechende Gruppe einordnen. Die Gruppen unterscheiden sich nach dem Grad ihrer vermuteten Redlichkeit:

1.   Ehrliche

Hierbei handelt es um Menschen, die man als ganz oder stark überwiegend verlässlich in Bezug auf integres Verhalten, Ehrlichkeit und Fairness ansehen kann. Von diesen Menschen droht Ihnen keine Gefahr, im Gegenteil, sie werden meistens sehr fair und wohlwollend mit Ihnen umgehen.

2.   Opportunisten

Opportunisten sind im Großen und Ganzen überwiegend ehrlich. Dennoch, wie der Name schon sagt: Wenn sich eine Gelegenheit zur Vorteilsnahme bietet, dann gibt ein Opportunist dieser Versuchung ab und zu auch mal nach.

Er wird die Gelegenheit insbesondere dann beim Schopf ergreifen, wenn er kein großes Risiko sieht, dabei entdeckt zu werden. Von Opportunisten drohen Ihnen normalerweise zwar keine größeren Gefahren, aber Sie sollten ein Auge auf sie haben, denn sie sind wankelmütig und verführbar.

4. Scheinheilige

Der Scheinheilige im eigentlichen Sinn ist nicht immer gleich ein Mensch, der stets nur Böses im Sinn hat. Da auf ihn/sie aber viele der im Test abgefragten Aussagen mehr oder weniger zutreffen, sollten Sie sich im Umgang mit diesem Menschentyp zurückhaltend und vorsichtig verhalten.

Hier müssen Sie regelmäßig mit geschickten Manipulationen zu Ihren Ungunsten rechnen. Scheinheilige haben stets ihre eigenen Interessen im Sinn und werden Sie im Stich lassen, wenn Sie sich einmal auf sie verlassen müssen. Je höher Ihre Bewertung ausfällt, desto vorsichtiger sollten Sie im Umgang mit diesem Menschentyp sein. Meiden oder reduzieren Sie den Kontakt mit ihm, wenn es geht.

5. Gefährder

Gefährder weisen besonders viele oder besonders starke Merkmale von Unredlichkeit auf. Diesen Menschen sollten Sie auf keinen Fall vorbehaltlos vertrauen, denn sonst können Sie so gut wie sicher sein, übers Ohr gehauen zu werden.

Um Personen dieser Kategorie sollten Sie lieber einen großen Bogen machen, denn dieser Menschentyp kann Ihnen großen Schaden zufügen oder hat das sogar schon getan.

Aspekte bei der Auswertung

Möglicherweise hat Sie das Ergebnis überrascht – vielleicht deckt es sich nicht ganz mit Ihrem „Bauchgefühl".

Bei der Auswertung sollten drei Aspekte beachtet werden:

1. Die Anpassung an die eigene Lebenssituation
2. Der eigene Beurteilungsmaßstab
3. Die Veränderung der Umstände im Zeitablauf

1) Die Anpassung an die eigene Lebenssituation

Die Fragen im Test sind naturgemäß allgemein gehalten. Sie müssen daher nicht zwingend auf Ihre aktuelle persönliche Situation zutreffen.

Haben Sie im Test die eigene Lebenssituation berücksichtigt? Falls bestimmte Fragen nicht relevant sind, können Sie sie weglassen.

In diesem Fall können Sie die Summe des erzielten Ergebniswerts mit dem Verhältnis der Anzahl aller Fragen zur gesamten Anzahl der beantworteten Fragen hochrechnen (also z.B. ein erzielter Punktwert in Höhe von acht Punkten im Block 2 bei zehn Fragen insgesamt in Block 2, davon acht beantwortete Fragen: = 8 x 10/8 = 10 Punkte).

Sie können Fragen im Test auch durch eigene Fragen ersetzen oder den Test um eigene Fragen ergänzen. Außerdem können Sie die Fragenblöcke mit einer Gewichtung versehen.

So erhalten Sie einen Ergebniswert, der Ihrer persönlichen Lebenssituation möglicherweise besser entspricht.

2) Der eigene Beurteilungsmaßstab

Wie kritisch haben Sie beurteilt? Der eigene Beurteilungsmaßstab unterscheidet sich von Person zu Person. Menschen, die erstmalig einen Scheinheiligen im Visier haben, neigen manchmal dazu, diesen zu unterschätzen, also fällt der Wert, den sie errechnen, oft besser aus als bei jemand, der kritischer eingestellt ist. Dazu empfehle ich Folgendes:

- Seien Sie kritisch eingestellt, und bewerten Sie im Zweifel streng.
- Lassen Sie den Test auch von einer zweiten Person ausfüllen, die den vermutlichen Scheinheiligen und Sie sehr gut kennt, und vergleichen Sie das Ergebnis mit dem von Ihnen ermittelten Wert.
- Beurteilen Sie doch einmal eine andere Person, und vergleichen Sie dann die beiden Ergebnisse miteinander.

3) Die Veränderung der Umstände im Zeitablauf

Die Situation kann sich im Zeitablauf verändern. Vielleicht wäre Ihr Test noch vor einem Jahr anders ausgefallen. Überlegen Sie, wie sich die Situation bisher entwickelt hat, und wie sie sich möglicherweise weiterentwickelt.

4.5　Was ist, wenn man einen Scheinheiligen erkannt hat?

Sollten Sie nun den Scheinheiligen-Test ausgefüllt haben, und die bewertete Person hat bei der Bewertung einen Wert von mehr als 13 erhalten, dann haben Sie es mit einer gewissen Wahrscheinlichkeit mit einem Menschen zu tun, der zu einem unredlichen Verhalten neigt und Ihnen schaden kann.

Nun kommt es darauf an, mit dieser Erkenntnis umzugehen. Hierbei bestehen zwei Möglichkeiten:

1. Sie sind nicht allzu überrascht, denn das haben Sie bereits vermutet.
2. Sie sind schockiert. Mit diesem Ergebnis haben Sie in dieser Deutlichkeit nicht gerechnet.

Im ersten Fall können Sie zum nächsten Kapitel des Buchs übergehen. Dort zeige ich Ihnen Beispiele für Verhaltensweisen auf, mit denen Sie sich gegen den Scheinheiligen wehren können.

Der zweite Fall ist eher unwahrscheinlich. Denn Sie werden eine für den Test ausgewählte Person meistens erst dann mit einem Wert von mehr als 13 bewerten, wenn Sie sie bereits im Verdacht haben, Sie zu hintergehen.

Aber das spielt keine Rolle. Ob Sie mit diesem Test, durch eigene Überlegungen oder durch Gespräche mit wirklich wohlmeinenden, Ihnen nahestehenden Menschen zu dem Ergebnis kommen, es mit einem Menschen zu tun zu haben, der Ihnen nicht gut tut - es ist meistens so, dass es ein auslösendes Moment gibt, durch das Sie über die betreffende Person nachzudenken beginnen.

Man ahnt nichts Gutes, aber nicht selten weigert man sich dann, das eigentlich Offenkundige zu akzeptieren. Aber irgendwann verraten sich die meisten Scheinheiligen, und der Schaden, den Sie durch sie erleiden, wird offenkundig und lässt sich nicht mehr leugnen.

Dann kann die plötzliche Erkenntnis, einem zuvor sehr geschätzten Menschen lange Zeit zu Unrecht vertraut zu haben, durchaus einen Schock auslösen. Denn Blendwerken bedeutet ja, dass Sie die betreffende Person bisher möglicherweise ganz anders wahrgenommen haben.

Und nun haben Sie einen Anhaltspunkt dafür, dass Sie von dieser Person laufend belogen oder betrogen werden. Da ist es nur natürlich, dass Sie diese Erkenntnis zunächst nicht wahrhaben wollen, denn nun wird Ihnen auf einmal klar, wie sehr Sie an der Nase lang geführt worden sind, wie naiv Sie waren, welche Fehler Sie gemacht haben und wie blind Sie jemandem vertraut haben.

Diese Gedanken sind nicht angenehm. Möglicherweise kommen Sie sich jetzt unzulänglich, ja geradezu dumm vor, und Sie schämen sich vielleicht für Ihre Gutgläubigkeit. Dabei sind es doch gerade diese Arglosigkeit und diese Ehrlichkeit, die Sie vor anderen auszeichnen.

Besonders enttäuschend kann es sein, wenn es sich um Personen aus Ihrem allerengsten Umfeld handelt, z.B. um jemand aus Ihrer Familie, die beste Freundin, den Ehepartner oder den Lebensgefährten.

Gerade im letzten Fall liegt der Wunsch nach Verdrängung des Erkannten nahe, denn Sie müssten nun vielleicht aktiv werden und schnell handeln. Möglicherweise müssen Sie sogar eine Trennung in Erwägung ziehen, je nachdem, wie gründlich Sie betrogen wurden und wie lange dieser Zustand schon angedauert hat.
Daher ist es verlockend, die Situation einfach zu ignorieren oder zu relativieren. Manchmal ist dies auch ein psychologischer Selbstschutz.
Doch sollten Sie Ihre Erkenntnis besser nicht verdrängen. Jede Erkenntnis hat ihr Gutes, auch die schmerzhafteste, weil sie uns die Richtung zu dringend benötigten Änderungen in unserem Leben zeigt, ohne die wir die die Chance eines Auswegs nicht nutzen würden.

Fassen Sie also wieder Mut, es lohnt sich! Gönnen Sie sich eine Zeit der Verarbeitung und erholen Sie sich von Ihrem Schock. Und dann handeln Sie - so werden Sie gestärkt aus der Situation herauskommen.

5   Wie wehrt man sich gegen Scheinheilige?

Wenn Sie meinen, in Ihrem Umfeld einen Scheinheiligen erkannt zu haben, dann sollten Sie sich überlegen, wie Sie damit umgehen wollen. Folgende Fragen können Ihnen bei dieser Überlegung helfen:

- Wie groß ist der Schaden, den der Scheinheilige Ihnen bereits zugefügt hat oder in Zukunft zufügen könnte? Welche weiteren Nachteile haben Sie zu befürchten?

- Welche Möglichkeiten haben Sie, sich gegen den Scheinheiligen zu wehren, und wie leicht lassen sich diese Möglichkeiten umsetzen?

- Mit wie viel Aufwand und ggf. weiteren Nachteilen müssen Sie rechnen, wenn Sie sich gegen den Scheinheiligen wehren - was kostet Sie Ihre „Verteidigung"?

Wenn Sie feststellen, dass Ihnen der Scheinheilige nur begrenzten Schaden zugefügt hat und seine Möglichkeiten, Ihnen auch in Zukunft Schaden zuzufügen, ebenfalls begrenzt sind, dann ist ein richtiger „Kampf" gegen ihn oder sogar eine endgültige Trennung von ihm wohl zu aufwendig und daher nicht unbedingt sinnvoll.

Wahrscheinlich ist es dann besser, den Scheinheiligen in Ihrem Umfeld zu akzeptieren. Seien Sie ihm gegenüber dann wesentlich vorsichtiger, und gehen Sie ihm dort, wo Sie können, möglichst aus dem Weg.

Wenn Sie aber bemerken, dass Ihnen der Scheinheilige bereits massive Nachteile zugefügt hat und sein Verhalten vermutlich fortsetzen wird, dann müssen Sie sich vielleicht auf eine längere Auseinandersetzung mit dem Scheinheiligen einstellen. Denn nur so können Sie für sich eine Situation schaffen, bei der Sie am Ende der Gewinner sind.

5.1   Voraussetzungen, um sich zu wehren

Um sich gegen Ihren Gegner erfolgreich zur Wehr zu setzen, müssen bestimmte Voraussetzungen erfüllt sein:

- Sie benötigen die klare Erkenntnis, dass es sich wirklich um einen Scheinheiligen handelt und dass er Sie massiv geschädigt hat.

- Die Vorteile, die Ihnen entstehen, wenn Sie sich verteidigen, müssen den Aufwand und die ggf. dadurch entstehenden Nachteile überwiegen, es muss sich für Sie lohnen.

- Sie müssen bereit sein, sich ggf. nachhaltig und über einen längeren Zeitraum mit dem Problem auseinanderzusetzen.

Ganz konkrete Beispiele für praktische Gegenmaßnahmen gegen die im Scheinheiligen-Test aufgeführten Verhaltensmuster finden Sie in **Kapitel 6.**

Für die Auseinandersetzung, die Sie jetzt führen müssen, gibt es kein Patentrezept. Jede Beziehung zwischen zwei Menschen ist ein wenig anders, also müssen Sie Ihre eigene, der Situation und dem Betreffenden entsprechende Strategie zur Verteidigung entwickeln.

Im Hinblick auf die Psychologie von Scheinheiligen lassen sich einige gemeinsame Grundzüge finden, die zu kennen bei der Verteidigung gegen Blendwerken hilfreich sind. Diese möchte ich im folgenden Kapitel vorstellen.

5.2   Sechs Grundsätze zum Charakter von Scheinheiligen

Aus dem Dreieck der Unredlichkeit, das wir bereits kennengelernt haben (s. o.), lassen sich sechs Grundsätze zum Hintergrund einer erfolgreichen Gegenwehr gegen Scheinheilige ableiten. Wenn Sie diese Grundsätze kennen, können Sie sich später besser gegen Scheinheilige durchsetzen. Einiges davon wird Ihnen jetzt bereits bekannt vorkommen.

Die sechs Grundsätze:

1. Ein Scheinheiliger kennt kein "Du"!
2. Scheinheilige handeln nicht versehentlich.
3. Mit Scheinheiligen kann man keine Kompromisse schließen.
4. Ein Scheinheiliger scheut das Licht.
5. Scheinheilige sind gierig.
6. Scheinheilige respektieren Stärke.

Grundsatz 1 - Ein Scheinheiliger kennt kein „Du"!

Als wichtigsten Grundsatz können wir unsere Erkenntnis festhalten, dass Scheinheilige von ihrer Natur her äußerst ichbezogen agieren. Der Scheinheilige sieht alles aus seiner eigenen Brille, ein Einfühlen in die Motive und Beweggründe anderer fällt ihm entweder schwer, oder er ist nicht daran interessiert. Das Super-Ego dieses Menschen bestimmt sein Verhalten; er möchte seine Bedürfnisse möglichst schnell befriedigen, ohne zu viel Rücksicht auf andere zu nehmen.

Dennoch ist er sich des Risikos, das die von ihm begangenen Regelverstöße und sein unmoralische Verhalten für ihn selbst bedeuten können, mehr oder weniger bewusst. Deshalb legt er großen Wert darauf, dass er bei seinem Handeln möglichst nicht als Urheber erkannt wird und agiert heimlich.

Der starke Egoismus des Scheinheiligen führt in einigen Fällen dazu, dass er schon für einen kleinen Vorteil Schäden bei anderen in Kauf nimmt, die seinen eigenen Vorteil weit übersteigen können. Dass dieses Verhalten irrational ist, nimmt er in Kauf, denn sein Wunsch, seine Gier nach materiellen oder immateriellen Vorteilen zu befriedigen, ist stärker als die Vernunft. Kants kategorischer Imperativ gilt für ihn nicht, er handelt eher nach der Maxime: Suche stets den größtmöglichen Vorteil für Dich, ohne Rücksicht auf andere, aber achte darauf, dass Du nicht dafür zur Verantwortung gezogen werden kannst.

Im Umkehrschluss heißt das, dass andere Menschen dem Scheinheiligen weitgehend gleichgültig sind; *ein Scheinheiliger kennt eben kein „Du"*, sondern nur ein „Ich".

Andere Menschen sind für ihn eher so etwas wie Einrichtungsgegenstände, Spielzeuge oder Werkzeuge. Man benutzt sie, gelegentlich pflegt man sie auch ein wenig, damit sie länger brauchbar bleiben, aber wenn man ihrer überdrüssig geworden ist, wirft man sie weg.

Regeln, die zum Schutz anderer da sind, sind für Scheinheilige lästige Hindernisse, sie ignorieren oder umgehen sie. So kürzt man gewissermaßen den Weg zu seinem Ziel ab. Ohne die üblichen Moralvorstellungen kommt man schließlich schneller zum Ziel und hat einen größeren Vorteil.

Wenn Sie einen Scheinheiligen erkannt haben, dürfen Sie ihm durchaus ein unfaires, egoistisches Verhalten als Leitmotiv unterstellen. Rechnen Sie damit, dass er seinen Vorteil über alles stellt, und dass Sie von ihm deshalb regelmäßig manipuliert werden. Gehen Sie nicht davon aus, dass er sich fair verhält. Seine Eitelkeit können Sie aber u.U. geschickt für Ihre Gegenwehr nutzen.

Grundsatz 2 - Scheinheilige handeln nicht versehentlich.

Ein anderer wichtiger Punkt ist, dass ehrliche Menschen oft glauben, dass es sich um ein *Versehen* handelt, wenn sie entdecken, dass sie von jemand anderem benachteiligt worden sind.

Woher kommt diese Einschätzung? Nun, wenn jemand vom Grundsatz her ehrlich veranlagt ist, dann ist es eben kaum so, dass er andere hintergeht. Doch sollte er besser nicht von sich auf andere schließen! Denn in der Regel verhält es sich meistens so:
Wenn ehrliche Menschen anderen Nachteile zugefügt haben, dann haben sie die Konsequenzen, die dieses Verhalten nach sich ziehen kann, möglicherweise nicht bemerkt, sie haben sie in ihrem Ausmaß nicht richtig eingeschätzt, oder es ist etwas Außerordentliches eingetreten, das ursprünglich nicht vorhersehbar war.
D.h., solche Menschen haben den Schaden, den sie anderen zugefügt haben, eigentlich nicht beabsichtigt. Wären sie sich des Umfangs und der Schwere des Nachteils, für den sie verantwortlich waren, bewusst gewesen, hätten sie höchstwahrscheinlich anders gehandelt.

Bei weniger ehrlichen Menschen verhält es sich anders. Man kann davon ausgehen, dass so ein Mensch andere nicht nur „versehentlich" schädigt oder benachteiligt, sondern dass dahinter die klare egoistische Absicht steht, seine eigenen Bedürfnisse zu befriedigen.

Wenn Sie wissen, dass jemand grundsätzlich absichtlich handelt, weil dahinter die ständige Gier nach Befriedigung ausschließlich eigener Bedürfnisse steckt, dann müssen Sie auch damit rechnen, dass er sein Verhalten nicht einfach beendet, sondern es bei der nächsten passenden Gelegenheit wiederholt.

Ein dauerhaft böswilliges Verhalten ist ganz anders zu bewerten als ein einmaliger Fehler, ein Irrtum oder eine ungünstige Konstellation der Umstände. Solche Hintergründe lassen sich aufklären, und dann lässt sich der Schaden bereinigen.

Bei Böswilligen ist es dagegen sehr unwahrscheinlich, dass man mit einer Klärung der Situation und mit gutem Willen die Wiederholung seines Fehlverhaltens vermeiden kann. Ein Böswilliger wird sein Fehlverhalten zum einen nicht zugeben, weil er dann ja den Anschein der Unschuld verlieren würde, zum anderen, weil er dann auch den entstandenen Schaden bereitwillig wieder gut machen müsste.
Da sein Egoismus das nicht zulässt, wird er also möglichst lange leugnen oder die Folgen seines Tuns relativieren. Die dauerhafte Beilegung eines Konflikts durch einen *fairen* Kompromiss ist daher unwahrscheinlich.

Freiwillig wird er kaum jemals Wohlverhalten zeigen. Sie müssen stets mit einer Wiederholung seines Verhaltens rechnen. Es sei denn, Sie machen ihm dauerhaft und nachhaltig klar, dass Sie sein unredliches Verhalten niemals wieder tolerieren werden. Das erfordert Zeit und Geduld, und es kann anstrengend sein.

Vor diesem Hintergrund ist es naheliegend, bei einem Böswilligen davon auszugehen, dass er vorsätzlich handelt. Das bedeutet aber auch, dass er freiwillig keine Wiedergutmachung leisten wird. Man muss außerdem nach der scheinbaren Klärung eines Konflikts mit einer Fortsetzung seines Verhaltens rechnen, falls man dagegen keine Vorkehrungen getroffen hat.

Grundsatz 3 - Mit Scheinheiligen kann man keine Kompromisse schließen.

Aus dem eben Gesagten kann man direkt schließen, dass Kompromisse und Vereinbarungen mit Böswilligen i.d.R. nur sehr schwer oder gar nicht zu erzielen sind. Dafür gibt es mehrere Gründe:

1. Ein Kompromiss oder eine Klärung setzt Verantwortung für das frühere Fehlverhalten voraus – der Verantwortliche wird aber in der Regel sein Fehlverhalten nicht zugeben oder die Auswirkungen stark relativieren.

2. Ein Böswilliger hat stets die Tendenz, einen Kompromiss nur einseitig zu seinen Gunsten auszuhandeln. Es ist schwer, ihn zu einem wirklich fairen Kompromiss zu überreden.

3. Selbst wenn der der vereinbarte Kompromiss fair ist, wird ein Böswilliger seine Zusagen meistens nicht einhalten.

Versuchen Sie nicht zu oft eine friedvolle „Klärung" ohne wirkungsvolle, überprüfbare Sanktionen für den Fall der Nichteinhaltung, und vertrauen Sie nicht auf die „freiwillige" Einhaltung von Zusagen. Das würde Ihnen der Scheinheilige nur als Schwäche auslegen.

Lassen Sie sich nur auf klare Absprachen von Leistung und Gegenleistung ein, und entziehen Sie dem Scheinheiligen sofort Ihre Gunst und Ihre Zusagen, wenn er selbst seine Versprechungen nicht einhält. Schreiten Sie mit allen Mitteln ein, wenn er sein unredliches Verhalten wiederholt.

Grundsatz 4 - Scheinheilige scheuen das Licht.

Um seine Ziele erreichen zu können, muss sich ein Böswilliger tarnen und andere täuschen, zum einen, um seine Ziele schneller erreichen zu können, zum anderen, um das unfaire Verhalten zu verschleiern und Beweise für sein unredliches Vorgehen zu vertuschen.

Ehrlichkeit und Offenheit sind in diesem Zusammenhang eher hinderlich: Wüsste sein Opfer Bescheid über alle Fakten, die auch seine Interessen berühren, so fiele es dem Scheinheiligen schwerer, all die Vorteile zu erzielen, die er anstrebt. Deshalb ist es nicht verwunderlich, dass Lügen, Ausreden, Verschweigen von wichtigen Informationen und lückenhafte Darstellungen zu seinem Handwerkszeug gehören.

Schließen Sie, wenn Ihnen Lügen widerstreben, nicht von sich auf andere. Gerade Scheinheilige geben sich scheinbar ehrlich, um Sie umso geschickter hintergehen zu können.

Vermeiden Sie Unklarheit und Intransparenz. Verlangen Sie Nachweise, wenn etwas behauptet wird, und Belege, wenn Sie Vereinbarungen treffen. Hinterfragen Sie Aussagen.

Grundsatz 5 - Scheinheilige sind gierig.

Wir haben bereits deutlich gesehen, dass Scheinheilige häufig übermäßig gierig sind. Sie gieren nach Macht, Ruhm, Ehre, Reichtum, Bewunderung, Wissen, Anerkennung und vielem mehr.
Man muss sich darüber im Klaren sein, dass diese Gier meistens einseitig ist: Man bekommt für das, was man gibt, in der Regel keine Kompensation.

Diese Gier ist ein zentrales Motiv für vieles, was Scheinheilige tun. Machen Sie sich klar, dass Ihre Werte (materielle und immaterielle) in der Nähe eines solchen Menschen stets in Gefahr sind.

Gehen Sie mit Ihren materiellen und immateriellen Werten und Besitztümern vorsichtig um, und sichern Sie sie ab. Mehr dazu finden Sie unter den Grundregeln zur Verteidigung (u.a. „Scheinheilige sollten Sie nicht füttern").

Grundsatz 6 - Scheinheilige respektieren Stärke.

Böswilligkeit im Umgang mit anderen zeigt sich oft daran, dass jemand häufig Vereinbarungen und Verträge bricht und Regeln nicht einhält.

Hier hilft es, Transparenz im Umgang miteinander zu schaffen und Fehlverhalten wirkungsvoll zu sanktionieren. Die Übeltäter suchen sich zudem oft schwache, nachgiebige Opfer aus, die leicht zu übervorteilen sind.

Nachgiebigkeit und Entgegenkommen interpretieren sie als Schwäche und nutzen sie aus. Je selbstbewusster Sie auftreten, desto schwieriger wird es jedoch für sie, Sie zu benachteiligen. Außerdem scheuen Scheinheilige die offene Auseinandersetzung. Sie sind weniger darin geübt als darin, im Stillen zu agieren.
Eine offene Auseinandersetzung deckt zudem oft die intriganten Mittel Scheinheiliger auf, sie verlieren dadurch auch bei Dritten Sympathie.

Starkes, selbstbewusstes Verhalten sind sie nicht gewöhnt. Sie greifen häufig zum Bluff, und wenn Sie sich einfach nicht bluffen lassen, verlieren sie ihren Vorteil. Scheinheilige setzen auf subtilen Druck, sie möchten ihr Opfer freiwillig dazu bringen, bestimmte Dinge zu tun. Wenn Sie also einfach „nein" sagen, können sie ihre Anliegen nicht bei Ihnen durchsetzen. „Nein" heißt eben nein.

Wenn Sie wirklich Stärke zeigen (in Wortwahl, Tonfall und Verhalten), dann kehren Sie damit auch das wie selbstverständlich entstandene Verhältnis „Täter/Opfer" plötzlich um. Das schadet dem Selbstbewusstsein des Täters außerordentlich.

Ich selbst habe einmal einige Tage im Krankenhaus verbracht und dort den plötzlichen Rollenwechsel eines sehr freundlichen Menschen, der von einem unangenehmen Wichtigtuer ständig mit dessen aufdringlich erzählten Heldentaten penetrant belästigt wurde, vom lieben Zimmernachbarn zum wütenden Grizzlybär miterlebt.

Am ersten Tag hatte der Gutmütige, den zu Beginn auch Schmerzen plagten, den Geschichten seines offenbar unermüdlich zum Plaudern aufgelegten Zimmernachbarn noch einige Stunden lang geduldig und höflich zugehört.
An den beiden folgenden Tagen hatte er den besagten Herrn dann sehr höflich, aber unmissverständlich, doch ohne dauerhaften Erfolg darum gebeten, ihn mit seinen langweiligen und selbstgefälligen Geschichten doch bitte in Ruhe zu lassen.
Am vierten Tag schließlich flüchtete er sich aus seinem Krankenbett auf die Terrasse. Die Sonne schien, und er hoffte wohl, dort Ruhe zu finden.
Da folgte ihm der unbelehrbare Störenfried kurz danach doch tatsächlich nach draußen und begann sofort wieder damit, mit seinen überheblichen und selbstdarstellerischen Geschichten auf den armen Mann einzureden…!

Was dann geschah: Der so Verfolgte lief zunächst dunkelrot an im Gesicht, denn jetzt war ihm offenbar der Kragen geplatzt. Er holte tief Luft, dann richtete er sich zu seiner vollen Größe auf (er war fast 1,90 m groß) und ging, nun äußerst bedrohlich wirkend, einige Schritte auf den anderen zu, der damit nicht gerechnet hatte und sofort zurückwich.
Dann brüllte der Belästigte den zehn Jahre älteren Mann lautstark an: Er habe jetzt die Schnauze voll, er möge ihn doch nun endlich in Ruhe lassen usw., so dass die halbe Krankenstation Zeuge des Streits wurde. Sein bisher so freundliches Gesicht war nun vor Wut verzerrt.

Interessant war die Reaktion des bis dahin sich stets etwas arrogant und unterschwellig leicht geringschätzig gebenden älteren Mannes, der sich dem anderen bislang offensichtlich deutlich überlegen gefühlt hatte. Sein kurz zuvor noch leicht herablassender, selbstgefälliger Blick verschwand sofort aus seinem Gesicht und machte dem schuldbewussten Gesichtsausdruck eines kleinen, unartigen Jungen Platz. Sein Gesicht wurde bleich, und er brachte zunächst keinen Ton mehr heraus.
Kurz darauf fasste er sich allerdings wieder und sagte in beinahe demselben von ihm gewohnten Tonfall, aber deutlich leiser und etwas vorsichtiger als vorher: „Ich bitte um Respekt! Bin schließlich älter als Sie!"

Auf das als Antwort gefauchte „Ja, Respekt! Den hätte ich mir von Ihnen auch gewünscht!" hin verschwand er allerdings schnell von der Terrasse. Danach wurde der so genervte Mitpatient nicht mehr von ihm belästigt. Später sagte mir dieser, er wünschte, er hätte schon früher so reagiert.

Zeigen Sie also Selbstbewusstsein und lassen Sie einem Scheinheiligen nichts durchgehen. Je schwerer es ihm fällt, gegen Ihre Argumente oder Ihre standhafte Haltung durchzukommen, desto eher lässt er Sie schließlich in Ruhe.

Bevor wir nun auf konkrete Gegenstrategien eingehen, sollten wir uns noch mit dem Thema beschäftigen, wie anfällig man überhaupt für eine Attacke derart böswilliger Menschen sein kann, und wie groß die Chancen zur Verteidigung dagegen sind.

5.3   Der Selbsttest: Anfälligkeit für Böswillige

Haben wir bisher den Blick die ganze Zeit auf den Scheinheiligen als den „Angreifer" gerichtet, so wollen wir unseren Blick nun einmal auf den „Verteidiger" lenken, also Sie oder ein anderes potentielles „Opfer".

Hier stellt sich zum einen die Frage: Wie anfällig bin ich für den „Angriff" eines Böswilligen (so wollen wir die Scheinheiligen in diesem Kontext nennen), d.h. welche attraktiven Angriffsflächen biete ich, und wie sehr muss ich damit rechnen, dass man mich zum Ziel eines Übervorteilungsversuchs macht.

Zum anderen sollte man eine Einschätzung davon bekommen, wie gut man sich ggf. gegen einen solchen Angriff zur Wehr setzen könnte.

Die Attraktivität für Angriffe von Böswilligen

Der erste Bereich, die *Attraktivität für Angriffe von Böswilligen*, beinhaltet das Risiko, von einem Scheinheiligen angegriffen zu werden. Damit ist die Frage gemeint, wie interessant bzw. attraktiv die eingeschätzte Person als Ziel für die Angriffe anderer zur Erlangung persönlicher Vorteile ist.

Wir erinnern uns an die Motive von Scheinheiligen. Der erste Haupteinflussfaktor bei der Attraktivität für Angriffe von Böswilligen ist deshalb der *„Beutefaktor"*, d.h. diejenigen materiellen oder immateriellen Güter, die ein Böswilliger bei anderen durch geschickte Machenschaften in seinen Besitz bringen kann.

Der zweite Haupteinflussfaktor ist der *„Neidfaktor"*, d.h. welche Eigenschaften oder Besitztümer jemand einer anderen Person missgönnen könnte. Wir haben ja gesehen, dass auch Neid ein zentrales Motiv für Blendwerken sein kann.

Für unseren Test ist das genaue Motiv aber zweitrangig, denn es zählt ausschließlich, dass Ihnen jemand materielle oder immaterielle Güter missgönnt, sie Ihnen entweder wegnehmen, madig machen, sie verschlechtern oder gar zerstören will.

Die Verteidigungsfähigkeit gegen Angriffe von Böswilligen

Der zweite Bereich, die *Verteidigungsfähigkeit gegen Angriffe von Böswilligen*, bezieht sich auf die Fähigkeit, Attacken von Scheinheiligen zu erschweren, sich dagegen zu wehren und seinerseits aktiv dagegen vorzugehen.

Diese Sektion ist unterteilt in die beiden Haupteinflussfaktoren *„Abwehrkraft"* und *„Angriffsstärke"*.

Mit der *Abwehrkraft* ist gemeint, wie gut sich die oder der Angegriffene gegen einen Angriff von Böswilligen wehren kann. Hier geht es darum, wie gutgläubig das Opfer ist, und wie gut es sich gegen unredliche Machenschaften verteidigen kann. Eine eher gutmütige, entgegenkommende Person wird man eher ins Visier nehmen als einen wachsameren und selbstbewusster auftretenden Menschen.

Daneben spielt aber auch die Bereitschaft und Fähigkeit zur *aktiven* Verteidigung gegen den Böswilligen eine Rolle.

Dazu gehört die Bereitschaft und Fähigkeit, zum Gegenangriff überzugehen, entweder aus der Wut heraus, hintergangen worden zu sein oder aus der nüchternen Erkenntnis heraus, dass man verloren gegangenes Terrain zurückerobern muss, um die Auseinandersetzung schließlich zu gewinnen und den Angreifer loszuwerden.
Man muss also bereit sein, seinen Gegner, ausschließlich zum Zweck der eigenen Verteidigung, auch selbst anzugreifen. Diese Eigenschaft möchte ich *„Angriffsstärke"* nennen.

Die *Anfälligkeit für Angriffe von Böswilligen* setzt sich also aus zwei sich gegenseitig ausbalancierenden Faktoren zusammen: der *Attraktivität für den Angriff von Böswilligen* einerseits und der *Verteidigungsfähigkeit* dagegen andererseits.

Zu diesem Themenkomplex habe ich eine weitere Checkliste entwickelt, den **Selbsttest für die Anfälligkeit für Angriffe von Böswilligen.** Die Selbsteinschätzung mit Hilfe der Checkliste soll eine Einschätzung darüber ermöglichen, wie stark bei Ihnen oder bei einem Dritten die von einem Böswilligen als attraktiv gesehenen Eigenschaften ausgeprägt sind, also wie sehr es ihn reizen kann, sich auf unredliche Weise bei jemand anderem auf dessen Kosten Vorteile zu verschaffen, und wie stark die Fähigkeiten des Angegriffenen ausgeprägt sind, sich dagegen zu verteidigen.

5.4   Erläuterung der Kriterien

Die Haupteinflussfaktoren

Bereich A:
Attraktivität für den Angriff von Böswilligen („Beutefaktor")

Hier wird ermittelt, über welche materiellen oder immateriellen Güter Sie verfügen, die für einen Böswilligen von Interesse sein könnten, oder die er Ihnen neiden könnte, sozusagen die „Beute" des Böswilligen.
Die Aussagen der Checkliste können Sie mit den entsprechenden Scoring-Maßen bewerten, um zu einem Gesamtwert zu kommen.

Bereich B:
Verteidigungsfähigkeit gegen den Angriff von Böswilligen

1. Abwehrkraft

Hier geht es darum, zu beurteilen, ob Sie „offene Türen" haben und eher gutgläubig sind, oder ob Sie misstrauisch und vorsichtig sind, so dass ein Scheinheiliger bei Ihnen nicht gleich den Eindruck erwecken kann, der „gute Onkel" zu sein, der nur Ihr Bestes will (das will er zwar tatsächlich, aber für sich und nicht für Sie!) und Sie somit in der Lage sind, einen Angriff zu verhindern oder frühzeitig abzuwehren.

2. Angriffsstärke

Hiermit ist nicht Angriffslust in Form von Aggressivität gemeint, sondern die grundsätzliche Fähigkeit, Konflikte auszutragen und zum nötigen Gegenangriff überzugehen. Im Gegensatz zur rein passiven Abwehr muss man einen Angreifer auch zur Rede stellen, auf ihn zugehen und eine aktive Auseinandersetzung mit ihm führen können. Hier wird beurteilt, in welchem Maß die eingeschätzte Person dazu bereit und fähig ist.

5.5   Nutzung der Checkliste zum Selbsttest

Sie können die Checkliste für sich selbst oder für einen Ihnen bekannten Menschen nutzen. In diesem Fall vergeben Sie bitte wieder einen Spitznamen - aus den bereits im Kapitel „Scheinheiligen-Test" genannten Gründen.

Die Checkliste ist, wie oben dargestellt, in zwei Bereiche eingeteilt:

A) „Attraktivität für den Angriff von Böswilligen" und
B) „Verteidigungsfähigkeit gegen den Angriff von Böswilligen.

Bereich A besteht aus einem einzigen Fragenblock, zu Bereich B gehören Fragenblock 1 (Abwehrkraft) und 2 (Angriffsstärke).

Zu jedem Fragenblock gehören Fragestellungen, die als Aussage formuliert sind, denen ein Zustimmungsgrad zugeordnet werden soll. Die Zustimmung zu den Aussagen wird wie folgt bewertet:

0 = Die Aussage trifft gar nicht oder kaum zu
1 = Die Aussage trifft ein wenig zu
2 = Die Aussage trifft zu
3 = Die Aussage trifft stark zu

Wenn die Aussage auf Sie zutrifft, vergeben Sie also einen hohen Zustimmungsgrad, sonst einen niedrigen. Die Fragen sind auf eine hohe Anfälligkeit hin formuliert.

In Bereich A bedeutet das: Wenn die Zustimmungswerte hoch sind, sehen Ihre potentiellen Angreifer Sie eher als Beute an als bei einem niedrigen Wert. In Bereich B bedeutet das: Wenn die Zustimmungswerte hoch sind, ist Ihre Verteidigungsfähigkeit in dem betreffenden Punkt eher schwach ausgeprägt.

Nach der Bewertung der einzelnen Aussagen errechnen Sie zunächst die Summe für A und dann für die Blöcke B1 und B2. Die Aussagen zu B sind allerdings auf eine schwache Verteidigungsfähigkeit hin formuliert, da ich davon ausgehe, dass vor allem jemand, der sich nicht ganz so gut gegen Böswillige wehren kann, den Test macht.

Dadurch mindern hohe Punktwerte die maximal erzielbare Verteidigungs-kraft (75 Punkte) entsprechend, sind also gewissermaßen Minuspunkte. Demzufolge wird der Gesamtwert von B (Verteidigungsfähigkeit) dann wie folgt errechnet:

$B = 75 - (B1+B2).$

5.6 Die Checkliste zum Selbsttest

Nachfolgend finden Sie die Checkliste zum Selbsttest.

Abb. 7: Checkliste Selbsttest – Teil 1

SELBSTTEST FÜR ANFÄLLIGKEIT GEGEN BÖSWILLIGE

Bewertung: 0 = trifft gar nicht oder kaum zu; 1 = trifft ein wenig zu;
2 = trifft zu, 3 = trifft stark zu

A)	Attraktivität für Böswillige	
Nr.	**Kriterium**	**Wert**
1	Ich besitze Geld, Schmuck oder nennenswerte finanzielle Mittel	
2	Ich wohne in einem schönen oder großen Haus oder besitze mindestens ein weiteres Haus	
3	Ich fahre ein sportliches, schnelles oder starkes Auto oder besitze einen Oldtimer oder ich besitze mehrere Autos	
4	Ich besitze und trage gern geschmackvolle Kleidung	
5	Ich mache einmal oder mehrmals im Jahr Urlaub	
6	Ich bin mit einem Partner/einer Partnerin in einer glücklichen Beziehung	
7	Mein Partner/meine Partnerin ist prominent, vermögend und/oder für andere attraktiv	
8	Ich habe insgesamt ein glückliches Familienleben	
9	Meine Familienangehörigen (ohne Partner) sind attraktiv, prominent oder vermögend	
10	Ich verfüge über eine gute Ausbildung	
11	Ich verfüge über eine hohe berufliche Stellung mit viel Einfluss	
12	Ich verfüge über einen oder mehrere angesehene berufliche Titel	
13	Ich habe eine gute berufliche oder soziale Stellung oder es bestehen gute Perspektiven darauf	

Abb. 8: Selbsttest – Teil 2

SELBSTTEST FÜR ANFÄLLIGKEIT GEGEN BÖSWILLIGE

Bewertung: 0 = trifft gar nicht oder kaum zu; 1 = trifft ein wenig zu;
2 = trifft zu; 3 = trifft stark zu

A) Attraktivität für Böswillige		
Nr.	**Kriterium**	**Wert**
14	Ich habe die Möglichkeit, anderen zu Einkommen zu verhelfen	
15	Ich verfüge über ein großes berufliches und privates Netzwerk	
16	Ich bin beliebt und oder bekomme öfter gutes Feedback oder Komplimente	
17	Ich verfüge über wertvolle Informationen, die für mich oder andere beruflich oder privat hilfreich sind	
18	Andere halten mich für attraktiv und gutaussehend	
19	Man sagt, ich sei charmant, unterhaltsam oder liebenswürdig	
20	Ich bin viel oder weit gereist und/oder verfüge über viele interessante Erfahrungen und Erlebnisse	
21	Man sagt, ich verfüge über eine hohe soziale Kompetenz	
22	Man sagt, ich sei intelligent und/oder fantasievoll	
23	Ich habe besondere Talente, z.B. spreche ich gut eine oder mehrere Fremdsprachen oder spiele ein Instrument	
24	Ich lerne aus beruflichen oder privaten Gründen häufig neue Menschen kennen	
25	Ich habe einige gute Kontakte zu recht angesehenen Personen, Unternehmen oder Kreisen	
A	**Attraktivität: Summe Bewertungen**	

SELBSTTEST FÜR ANFÄLLIGKEIT GEGEN BÖSWILLIGE

Bewertung: 0 = trifft gar nicht oder kaum zu; 1 = trifft ein wenig zu;
2 = trifft zu, 3 = trifft stark zu

B1) Verteidigungsfähigkeit - Abwehrkraft		
Nr.	**Kriterium**	**Wert**
1	Ich bin ehrlich und lüge selten	
2	Ich bin eher gutgläubig und hinterfrage Aussagen anderer nicht ohne Weiteres	
3	Ich halte meine Zusagen stets ein, das ist mir wichtig	
4	Ich dränge mich ungern in den Mittelpunkt und lasse anderen leicht den Vortritt	
5	Ich kann eher schlecht nein sagen	
6	Ich bin leicht zu beeindrucken und bin schnell begeistert	
7	Ich bin kontaktfreudig und redselig, spreche gern über mich betreffende Angelegenheiten, verheimliche nichts	
8	Ich bin den Schwächen anderer gegenüber eher nachsichtig	
9	Ich bin hilfsbereit und gebe anderen gern etwas ab	
10	Ich kann mich nicht so leicht von Menschen trennen, die mir Übles wollen	
11	Ich habe wenig Freunde oder Berater, die mir gegen Menschen helfen könnten	
12	Meine Freunde und Berater können mir nicht gut helfen, wenn mir jemand Übles will	
13	Ich verzeihe schnell und bin nicht nachtragend	
B1	**Abwehrkraft: Summe Bewertungen**	

SELBSTTEST FÜR ANFÄLLIGKEIT GEGEN BÖSWILLIGE

Bewertung: 0 = trifft gar nicht oder kaum zu; 1 = trifft ein wenig zu;
2 = trifft zu, 3 = trifft stark zu

B2) Verteidigungsfähigkeit - Angriffsstärke		
Nr.	**Kriterium**	**Wert**
14	Ich bevorzuge eine harmonische Atmosphäre und hasse Streit	
15	Ich bin nicht immer sehr diszipliniert, wenn es um die konsequente Umsetzung von Plänen geht	
16	Anderen etwas wegzunehmen liegt mir nicht, auch wenn es durchaus berechtigt ist	
17	Ich löse Probleme lieber auf dem Verhandlungsweg und suche den Kompromiss statt den „Sieg"	
18	Ich werde ungern laut und unangenehm	
19	Ich greife nicht gern zu unfairen Mitteln, auch wenn es um meine berechtigten Interessen geht	
20	Ich mag keine Atmosphäre des Misstrauens und spiele daher auch in einem Streit mit offenen Karten	
21	Ich breche mein Wort ungern, auch dann, wenn andere ihres nicht halten	
22	Ich rede nicht gern schlecht über andere	
23	Auch für einen unfairen Gegner bringe ich noch ein gewisses Verständnis auf	
24	Großem Druck halte ich nicht lange stand, ich gebe leicht nach	
25	Ich mache meine Probleme nicht gern publik und trage Auseinandersetzungen lieber allein und im Stillen aus	
B2	**Angriffsstärke: Summe Bewertungen**	

Abb. 11: Checkliste Selbsttest – Teil 5

SELBSTTEST FÜR ANFÄLLIGKEIT GEGEN BÖSWILLIGE

Bewertung: 3 = trifft stark zu; 2 = trifft zu; 1 = trifft ein wenig zu;
0 = trifft gar nicht oder kaum zu

Ergebnisse B und C		
Nr.	**Ergebnis**	**Wert**
B	**Verteidigungsfähigkeit gesamt:** ➔ **75 minus Wert B1 minus Wert B2**	
C	**Anfälligkeit für Angriffe von Böswilligen:** ➔ **Wert B (Verteidigungsfähigkeit) minus Wert A (Attraktivität)**	

5.7   Auswertung der Checkliste

Auch die Auswertung des Selbsttests ist nicht schwer. Gehen Sie einfach wie folgt vor.

Bereich A: Addieren Sie alle einzelnen Werte, so dass Sie die Summe aller Werte erhalten. Das Ergebnis ist **A, die Attraktivität für Angriffe von Böswilligen.**

Bereich B: Addieren Sie zunächst alle Werte für Block B1 und bilden Sie die Summe, und bilden Sie dann die Summe der Werte für Block B2. Ziehen Sie anschließend die beiden Summen von 75 ab, um **B gesamt** zu errechnen.

Der Punktwert B, der nach Abzug der Minuspunkte von den 75 maximal erreichbaren Punkten verbleibt, ist der Wert für die Verteidigungsfähigkeit.

Beispiel: Sie haben 20 Punkte für B1 und 25 Punkte für B2 errechnet. Ihre **Verteidigungsfähigkeit (B)** beträgt dann 30 Punkte (75-20-25).

Den **Gesamtwert C für die Anfälligkeit für Angriffe von Böswilligen** erhalten Sie nun, indem Sie den Wert A (für Attraktivität) vom Wert B (für Verteidigungsfähigkeit) abziehen.

Beispiel: Nehmen wir an, Sie haben in A (Attraktivität für Angriffe von Böswilligen) 40 Punkte errechnet. Dann ziehen Sie von den 30 Punkten Ihrer Verteidigungsfähigkeit (s.o.) diese 40 Punkte ab. Es verbleiben -10 Punkte, also eine Anfälligkeit für Angriffe von Böswilligen im noch durchschnittlichen Bereich.

Der Wert für die Anfälligkeit für einen Angriff von Böswilligen sagt aus, wie wahrscheinlich es ist, einen oder mehrere Angriffe von Scheinheiligen zu erleiden und wie hoch die möglichen Schäden ausgeprägt sein könnten.

Ein positiver Saldo aus B (Verteidigungsfähigkeit) und A (Attraktivität für Angriffe von Böswilligen) zeigt eine niedrigere Anfälligkeit, ein negativer Saldo eine höhere Anfälligkeit für Angriffe von Böswilligen an.

5.8   Interpretation der Ergebnisse

Der Test ist zur leichteren Nutzung bewusst einfach gehalten. Bedenken Sie daher bitte bei der Interpretation der Testergebnisse, dass der Ergebniswert C kein quantitativ empirisches Maß für die Anfälligkeit von Angriffen von Böswilligen darstellt, sondern nur zu einer besseren allgemeinen Einschätzung der Situation beitragen kann.

Bei einer späteren Analyse kommt es daher immer auf den konkreten Einzelfall und die individuellen Umstände an.

Nehmen wir hierfür ein Beispiel. Jemand hat eine Verteidigungsfähigkeit B von 60 Punkten und eine Attraktivität A von 70 Punkten, d.h. einen Wert C von -10. Rein theoretisch ist damit die Attraktivität für einen Angriff von Böswilligen höher als die Verteidigungsfähigkeit.

Die beiden Werte A und B sind aber nur sehr begrenzt miteinander vergleichbar. Tatsächlich ist ein Wert von 60 Punkten für B in dem oben genannten Beispiel (mehr als 3/4 des Maximalwerts) für die Verteidigungsfähigkeit ziemlich hoch. Wenn sich jemand gut verteidigen kann, dann kann er i.d.R. auch eine Vielzahl von attraktiven und begehrten Gütern gut gegen einen Angriff schützen.

Meiner Erfahrung nach zählt die Verteidigungsfähigkeit oft mehr als die Attraktivität für einen Blenderangriff. Nur lässt sich das in dem hier vorgestellten einfachen Modell kaum quantifizieren.

Das ist aber auch gar nicht beabsichtigt. Der Test soll, wie alles in diesem Buch, vor allem dabei helfen, Gedanken zu strukturieren und sich bestimmte Dinge bewusst zu machen. Dies gilt es, bei der Interpretation zu berücksichtigen.

Der Ergebniswert (C), die **Anfälligkeit für Angriffe von Böswilligen**, ist wie folgt skaliert:

		Wert von	bis
1.	Sehr geringe Anfälligkeit	+46	+75
2.	Geringere Anfälligkeit	+16	+45
3.	Normale Anfälligkeit	-15	+15
4.	Hohe Anfälligkeit	-16	-45
5.	Sehr hohe Anfälligkeit	-46	-75

Die Skalierung bedeutet Folgendes:

1.   Sehr geringe Anfälligkeit

Die Person dürfte sehr wenig attraktive Angriffsflächen bieten und ist gleichzeitig sehr gut in der Lage, sich gegen Angriffe zu verteidigen und den Scheinheiligen auch selbst aktiv anzugreifen. Das Risiko, von anderen angegriffen zu werden und schwerwiegende Nachteile zu erleiden, ist bei diesem Wert sehr gering.

2.   Geringere Anfälligkeit

Diese Person ist gut gerüstet für die Auseinandersetzung mit Blendwerkern. Möglich, dass die Person einige Angriffsflächen bietet, aber dann ist sie sehr gut in der Verteidigung gegen Angriffe von Böswilligen, oder sie hat einen nicht ganz so hohen Beute- oder Neidfaktor, so dass kleinere Schwächen in der Verteidigung nicht allzu sehr von Bedeutung sind. Das Risiko, von einem Böswilligen angegriffen zu werden und schwerwiegende Nachteile zu erleiden, ist nicht sehr hoch.

3.   Durchschnittliche Anfälligkeit

Ein Wert von +15 bis -15 liegt im Mittelfeld, d.h. die beurteilte Person muss mit gelegentlichen Angriffen Böswilliger rechnen. Entweder bietet sie ihnen interessante Angriffsflächen bei nur mittlerer Verteidigungsfähigkeit, oder sie bietet ihnen mittelmäßig attraktive Ziele bei einer eher schwachen Verteidigungsfähigkeit.
Die Wahrscheinlichkeit, von einem Böswilligen angegriffen zu werden und Mühe mit dessen Abwehr zu haben, liegt im durchschnittlichen Bereich.

4.   Hohe Anfälligkeit - stark gefährdet

Personen aus dieser Gruppe haben entweder einen sehr hohen Beute- und Neidfaktor oder aber eine schwach bis sehr schwach ausgeprägte Verteidigungsfähigkeit. Das macht sie für Angriffe von Böswilligen anfälliger als andere.

Wenn jemand Werte in diesem Bereich erzielt, dann sollte sie/er sich die Scheinheiligenmerkmale, die in diesem Buch beschrieben werden, vielleicht noch einmal genauer ansehen. In **Kapitel 6** sind detaillierte Maßnahmen zur Gegenwehr aufgelistet.

Halten Sie nach Scheinheiligen in Ihrem Umfeld Ausschau und prüfen Sie weitere Personen, die Ihnen zweifelhaft erscheinen, vielleicht einmal mit dem Scheinheiligen-Test. Am besten ziehen Sie bei der Beurteilung eine vertrauenswürdige und wehrhafte Person zu Rate.

Das Risiko, von einem Böswilligen angegriffen zu werden und schwerwiegende Nachteile zu erleiden, ist bei einem Wert von -16 bis -45 jedenfalls schon ziemlich hoch.

5.   Sehr hohe Anfälligkeit – sehr stark gefährdet

Das betrifft die Personen, die einen (Extrem-)wert von unter -45 erreicht haben. Fast könnte man meinen, sie seien mit diesen Werten eigentlich zu gut für diese Welt. Das Risiko, von jemand angegriffen zu werden und schwerwiegende Nachteile zu erleiden, ist in dieser Gruppe sehr hoch bis extrem hoch.

Allerdings sind Werte von -46 bis -75 auch recht selten. Wenn Sie diesen Wert erreichen, prüfen Sie bitte noch einmal Ihre Einschätzung anhand der einzelnen Fragen. Vielleicht haben Sie sich ja selbst als zu attraktiv für andere eingeschätzt und gleichzeitig als zu ängstlich oder zu anständig.

Wenn sich der Wert auch nach einer Überprüfung erneut im Bereich von unter - 45 einpendelt, sprechen Sie vielleicht einmal mit jemand darüber, dem Sie vertrauen können. Suchen Sie sich Unterstützer, denn wenn Sie allein auf sich gestellt bleiben, könnte es sehr schwer für Sie werden, sich gegen einen böswilligen Angreifer zu wehren.

Aspekte bei der Auswertung

Vielleicht deckt sich das errechnete Ergebnis nicht mit dem, was Sie insgesamt erwartet hätten.

Wieder weise ich auf die oben bereits erwähnten drei Aspekte hin, die bei der Auswertung möglicherweise zu beachten sind:

1. Die Anpassung an die eigene Lebenssituation
2. Der eigene Beurteilungsmaßstab
3. Die Veränderung der Umstände im Zeitablauf

1) Die Anpassung an die eigene Lebenssituation

Haben Sie die eigene Lebenssituation berücksichtigt? Die Checkliste können bzw. sollten Sie bei Bedarf an Ihre eigene Lebenssituation anpassen.

In diesem Fall können Sie die Summe des erzielten Ergebniswerts mit dem Verhältnis der Anzahl aller Fragen zur gesamten Anzahl der beantworteten Fragen hochrechnen (also z.B. ein erzielter Punktwert in Höhe von acht Punkten im Block 2 bei zehn Fragen insgesamt in Block 2, davon acht beantwortete Fragen: = 8 x 10/8 = 10 Punkte).

Sie können Fragen im Test auch durch eigene Fragen ersetzen oder den Test um eigene Fragen ergänzen. Außerdem können Sie die Fragenblöcke mit einer Gewichtung versehen.

So erhalten Sie einen Ergebniswert, der Ihrer persönlichen Lebenssituation möglicherweise besser entspricht.

2) Der eigene Beurteilungsmaßstab

Im Kapitel zur Auswertung des Scheinheiligen-Tests habe ich bereits dargestellt, dass die Beurteilungsmaßstäbe von Mensch zu Mensch variieren. Sich selbst einzuschätzen bleibt naturgemäß immer subjektiv, daher ist es gerade beim Selbsttest empfehlenswert, eine Ihnen gut bekannte Person zu bitten, einmal eine zweite Meinung zur Anfälligkeit Ihrer Person gegen Angriffe von Böswilligen abzugeben.

3) Die Veränderung der Umstände im Zeitablauf

Im Lauf des Lebens wird sich Ihre persönliche Anfälligkeit für Scheinheilige höchstwahrscheinlich verändern.

Wenn Sie z.B. den Selbsttest als Schülerin oder als Student ausfüllen, dann werden Sie wahrscheinlich noch über eher wenige materielle und immaterielle Güter verfügen, die für einen Scheinheiligen interessant sein könnten. Wenn Sie aber später im Beruf oder privat erfolgreich sind und sich weiterentwickelt haben, dann kann es sein, dass die im Test unter „Beute"- und „Neidfaktor" ermittelten Werte deutlich höher ausfallen.

Es lohnt sich also eventuell, den Test in einer veränderten Lebenssituation oder einfach zu einem späteren Zeitpunkt zu wiederholen.

5.9 Zehn Regeln zur Verteidigung gegen Blendwerken

Kommen wir nun zu konkreteren Maßnahmen in der Verteidigung gegen die Machenschaften von Scheinheiligen. Wenn man deren übliche Verhaltensmuster erkennt, dann lässt sich meistens auch eine geeignete Verteidigungsstrategie dagegen entwickeln.

Auf das einfachste und naheliegendste Mittel, nämlich eine ehrliche, offene Aussprache mit einer fairen Regelung zur Abstellung des unerwünschten Verhaltens, können wir allerdings nicht setzen, denn genau das entspricht nicht den Absichten der anderen Seite.

Als wirkungsvollste und konsequenteste Methode gegen Scheinheilige bleibt deshalb nur, sich von ihnen komplett zu trennen, z.B. durch einen Wechsel des Arbeitsplatzes, eine Scheidung, einen Umzug in eine andere Stadt. Manchmal reicht es auch aus, den Kontakt endgültig zu beenden.

Aber leider hilft die Trennung nicht immer sofort, weil sie vielleicht nur langfristig umzusetzen ist und kurzfristig möglicherweise einen zu hohen Aufwand oder unnötige Risiken mit sich bringt. Manchmal lässt sich wegen zu enger verwandtschaftlicher Bindungen oder aufgrund vertraglicher Verflechtungen eine enge Beziehung zu einer anderen Person auch gar nicht oder nur unter sehr schwierigen Begleiterscheinungen auflösen.

In den meisten Fällen müssen Sie sich also, zumindest am Anfang, auf kontrollierbare Vereinbarungen mit Ihrem Kontrahenten verlassen und weiteres Fehlverhalten möglichst wirkungsvoll sanktionieren.

Wenn wir das in den vorstehenden Kapiteln Gesagte noch einmal Revue passieren lassen, dann ergeben sich ein paar Grundregeln, mit denen man sich ganz gut gegen Scheinheilige wehren kann.
Dabei handelt es sich aber nur um grundsätzliche, eher strategische Maßnahmen, die Sie im Alltag noch an die konkreten Erfordernisse anpassen müssen. Beispiele für solche konkreten Einzelmaßnahmen finden Sie in **Kapitel 6.**

Die Regeln lauten:

1. Geben Sie acht.
2. Schaffen Sie Klarheit.
3. Seien Sie misstrauisch.
4. Überwachen Sie Vereinbarungen.
5. Sichern Sie sich ab.
6. Lassen Sie sich nie unter Druck setzen.
7. Scheinheilige sollten Sie nicht „füttern".
8. Bleiben Sie unabhängig.
9. Lassen Sie sich nichts gefallen.
10. Unter- oder überschätzen Sie Scheinheilige nicht.

Auch diese Regeln möchte ich Ihnen kurz näher erläutern. Einiges davon können Sie nun schon aus den bisherigen Ausführungen in diesem Buch ableiten.

Grundregel 1: Geben Sie acht.

Es beginnt damit, dass Sie viel wachsamer als bisher auf die Anzeichen von Blendwerken achten sollten. Erst, wenn Sie die Anzeichen eines unredlichen Verhaltensmusters erkannt haben, können Sie sich dagegen wehren.

Am einfachsten ist es, wenn Sie sich regelmäßig einige Fragen stellen:
Wem nützt der mir unterbreitete Vorschlag wirklich? Warum wirkt das Benehmen des anderen seltsam auf mich? Warum fühle ich mich in dieser Situation eigentlich unwohl? Warum ändert er/sie jetzt plötzlich seine

Meinung? Was bedeutet das Ganze eigentlich genau für mich? Warum fragt er/sie mich das jetzt? Machen Sie sich nichts vor - manchmal können schon ganz unwichtige Kleinigkeiten auf eine hinterhältige Absicht hindeuten.

Grundregel 2: Schaffen Sie Klarheit.

Unklarheit schafft Raum für Auslegungen, Ausreden und Manipulation. Schaffen Sie also stets Klarheit, wenn Sie mit einem Scheinheiligen zu tun haben. Dokumentieren Sie alle wichtigen Vereinbarungen mit ihm, machen Sie sich Notizen über Auffälligkeiten in seinem Verhalten und überlegen Sie sich, wie Sie damit umgehen wollen.

Überprüfen Sie den Wahrheitsgehalt von wesentlichen Behauptungen der anderen Partei und lassen Sie sich nicht von unbewiesenen Behauptungen oder Meinungen in die Irre führen. Sie sind immer subjektiv, doch darauf können Sie sich nicht verlassen. Besorgen Sie sich objektive Fakten.

Grundregel 3: Seien Sie misstrauisch.

Glauben Sie nicht alles unbesehen! Rechnen Sie stets mit Lügen und Verdrehungen. Viele Reinfälle und Enttäuschungen, aber auch größere Schäden gehen aufs Konto von Unehrlichkeiten oder Übertreibungen und entstehen unter einem bewusst erweckten falschen Eindruck.

Sie tun also gut daran, nicht mehr von Ihrer eigenen, redlichen Grundeinstellung auf andere zu schließen und anzunehmen, diese seien im Zweifel ehrlich. Gehen Sie lieber davon aus, dass Ihr Vertrauen erst nach einer kritischen Beurteilung des Betreffenden angebracht ist oder dann, wenn Sie ihn näher kennen. Nehmen Sie ruhig an, dass das Gesagte zwar nicht unbedingt gelogen sein muss - aber es könnte übertrieben sein, es könnte Irrtümer enthalten, usw. Auf jeden Fall ist es selten unparteiisch.

Warten Sie deshalb mit Ihrer Meinung und Ihren Entscheidungen ab, bis Sie gründlich darüber nachgedacht haben, ob das Gesagte glaubwürdig ist.

Grundregel 4: Überwachen Sie Ihre Vereinbarungen.

Denken Sie daran, dass Übervorteilung stets durch einen einseitigen Nutzen zugunsten Ihres Gegenübers gekennzeichnet ist. Stellen Sie also sicher, dass Sie für das Vereinbarte reelle und angemessene Gegenleistungen erhalten. Achten Sie darauf, dass nicht nur Sie es sind, der die Wünsche seines Gegenübers erfüllt – umgekehrt sollte es genauso sein!

Kontrollieren Sie die Einhaltung von Vereinbarungen und halten Sie eigene Leistungen zurück, wenn Sie nur eine Teil- oder Schlechtleistung oder möglicherweise überhaupt nichts im Gegenzug erhalten haben.
Sanktionieren Sie die Nichteinhaltung von Vereinbarungen zeitnah und wirkungsvoll. Akzeptieren Sie keine einseitigen Forderungen! Sorgen Sie für Ausgewogenheit im Geben und Nehmen.

Grundregel 5: Sichern Sie sich ab.

Damit ist gemeint, dass Sie Ihre Werte gegen Diebstahl, Zerstörung und Missbrauch jedweder Art schützen sollten. Geben Sie nie ohne plausiblen, wichtigen Grund Informationen an nicht vertrauenswürdige Personen oder Unbekannte heraus.

Sichern Sie Ihre materiellen und immateriellen Besitztümer stets gegen den Zugriff Unbefugter, auch dann, wenn es (noch) nicht nötig zu sein scheint. Geben Sie keine Passwörter heraus, keine sensiblen Daten, keine finanziellen und Vermögenswerte. Zumindest nicht ohne einen wirklich plausiblen Grund und nur unter Einbehalt eines Pfands.

Grundregel 6: Lassen Sie sich nie unter Druck setzen.

Wenn ein Ihnen missgünstig Gesinnter eine Entscheidung von Ihnen einfordert, sind die Informationen, die er Ihnen dazu gibt, oft unvollständig, falsch oder zu seinem eigenen Nutzen verändert worden. Dabei setzt Sie der andere gern unter zeitlichen Druck, damit Sie keine Gelegenheit zur Prüfung der Sachlage finden.

Davon sollten Sie sich auf keinen Fall beeindrucken lassen. Nehmen Sie sich stets Zeit für eine Prüfung der Vorschläge. Entscheiden Sie niemals unter Druck! Im Zweifel sagen Sie vorläufig „nein".

Grundregel 7: „Füttern" Sie Scheinheilige nicht unnötig.

Scheinheilige wollen Informationen, materielle Werte, Aufmerksamkeit, Anerkennung und vieles mehr. Am liebsten ohne nennenswerte Gegenleistung. Warum sollten Sie hier Samariter spielen? Häufig werden Sie gebeten, Sie sollten doch bitte dieses tun oder etwas anderes unterlassen, und Sie sollten stets gut zuhören, denn das sei wichtig.
Oft beklagt sich der Scheinheilige, dass Sie zu wenig Zeit für ihn hätten. Gehen Sie aber nicht jedes Mal darauf ein - „Füttern" Sie ihn nicht!

Manchmal ist die Aufmerksamkeit allein schon Selbstzweck, es wertet das Ego Ihres Gegenspielers auf, wenn Sie ihm Zeit widmen, sich um ihn kümmern, auf ihn eingehen, ihm zuhören. Aufmerksamkeit ist ein wichtiges „Futtermittel" für manche Menschen, sie hungern regelrecht danach.

Je mehr Sie sich aber dem Aufmerksamkeit Fordernden zuwenden, desto mehr stehen Sie im Mittelpunkt seines Interesses, und desto öfter wird er nun versuchen, Ihre Aufmerksamkeit zu erwecken. Denn Ihre Aufmerksamkeit stärkt sein Ego enorm, er fühlt sich wichtig und ernstgenommen, und er lässt daher nicht so schnell wieder von Ihnen ab.

Sie werden ständig bedrängt und haben keine Ruhe mehr. Möglicherweise werden Sie nach und nach immer müder und verzagter. Sie verstehen nicht, warum Sie nicht in Ruhe gelassen werden.

Aber oft ist dem Scheinheiligen die Nähe zu Ihnen auch wichtig, um Ihnen wertvolle Informationen zu entlocken, Sie unter Druck zu setzen, Ihnen materielle Güter abzuschwatzen, Sie in seinem Sinne zu beeinflussen und vieles mehr. Je mehr Sie mit ihm kommunizieren, desto mehr Ansatzpunkte eröffnen sich ihm dafür.

Der Scheinheilige liebt dieses Spiel, es macht ihm Spaß. Also spielen Sie es einfach nicht mit! Ignorieren Sie sein Werben um Ihre Aufmerksamkeit und gehen Sie nicht gleich ans Telefon. Machen Sie nicht schon wieder einen

Besuchstermin mit ihm aus. Sie können (oder müssen) ihn in manchen Fällen auch einfach ganz ignorieren.

Grundregel 8: Bleiben Sie stets unabhängig.

Scheinheilige geben Gefälligkeiten nie uneigennützig heraus, sie wollen stets eine „Rendite" erzielen. Mit der Annahme von Gefälligkeiten und Zuwendungen begeben Sie sich in eine gefährliche Abhängigkeit – der andere kann Sie dann regelrecht zur Rückzahlung zwingen.
Er fordert von Ihnen einen Gefallen und erpresst Sie mit der sofortigen Einforderung Ihrer Schulden oder damit, diese publik zu machen.

Also glauben Sie den Beteuerungen nicht, dass es ihm nichts ausmacht, wenn Sie sich Zeit lassen mit der Begleichung Ihrer Schulden. Schon eine Woche später macht er geltend, dass er den Ihnen geliehenen Betrag dringend selbst braucht, und wehe, Sie zahlen ihn dann nicht sofort zurück. Das Gleiche gilt für gewährte Vorzugsbehandlungen, Freundschaftsdienste und Ähnliches.

Grundregel 9: Lassen Sie sich nichts gefallen.

Scheinheilige fahren in ihrem Verhalten stets fort, solange es ihnen Vorteile bringt, und sie nicht dafür zur Rechenschaft gezogen werden.
Sprechen Sie ein Verhalten, das Ihnen schadet oder einfach nur missfällt, unverzüglich an, und unterbinden oder sanktionieren Sie es. Lassen Sie sich nicht auf larmoyante Ausreden ein. Tolerieren Sie Blendwerken auch gegenüber Dritten nicht. Denken Sie daran: Manche Menschen verstehen nur die Sprache der Stärke!
Ermutigen oder unterstützen Sie auch Dritte, wenn diese ungerechtfertigt angegriffen oder unter Druck gesetzt werden.

Grundregel 10: Unter- oder überschätzen Sie Scheinheilige nicht!

Wie müssen wir das Gefahrenpotential dieses Menschentyps eigentlich einschätzen? Normalerweise sind wir überrascht von den für uns ungewöhnlichen Verhaltensweisen, sie erscheinen uns nicht nur unmoralisch, sondern manchmal auch unlogisch, ja geradezu irrational.

Es sind Menschen, die anders als andere ständig fordern und fordern, aber ohne viel dafür zurückzugeben, zumindest nichts Wertvolles. Und sie geben sich größte Mühe, beeindruckend und wichtig zu wirken.
In Wirklichkeit sind solche Charaktere aber oft schwächer, als es den Anschein hat. Denn ihr Tun führt nicht selten dazu, dass sich andere von ihnen abwenden, dass sie für ihr Verhalten sanktioniert werden oder Ergaunertes wieder herausgeben müssen. Sie fürchten das durchaus, und sie sind leicht in ihrer Eitelkeit gekränkt.
Auf lange Sicht sind ihre Bestrebungen auch nicht immer von Erfolg gekrönt, im Gegenteil. Sie machen Fehler wie andere auch, und sie sind ganz sicher nicht unbesiegbar.

Dennoch sollten Sie Scheinheilige niemals unterschätzen. Denn Scheinheilige verschleiern vieles, daher sehen Sie meist nur die Spitze des Eisbergs. Der Schaden, den sie verursachen können, kann viel größer werden, als Sie es vielleicht anfangs vermuten. Besonders dann, wenn Sie den Scheinheiligen nicht als solchen erkennen und als „harmlos" abtun.

Unterschätzen auch nicht, dass Scheinheilige weit weniger Skrupel haben als Sie selbst. Wenn Sie den Schaden haben, wird ein Scheinheiliger keinen Finger für Sie rühren, sondern höchstens ein „Das tut mir leid, aber so ist das Leben" für Sie übrighaben.

Andererseits sollten Sie Scheinheilige aber auch nicht überschätzen. Die Fähigkeiten und die Macht eines Scheinheiligen sind meistens nicht so groß, wie sie (oder er) es Sie gern glauben machen möchte. Denn der Bluff ist ja gerade eines seiner wichtigsten Manipulationswerkzeuge.

Nicht selten kompensieren Scheinheilige charakterliche Schwächen mit ihrem unehrlichen Verhalten. Scheinheilige ähneln in gewisser Weise Vampiren: Je mehr sie von Ihrem Lebensblut trinken, desto stärker werden sie, und desto mehr verlassen Sie Ihre eigenen Kräfte.
Also glauben Sie dem Bluff von Menschen nicht, die Ihnen Dinge abschwatzen, und lassen Sie sich nicht allzu sehr von Ihnen einschüchtern. Ohne das Blendwerken des anderen sind Sie selbst vermutlich charakterlich stärker als er!
Versuchen Sie daher, die Gefahren, die von Scheinheiligen ausgehen, möglichst realistisch einzuschätzen. Wägen Sie ihre Fähigkeiten zur Manipulation gegen ihre offenkundigen Schwächen und Bluffs ab.

Vor allem, wenn Sie ihre typischen Verhaltensmuster und ihre üblichen Tricks erst einmal erkannt haben, sind Scheinheilige ziemlich machtlos, denn die meisten von ihnen wiederholen immer wieder das gleiche Repertoire.

5.10   Und wie kriege ich mich selbst geändert?

Nun habe ich Ihnen eine ganze Reihe von Tipps gegeben, wie Sie sich gegen Scheinheilige verteidigen können. Doch was ist mit Ihnen selbst? Sind Sie mental darauf vorbereitet, sich ernsthaft gegen die unlauteren Absichten anderer Menschen zu wehren? Es braucht nicht nur die Erkenntnis der Notwendigkeit und den festen Willen sich zu wehren, sondern manchmal auch die Bereitschaft, sich der neuen Situation entsprechend ein wenig zu ändern.

Denn wenn Sie auf Scheinheilige hereinfallen, hat das auch etwas mit Ihnen selbst zu tun. Vielleicht sind Sie besonders ehrlich, möglicherweise ein wenig vertrauensselig, harmoniebedürftig oder konfliktscheu.

Das sind ganz sicher keine charakterlichen Mängel, sondern sehr ehrenwerte und liebenswerte Eigenschaften! Sie sollten sich diese Eigenschaften bewahren. Doch bei der nun folgenden Auseinandersetzung müssen Sie sie vielleicht ein wenig zurückstellen.

Drei Dinge sind dann von Bedeutung.

Erstens: Nicht alle Menschen sind von Natur aus gut.

Sie müssen sich klarmachen, dass nicht alle Menschen so denken wie Sie, sondern dass eine nicht unerhebliche Zahl von ihnen weniger rücksichtsvoll eingestellt ist als Sie.

Also gilt es, sich einen Schutzpanzer zuzulegen, hinter dem Sie Ihre lobenswerten Eigenschaften bewahren können. Verhalten Sie sich nach dem Motto: „Wie man in den Wald hineinruft, so schallt es heraus“. Gehen Sie weiterhin gut mit Ihren wahren Freunden um und wehren Sie sich nachdrücklich gegen die falschen! Sie haben alles Recht der Welt dazu.

Zweitens: Schärfen Sie die eigene Beobachtungsgabe.

Lernen Sie, Ihre Beobachtungsgabe zu schärfen und ihr zu vertrauen. Hinterhältigkeit steht keinem Menschen auf der Stirn geschrieben. Erst durch konkrete Beobachtungen über einen gewissen Zeitverlauf hinweg ergeben sich Anzeichen dafür, dass Sie es nicht mit einem wohlwollenden Menschen, sondern mit einem falschen Freund zu tun haben.

Kleinste, scheinbar unwesentliche Beobachtungen können da schon an Bedeutung gewinnen. Hat sie/er Sie neulich mit einer fadenscheinigen Begründung abgespeist?

Warum wollte sie/er neulich unbedingt ganz alleine mit Ihnen sprechen? Weshalb wollte sie/er zu Ihrem Geburtstag unbedingt einen Ihnen unangenehmen Menschen mitbringen?

Kommt Ihnen eine bestimmte Situation merkwürdig vor? Dann versetzen Sie sich einmal in die Rolle eines gänzlich unabhängigen Beobachters. Fragen Sie sich dann doch einfach: Was wäre objektiv gesehen die natürliche, die „richtige" Lösung gewesen?

Manchmal reicht in einer bestimmten Situation die Frage: Warum habe ich mich in dieser Situation unwohl gefühlt? Was waren die Ursachen dafür? Was genau hat mich gestört?

Stellen Sie sich solche Fragen ganz unabhängig von der Meinung anderer. So werden Sie meistens die richtigen Antworten auf Ihre Fragen finden.

Gewöhnen Sie sich nach und nach an, Ihren kleinen, kaum fühlbaren Störgefühlen nachzugehen. Es lohnt sich!

Oft sind es kleine, unauffällige Dinge, die uns bei näherer Betrachtung Aufschlüsse über die Motive anderer geben. Wir neigen dazu, sie zu übersehen, aber gerade sie sind manchmal der Schlüssel zu einer wichtigen Erkenntnis. Trainieren Sie Ihre Wahrnehmung.

Drittens: Lassen Sie sich nicht vereinnahmen, bleiben Sie unabhängig.

Sie müssen nicht (jedem) anderen seine Wünsche erfüllen. Es ist Ihre freie Entscheidung. Machen Sie sich klar: *„Ich muss gar nichts, wenn ich es nicht wirklich will!"*

Wenn jemand noch so sehr auf Sie einredet, „Tun Sie dies, tun Sie das!", obwohl Sie das eigentlich gar nicht tun möchten oder tun müssen, dann denken Sie doch einfach mal „Ich muss das gar nicht tun!", und sagen Sie das dann einfach auch mal laut. Sie werden sehen, wie verblüfft Ihr Gegenüber ist. Und bleiben Sie dann einfach dabei. Mal schauen, wie Ihr Gegenüber reagiert.

Stellen Sie sich vor, wie es sich anfühlt, wenn das Telefon 20-mal hintereinander penetrant klingelt. Wie reagieren Sie darauf? Ich nehme an, Sie handeln wie die meisten: Nach einer gewissen Zeit nehmen Sie entnervt den Hörer ab, weil Sie wissen wollen, worum es geht, obwohl Sie am liebsten lieber nicht mit dem Teilnehmer am anderen Ende des Telefons sprechen möchten.

Wenn Sie wirklich nicht mit jemandem sprechen wollen, warum tun Sie es dann? Lernen Sie doch einmal, es „auszuhalten", einfach *nicht* zu reagieren, und lassen Sie den Hörer auf der Gabel. Warum fühlen Sie sich schlecht, weil Sie nicht den Hörer abnehmen? Und was passiert, wenn Sie ihn tatsächlich auf der Gabel lassen?

Probieren Sie es doch einfach einmal aus - es ist gar nicht so schwer, das Nichts-Tun! Sie werden erstaunt sein, wie leicht Ihnen das nach einer gewissen Übungszeit fallen wird.

Und geben Sie dem Bedürfnis, es anderen stets recht machen zu wollen, nicht einfach nach, insbesondere dann nicht, wenn Sie es mit Scheinheiligen zu tun haben. Lernen Sie, kühl und sachlich zu bleiben und auch klar und deutlich „Nein" zu sagen, wenn Sie etwas nicht wollen. Eine Begründung für Ihr „Nein" sind Sie in den meisten Fällen niemandem schuldig.

Sie sollten sich außerdem nicht alles gefallen lassen. Wird jemand Ihnen gegenüber zu unverschämt, respektlos oder beleidigend, dann bleiben Sie ganz ruhig. Sagen Sie: „Diesen Ton lasse ich mir nicht länger gefallen" oder "Darüber werde ich jetzt nicht weiter diskutieren". Wenn es Ihnen dann wirklich zu bunt wird, stehen Sie auf, und verlassen Sie einfach den Raum.

Auch der Tonfall macht die Musik. Lassen Sie sich nicht zu sehr von einem unfreundlichen Tonfall, vom Drängeln, von Gejammer oder von wiederholten Bitten vereinnahmen. Achten Sie ausschließlich auf die Sache. Und wenn die Ihnen nicht gefällt, dann bringen Sie das durchaus auch mit Ihrem Tonfall zum Ausdruck.

Lernen Sie Ablehnung klar und deutlich auszudrücken. Niemand verlangt von Ihnen, Ihr freundliches Wesen zu ändern. Aber Ihr situatives *Verhalten* gegenüber Scheinheiligen können Sie sehr wohl anpassen. Gerade sie brauchen eine ganz klare Ansage.

Analysieren Sie sich und Ihr Verhalten. Wahrscheinlich haben Sie sich mit dem strengeren Tonfall und Ihrer etwas abweisenden Haltung zunächst schwergetan. Aber wie haben Sie sich in der Sache später gefühlt?
Haben Sie sich schon wieder etwas gefallen lassen, das Sie im Nachhinein geärgert hat? Oder haben Sie einmal „klare Kante" gezeigt?
Das müsste sich eigentlich gut anfühlen. Je mehr Sie sich daran gewöhnen, gegenüber Ihnen nicht wohlgesonnenen Menschen einen härteren Ton anzuschlagen, desto leichter sollte Ihnen das fallen.

5.11   Wenn nichts anderes hilft: Die Trennung

Ich habe Ihnen in den vorangegangenen Kapiteln einige Beispiele dafür aufgezeigt, welche Maßnahmen gegen Scheinheilige helfen können und welche Eigenschaften es braucht, um sich wirksam gegen sie verteidigen zu können. In **Kapitel 6** werde ich sie noch ausführlicher beschreiben.
Nun stellt sich die Frage, wie viel Zeit Sie dafür investieren müssen, und wie erfolgreich Ihre Maßnahmen sein werden.
Darauf gibt es keine pauschale Antwort. Das Ergebnis Ihrer Maßnahmen hängt von der Hartnäckigkeit des Scheinheiligen ab, von Ihrer Verteidigungsfähigkeit, aber auch davon, wie eng der Scheinheilige mit Ihnen verbunden ist, wie nahe er Ihnen ist.

Hier gilt tendenziell: Je enger jemand mit Ihnen verbunden ist, desto leichter ist es für ihn, Sie anzugreifen und desto schwieriger ist es für Sie, sich gegen ihn zur Wehr zu setzen. Umso länger kann es dauern, sich von ihm zu befreien.

In weniger krassen Fällen reichen schon die in Kapitel 6 aufgeführten Einzelmaßnahmen aus, um sich gegen das Blendwerken zu verteidigen.

Aber die wirkungsvollste Möglichkeit, sich nachhaltig gegen einen hartnäckigen und aggressiven Angreifer zu verteidigen, ist es, sich endgültig von ihm zu trennen.

Eine Trennung bedeutet, alle Kontakte, z.B. in räumlicher, vertraglicher, organisatorischer oder persönlicher Hinsicht zu dem Scheinheiligen abzubrechen. Ohne jede Kontaktmöglichkeit zu Ihnen kann er Ihnen nicht mehr (oder meistens nur noch stark eingeschränkt) schaden.

So wirkungsvoll die endgültige Trennung auch sein mag, in praktischer Hinsicht ist es nicht immer leicht, die Trennung zu bewerkstelligen. Aber wenn Sie es erst einmal geschafft haben, sich von dem Quälgeist zu befreien, haben Sie in der Regel Ihre Ruhe.

Dennoch - eine Trennung ist nicht immer leicht, und Sie müssen sich dabei absolut konsequent verhalten. Erneuten Kontaktversuchen sollten Sie entschlossen widerstehen. Sie dürfen jemandem, der Ihnen nicht wohlgesonnen ist, nicht den Wiedereintritt in Ihr Leben gewähren.

5.12   Die Trennung von Ihnen nicht Nahestehenden

Naturgemäß ist es leichter, sich von Menschen zu trennen, die einem nicht allzu nahestehen, als von denjenigen, zu denen man in einer engeren Beziehung steht. Wie eng wir mit anderen verbunden sind, hängt von familiären, beruflichen, freundschaftlichen oder wirtschaftlichen Faktoren ab. Bei Ihnen nicht nahestehenden Personen handelt es sich in der Regel um Bekannte statt Freunde, Dienstleister, entferntere Verwandte, Arbeitskollegen, mit denen man nur ab und zu tun hat und andere Menschen, mit denen man nur sporadisch in nicht allzu engem Kontakt steht.

Nachdem Sie eine solche Person als Scheinheiligen erkannt haben, können Sie den Kontakt mit ihr beenden.

Nun müssen Sie allerdings damit rechnen, dass der betreffende Mensch den Kontakt mit Ihnen weiter aufrechterhalten will. Denn er hat Sie ja gerade deswegen ins Visier genommen, weil er sich von Ihnen Vorteile erhofft. Diese Vorteile möchte er aber nicht ohne Weiteres aufgeben. Selbst wenn er bemerkt, dass Sie ihn durchschaut haben, heißt dies ja nicht automatisch, dass seine Bemühungen, Sie zu hintergehen nicht mehr von Erfolg gekrönt sind. Er wird es so lange weiter versuchen wollen, bis er merkt, dass es nicht mehr funktioniert.

Solange Sie sich nicht komplett von ihm getrennt haben, wird er sich bemühen, Ihr beschädigtes Vertrauen wiederherzustellen, indem er sich eine Zeitlang ganz besonders um Sie „kümmert" und dabei vorübergehend vielleicht sogar darauf verzichtet, Sie zu betrügen und zu hintergehen.
Das wird er solange tun, bis Sie entweder der festen Überzeugung sind, dass Sie sich in ihm geirrt haben oder dass er sich geändert hat.
Sobald er das erkennt, wird er sein hinterhältiges Verhalten wiederaufnehmen, aber wahrscheinlich vorsichtiger und subtiler als vorher.

Daher müssen Sie sich zuerst vergewissern, ob er wirklich eine zweite Chance verdient hat. Das können Sie daran erkennen, wie er mit dem Schaden umgeht, den er bei Ihnen angerichtet hat.
Hier ist nur tätige Reue glaubwürdig. Schöne Worte kosten nichts. Erwarten Sie also von ihm nicht nur, dass er sein unredliches Verhalten einsieht und Besserung schwört, ohne dass den Worten Taten folgen, sondern dass er den entstandenen Schaden, so gut wie es ihm möglich ist, in vollem Umfang wieder gut macht.

Sei es, dass er finanzielle Vorteile zurückgibt, sei es, dass er Dritten seine Machenschaften Ihnen gegenüber eingesteht, oder dass er Ihnen einen anderen angemessenen Ausgleich zukommen lässt.

Symbolische Handlungen reichen zur Wiedergutmachung nicht aus. Sie haben ein Recht darauf, von ihm vollumfänglich entschädigt zu werden. Bietet er Ihnen ohne überzeugende Argumente weniger als den vollen Umfang des Schadens zur Wiedergutmachung an, dann können Sie davon ausgehen, dass es ihm keineswegs ernst ist mit seiner Absicht, sein unredliches Verhalten wieder gut zu machen. Diese Form der Wiedergutmachung ist dann auf seiner Seite nur als eine Art Investition zur Wiedererlangung Ihres Vertrauens gedacht.

Sollten Sie also einem Menschen, der Sie nachhaltig geschädigt hat, eine zweite Chance geben wollen, dann muss dieser sich mit voller Anstrengung dafür einsetzen, dass die Nachteile, die Sie durch Ihn erlitten haben, möglichst restlos beseitigt werden. Wenn er das nicht tut, dann können Sie ziemlich gewiss sein, dass er es nicht ernst meint.

In diesem Fall sollten Sie den engeren Kontakt zu ihm nicht wieder-aufnehmen. Wenn Sie ihm eine zweite Chance geben, werden Sie es wahrscheinlich bereuen.

Wenn Sie erkannt haben, dass Sie keine Besserung seines Verhaltens zu erwarten haben, dann akzeptieren Sie diese Erkenntnis unbedingt. Denn der andere wird nicht müde darin werden, Sie von seiner vorgeblichen Redlichkeit zu überzeugen und den Kontakt zu Ihnen aufrechterhalten wollen. Seien Sie klug und lassen Sie sich nicht mehr blenden.

Leider lässt sich des Öfteren beobachten, dass Menschen, die von anderen geschädigt wurden, später den Kontakt mit ihnen wiederaufnehmen und erneut hintergangen werden. Nicht selten scheint das daran zu liegen, dass solche Menschen einfach nicht nein sagen können. Das kann eine wirklich selbstschädigende Eigenschaft sein.

Nein zu sagen ist nicht so schwer, wie es Ihnen am Anfang vorkommen mag. Beginnen Sie damit, nicht mit dem Scheinheiligen zu sprechen, dann müssen Sie gar nicht erst nein sagen. Aber Sie müssen es aushalten, wenn 20-mal hintereinander das Telefon klingelt und Sie die Nummer des Anrufers erkennen. Drücken Sie die Austaste oder ziehen Sie den Telefonstecker. Man kann anrufende Nummern auch gezielt im Router sperren.

Oder Sie bekommen E-Mails - mal mit freundlicher Tonlage, mal dringlich, mal geradezu nötigend. Der Schreiber möchte seine Macht über Sie zurückgewinnen und tut alles, um das zu erreichen. Erinnern Sie sich bitte an die Regel: „Scheinheilige sollten Sie nicht füttern!"

Wenn Sie dieses „Aussitzen" konsequent durchhalten, bemerkt der andere langsam, dass er seine Energien bei Ihnen verschwendet. Doch dann hört er manchmal noch immer nicht auf, sondern lässt zunächst die Abstände größer werden, innerhalb derer er Sie zu kontaktieren versucht. Aber irgendwann gibt er tatsächlich auf.

Also verlieren Sie nicht den Mut, wenn Sie auch noch nach längerer Zeit von einem als beendet geglaubten Kontakt unerwartet einen Anruf bekommen oder ein E-Mail im Postfach entdecken. Wenn Sie wieder nicht darauf reagieren, dann sind Sie auf jeden Fall auf dem richtigen Weg.

Es gibt dabei vielerlei Möglichkeiten, ihm den Kontakt zu erschweren, ohne dass Sie gleich in eine andere Stadt umziehen. Sperren Sie Ihr E-Mail-Account für ihn, ändern Sie Ihre Telefonnummer, und geben Sie die neue Nummer nur an Menschen heraus, die nicht im Kontakt mit dem Scheinheiligen stehen, nutzen Sie den Türspion, bevor Sie die Tür öffnen, usw. All diese Maßnahmen sind jedoch nur notwendig, wenn Sie es mit einem ziemlich hartnäckigen Exemplar zu tun haben. Die meisten Menschen geben es schon früher auf, Sie zu belästigen.

Und noch etwas: Hören Sie auf, sich dafür zu entschuldigen und zu rechtfertigen, dass Sie den Kontakt abbrechen möchten. Einem Menschen, der Sie nachhaltig ausgenutzt und geschädigt hat oder dieses vorhatte, sind Sie nichts, aber auch gar nichts schuldig!
Höflichkeit ist hier fehl am Platz, Selbstschutz ist gefragt. Und Sie machen sich selbst die Trennung (und damit Ihr Leben) nur noch schwerer, wenn Sie meinen, ein schlechtes Gewissen haben zu müssen.

5.13   Die Trennung von Ihnen Nahestehenden

Ein besonderer Fall ist es natürlich, wenn Sie sehr eng mit dem Scheinheiligen verbunden sind. Die Trennung kann dann möglicherweise sehr schwer fallen. Enge Verbundenheit bedeutet i.d.R.:

- Verwandtschaftliches Verhältnis
  (Vater, Mutter, Tochter, Sohn, Ehepartner oder andere)
- Verbundenheit durch Adoption
- Enges, langes Freundschaftsverhältnis
- Geschäftspartnerschaft, z.B. als Geschäftsführer in einer gemeinsamen Firma
- Lebensgemeinschaft mit anderen Menschen
- Angestelltenverhältnis, das mit Hürden bei der Suche nach einer neuen Beschäftigung verbunden ist

Wenn Sie sich in einer solchen oder einer ähnlichen Beziehung befinden, dann kann eine konsequente Trennung schwerwiegende finanzielle oder andere Nachteile nach sich ziehen, und sie kann mit erheblichem Aufwand, unangenehmen Begleiterscheinungen und einer langen Umsetzungszeit

verbunden sein. Eventuell ist die Trennung auch emotional nicht leicht zu
verarbeiten.

In diesem Fall sollten Sie zunächst die Gründe, die für ein Zusammen-
bleiben mit dem Scheinheiligen sprechen, gegen die Gründe, die für eine
konsequente Trennung sprechen, abwägen.
Vielleicht gibt es auch weniger drastische Maßnahmen, z.B. den Kontakt
zumindest stark zu reduzieren, als gleich die vollständige Trennung zu
vollziehen.
Doch sollten Sie auch hier realistisch denken. Oft ist ein Ende mit Schrecken
einem Schrecken ohne Ende vorzuziehen. Doch der Prozess der Trennung
und die erste Zeit nach der Trennung können belastend sein. Dafür haben
Sie dann wahrscheinlich endlich Ihre Ruhe.

Eine besondere Erwähnung verdient das Thema Familie. Mit der Familie
sind besonders viele moralische und emotionale Aspekte verbunden.
Aber auch hier gilt: Vergleichen Sie die Alternative, sich von einem
undankbaren Ehepartner, Elternteil oder Kind auf Jahre ausnutzen oder
demütigen zu lassen (wobei nach außen oft ein verlogener Anschein der
Harmonie vermittelt wird), mit der Alternative einer ehrlichen und
konsequenten Trennung.
Gerade bei einer Trennung im familiären Umfeld müssen Sie damit
rechnen, dass nicht nur der Betreffende selbst, sondern auch von ihm
möglicherweise beeinflusste Fürsprecher auf scheinbar moralischen
Argumenten herumreiten werden, um Sie von Ihrer Trennungsabsicht
abzubringen.
Doch derjenige, der sich unredlich verhalten hat, hat die moralischen
Rechte und den Respekt, die eine familiäre oder sehr freundschaftliche
Bindung normalerweise mit sich bringen, verwirkt.
Halten Sie sich daher besser nicht an die üblichen Konventionen („das tut
man in einer Familie nicht"), und lassen Sie sich nichts einreden. Setzen Sie
die Trennung konsequent um.

Insbesondere bei einer engen Bindung müssen Sie Ihr eigenes Wohl,
vielleicht zum ersten Mal, konsequent über das des Scheinheiligen stellen.
Erst danach sind Sie frei!

5.14 Fazit

Wenn Sie sich nun durch dieses Buch bis hierhin „vorgearbeitet" haben, dann wird Ihnen sicher klargeworden sein, dass der Prozess zur Erkennung von Scheinheiligen und zur Verteidigung gegen ihr Verhalten nicht immer einfach ist. Sie werden nun möglicherweise einige Menschen, die Sie bisher - von einigen leisen Zweifeln abgesehen - für redlich gehalten haben, als Scheinheilige identifiziert haben.

Das ist sicher keine angenehme Entdeckung, sondern wahrscheinlich eine ziemliche Enttäuschung. Sie werden sich fragen, wem Sie eigentlich noch vertrauen können. Doch wenn Sie mit Ihrer Verteidigung beginnen, werden Sie manchmal feststellen, dass bei weniger starken Scheinheiligen oft schon ein klares „nein" und ein paar geeignete Gegenwehr-Maßnahmen ausreichen, um sich wirkungsvoll vor ihren Machenschaften zu schützen.

Es kann allerdings auch sein, dass Sie mit einfacheren Maßnahmen nichts ausrichten können. Dann hilft Ihnen möglicherweise wirklich nur noch die Suche nach einem neuen Job, der Auszug aus der gemeinsamen Wohnung oder eine Scheidung.

Verlieren Sie deshalb nicht den Mut. Erkenntnisse sind der erste Weg zur Besserung, das gilt gerade auch für die Verteidigung gegen das Blendwerken. In vielen Fällen ist Ihr Gegner nicht so stark, wie er es Sie gern glauben machen will (siehe Grundregel 10).

In den meisten Fällen, die ich beobachten konnte, ist es gelungen, sich erfolgreich gegen die Blendwerke zu verteidigen. In anderen Fällen gab es zumindest Teilerfolge.

Objektiv betrachtet wiegt das dauerhafte, manchmal unbewusste Leiden unter den Machenschaften eines Scheinheiligen meistens schwerer als die unvermeidlichen Konsequenzen einer Gegenwehr.

Mit ein bisschen Übung lernt man, unredliche Machenschaften zu durchschauen und zu durchkreuzen. Allein die Tatsache, dass man den Urheber dieses Tuns erkannt hat, hat schon den Vorteil, dass man jetzt wahrscheinlich vorsichtiger wird. Von den meisten Scheinheiligen kann man sich übrigens auch ohne größere Schwierigkeiten trennen.

Danach bleibt uns mehr Zeit für die Menschen, die unsere Aufmerksamkeit und unser Vertrauen wirklich verdienen. Diejenigen, die uns schätzen und die sich darüber freuen, dass wir mit ihnen nun mehr Zeit verbringen als bisher.

Wir haben mehr Zeit, uns um die schönen Dinge des Lebens zu kümmern, als mit durchtriebenen Spielchen unsere Zeit zu vergeuden. Und wir haben nun Zeit und Muße, uns vielleicht auch nach neuen, vertrauenswürdigeren Bekanntschaften umzusehen.

Nach und nach überwinden wir unsere anfängliche Enttäuschung, so dass wir mehr Frieden und innere Ruhe haben als früher. Unsere Lebensqualität nimmt in dem Maße zu, wie wir uns von Scheinheiligen und ihren Machenschaften befreien.

Ich habe mehrfach beobachtet, wie das Erkennen von Scheinheiligen zu einer Neuorientierung in Beruf und Freundeskreis geführt hat. Viele derjenigen, die sich von Scheinheiligen getrennt haben, sind heute nach eigener Aussage viel entspannter und glücklicher als früher, obwohl einige der unvermeidlichen Trennungen anfänglich unerfreulich und schmerzhaft waren. Ich finde, das macht Mut.

6 Details zur Checkliste „Scheinheiligen-Test"

6.1 Erläuterung des Kapitels

Die einzelnen Verhaltensmuster aus dem Scheinheiligen-Test werden in diesem Kapitel im Detail beschrieben. Jedem einzelnen Verhaltensmuster sind auch geeignete Vorschläge zur Gegenwehr zugeordnet.

Verhaltensmuster:

Bei den Verhaltensmustern handelt es sich um Beispiele aus zahlreichen Erfahrungen mit verschiedensten Menschen vor unterschiedlichen Hintergründen. Die Checkliste (siehe Seiten 50-53), aus der sie stammen, ist daher ein „Gesamtkatalog", d.h. auf den Einzelfall muss nicht immer die ganze Breite aller dort aufgeführten Verhaltensmuster zutreffen. Außerdem handelt es sich nur um eine *Auswahl* der für Scheinheilige besonders typischen Verhaltensweisen. Im Alltag lassen sich zahlreiche weitere Verhaltensmuster beobachten, die den hier genannten oft ähnlich sind.

Manche Beispiele beziehen sich vorwiegend auf den beruflichen Bereich, andere stärker auf den privaten. Die meisten Beispiele lassen sich aber mit kleineren Abänderungen nicht allzu schwer auf den jeweils anderen Bereich übertragen, ebenso wie die dort genannten Maßnahmen zur Gegenwehr.

Maßnahmen zur Gegenwehr:

In der Praxis gibt es zu jedem erkannten Merkmal von Scheinheiligen nicht nur eine, sondern mehrere Maßnahmen der Gegenwehr.
Mit einigen der Gegenwehrmaßnahmen können manchmal mehrere Verhaltensweisen des Blendwerkens zugleich bekämpft werden.

Den Verhaltensmustern habe ich aber immer diejenigen Möglichkeiten zur Gegenwehr zugeordnet, die mir am besten zu passen scheinen. Dadurch kann es sein, dass sich einige Gegenwehrmaßnahmen bei anderen Verhaltensweisen später wiederholen.

6.2   Die Verhaltensmuster im Einzelnen

<u>Der unaufrichtige Umgang mit Informationen</u>

1. Lügt oft zu ihren/seinen eigenen Gunsten oder stellt unbewiesene Behauptungen auf

Wer als scheinheilig gilt, hat eine Neigung zur Unehrlichkeit. Interessanterweise wünschen sich solche Menschen von anderen aber nicht selten größtmögliche Offenheit. Eine ihrer Sorgen ist es, angelogen oder hintergangen zu werden. Obwohl sie die Gutgläubigkeit anderer gern ausnutzen und es mit der Wahrheit nicht allzu genau nehmen, sind sie selbst anderen gegenüber oft sehr misstrauisch.
Für solche Menschen ist es nichts Ungewöhnliches, häufig zu lügen. Sie sind es gewöhnt, anderen etwas vorzumachen.

Lügen sind aber nur eine von mehreren Möglichkeiten dafür, wie sich die Wahrheit manipulieren lässt. Gelegentlich reicht es schon, sich ein wenig unklar auszudrücken oder später so zu tun, als habe man etwas von anderen Gesagtes falsch verstanden.
Eine weitere Möglichkeit besteht darin, zielgerichtet Behauptungen aufzustellen, deren Wahrheitsgehalt nicht oder nur schwer überprüfbar sind. Der Angesprochene vertraut solchen Aussagen, bemerkt jedoch nicht, dass die Behauptungen frei aus der Luft gegriffen sind.

Die Lügen und Halbwahrheiten verfolgen vorwiegend den Zweck, andere etwas glauben zu lassen, was für einen selbst von Vorteil ist. Deshalb eignen sie sich gut für die Manipulation anderer.

Nicht immer ist dabei die Gewinnung eines Vorteils das einzige Motiv. Manchmal sind es Schutzbehauptungen, um sich vor Strafen zu schützen oder um das Gesicht zu wahren.
Scheinheilige geben nur ungern zu, dass sie gegen Regeln verstoßen haben. In ihrer Wahrnehmung sollten lieber andere die negativen Konsequenzen ihres Verhaltens tragen, daher leugnen sie die eigenen gern solange, bis ihnen das Gegenteil nachgewiesen werden kann.

Lassen sich bestimmte Tatsachen schließlich nicht mehr abstreiten, dann werden deren Konsequenzen anschließend gern relativiert.

Der laxe Umgang mit der Wahrheit ist daher eines der typischsten Erkennungsmerkmale für Scheinheilige.

Wie kann ich mich dagegen wehren?

Lügen kann man in der Regel nicht sofort als solche erkennen, aber man kann manche Äußerungen ganz gut auf ihren Wahrheitsgehalt hin überprüfen. So kann man z.B. ganz einfach andere einmal darüber befragen, was sie über den - bewusst falsch dargestellten - Sachverhalt wissen. Lügen lassen sich mit etwas Glück auch durch einfache Plausibilisierungen und ein gutes Gespür entlarven.

In einem Vorstellungsgespräch erzählte mir vor vielen Jahren einmal ein Bewerber, dass er früher eine hohe Management-Position innehatte. Auf die Frage hin, warum er denn damals diese hochdotierte Position verlassen habe, antwortete er, dass er einen bestimmten Auftrag von einem Vorstandsmitglied übertragen bekommen hatte. Dabei ging es um einen anstehenden Personalabbau, der möglichst zügig durchgeführt werden sollte. Im Verlauf des Projekts sei es zu Meinungsverschiedenheiten mit dem Vorstandsmitglied gekommen. Der Vorstand hatte ihm vorgeworfen, dass er den Personalabbau zu langsam und nicht konsequent genug ausgeführt habe. Aufgrund dieser Auseinandersetzung habe er sich entschlossen, das Unternehmen auf eigenen Wunsch zu verlassen.
Aus mehreren Gründen kam mir das Gesagte allerdings ziemlich unglaubwürdig vor.

Zum ersten hatte sich der Betreffende noch zehn Minuten zuvor selbst gerühmt, zügig an Dinge heranzugehen und „kein Federlesens" zu machen. Seine Zeugnisse spiegelten das ebenfalls wider.
Zum zweiten war ihm entgangen, dass sein Lebenslauf nach dem Eintritt in das besagte Unternehmen einen geradezu blitzartigen Karriereweg aufzeigte: In nur dreieinhalb Jahren war er vom Sachbearbeiter zum Bereichsleiter aufgestiegen. Zum dritten wirkte er im ganzen Interview eher unruhig bis ungeduldig, und seine Sprechweise war ebenso präzise und schnell wie seine Bewegungen. Und so jemand sollte „zu langsam" und „nicht konsequent genug" gewesen sein?
Als er mir von dem Vorfall erzählte, sah er mir auf einmal nicht mehr ins Gesicht, obwohl er das bisher die ganze Zeit getan hatte.

Unabhängig von den o.g. Zweifeln wusste ich nun auch rein intuitiv, dass er mich gerade angelogen hatte.

Im Verlauf des weiteren Gesprächs hatte ich außerdem eine ganze Reihe weiterer Unstimmigkeiten entdeckt, die nicht so recht zu dem Bewerber und dem von ihm Behaupteten passen wollten, so dass sich bald ein ganz anderer Eindruck von ihm herausbildete: Es handelte sich offenbar um einen äußerst ehrgeizigen, aber ziemlich skrupellosen Mann mit wenig Empathie für andere, der in Wirklichkeit wahrscheinlich von seinem Vorstandsmitglied eher in seinem Tun gebremst werden musste, als dass ihm Langsamkeit und Zögerlichkeit vorgeworfen werden konnten.
Offenbar hatte sich der Bewerber von diesem Karriereknick danach auch nicht wieder erholt, denn in die Selbstständigkeit, die seiner letzten Position folgte, schien er - seinen Behauptungen widersprechend - nicht wirklich freiwillig eingetreten zu sein.

Eine Lüge ist nicht immer leicht zu entlarven, aber wenn Sie den Verdacht haben, dass Sie es mit einem notorischen Lügner zu tun haben, dann hören Sie möglichst bald damit auf, ihm das Gesagte zu glauben („Wer einmal lügt, dem glaubt man nicht").
Drehen Sie den Spieß gedanklich um. Fragen Sie sich: „Kann das wirklich sein?", „Ist das glaubwürdig?", „Kann das nicht jeder einfach behaupten?". Wenn Sie sich nicht sicher sind, dann fragen Sie sich doch einmal, wie es wirklich gewesen sein könnte, und ob sich diese Möglichkeit nicht sogar realistischer anfühlt als das bisher Behauptete.

Sie können Gesagtes gelegentlich auch nachprüfen – rufen Sie jemand anderen an, oder recherchieren Sie mal im Internet (besonders nützlich sind hier häufig die sogenannten „sozialen" Medien).

Lassen Sie sich nicht von ehrfurchteinflößenden Geschichten oder unerhörten Erfolgen beeindrucken - lernen Sie kritisch zu sein, zu zweifeln und zu hinterfragen!

2. Verschweigt Dinge, die für andere von Vorteil sind, spielt nicht fair

Auch indem man Informationen verschweigt, kann man anderen schaden und selbst daraus Nutzen ziehen. Schon wenn man nur bestimmte Teile von Informationen weitergibt oder sie aus dem Zusammenhang reißt, kann man damit auf geschickte Weise einen völlig falschen Eindruck erwecken. Scheinheilige lassen oft durch die geschickte Kombination aus der Erwähnung wahrer Tatsachen und verschwiegenen Informationen einen für sie vorteilhaften Eindruck entstehen, dabei können sie auf widerlegbare Lügen manchmal sogar verzichten.

Später heißt es dann, von der ganzen Sache habe man eben nichts gewusst, oder von wichtigen Fakten habe man erst später etwas erfahren. Oder man sei selbst getäuscht worden.

Wie kann ich mich dagegen wehren?

Stellen Sie schon zu Beginn möglichst viele Fragen, wenn Sie es mit einem eher unehrlichen Menschen zu tun haben. Wenn Sie später feststellen, dass Ihnen etwas Wichtiges verschwiegen wurde, können Sie mit gutem Recht ebenfalls Dinge verschweigen („Wie Du mir, so ich Dir!").

Zahlen Sie dieses unlautere Verhalten mit gleicher Münze zurück. Jede wertvolle Information, die Sie ohne Not einem falschen Freund verraten, kann diesem nutzen und Ihnen schaden. Wer nicht mit offenen Karten spielt, hat selbst auch kein Anrecht darauf.

3. Missbraucht Informationen zum eigenen Nutzen

Wissen ist Macht. Scheinheiligen ist das bekannt. Sie horchen andere deshalb gerne aus, stellen anderen Fallen, damit diese etwas eigentlich Vertrauliches ausplaudern. Manchmal spionieren sie regelrecht. Achten Sie darauf, ob Sie jemand ausfragt oder Sie zum Reden bringen will und insbesondere dann gut zuhört, wenn es sehr vertraulich wird.

Niemals sollten Sie anderen leichtfertig vertrauliche Informationen zukommen lassen. Gehen Sie davon aus, dass jemand versuchen könnte, die vertraulichen Informationen in irgendeiner Weise für sich selbst nutzbar zu machen. Hat er einmal verstanden, dass Sie über interessante Informationen verfügen, dann wird er versuchen, Ihnen weitere Informationen abzuluchsen.

Unabhängig davon kann es sogar gefährlich werden, wenn man persönliche Informationen an grundsätzlich vertrauenswürdige Personen weitergibt, sofern das nicht unbedingt nötig ist. Denn das Risiko, dass andere die vertraulichen Informationen unabsichtlich an Dritte weitergeben, erhöht sich mit jeder Person, der man solche Dinge anvertraut.

Werden vertrauliche Informationen den Falschen anvertraut, sind mehrere Szenarien denkbar:

- Sie nutzen die Informationen zum eigenen Vorteil.
- Sie verwenden die Informationen gegen Sie.
- Sie entwenden oder löschen die Informationen, weil sie Ihnen damit schaden wollen.
- Möglicherweise werden Sie oder andere mit den Informationen erpresst.
- Sie geben die Informationen an Dritte weiter, um etwas Bestimmtes damit zu erreichen.

Wenn jemand Informationen nicht direkt für sich selbst nutzen kann, ist mit der Weitergabe an Dritte meistens eine Gegenleistung (eine Bezahlung, eine Gefälligkeit oder ein sonstiger Vorteil) verbunden. Manchmal wird mit der Weitergabe an Dritte aber auch nur bezweckt, Ihnen auf indirekte Weise einen Schaden zuzufügen (zum Beispiel durch Weitergabe von Betriebsgeheimnissen an die Konkurrenz).

Wie kann ich mich dagegen wehren?

Achten Sie darauf, dass andere nur die absolut notwendigen Informationen von Ihnen bekommen, also diejenigen, die sie wirklich zwingend benötigen oder auf die sie einen Anspruch haben, ohne dass es Ihnen schadet (sog. „Mindestinformationsprinzip“).

Sprechen Sie nur mit Ihren zuverlässigsten Bekannten über Vertrauliches und Privates, über Ihre Kontakte, Urlaubserlebnisse usw., und halten Sie solche Informationen vor zweifelhaften Charakteren und Unbekannten unbedingt geheim.

Unverschämten Fragen können Sie ausweichen oder sie mit der Bemerkung abwimmeln: „Ich glaube nicht, dass Dich das etwas angeht“ oder einfach: „Das gehört jetzt nicht hierher“.

Sorgen Sie für eine angemessene Sicherung Ihrer Datenträger, ändern Sie Ihre Passwörter öfter, begrenzen Sie die Zutrittsmöglichkeiten zu Ihren Büroräumen und privaten Räumlichkeiten.

Geben Sie auch sonst gut acht. Scheinheilige passen gerne während Ihrer Abwesenheit auf Ihre Wertsachen auf, wenn Sie ihnen den Schlüssel geben. Dabei haben sie es aber möglicherweise nicht unbedingt auf Ihre Wertsachen, sondern auf die geheimen Projektakten abgesehen, die Ihnen der Chef zur Durchsicht anvertraut hat ...

4. Beschreibt Dinge oft wolkig und nebulös, lässt vieles offen und unklar

Fehlt es bei Gesprächen und/oder Vereinbarungen an Klarheit und Eindeutigkeit, ist Vorsicht geboten. Nur mit Transparenz und Klarheit lassen sich ein möglicherweise unredliches Verhalten und seine Verursacher erkennen.

Blendwerken heißt ja, jemandem die Sicht dadurch zu nehmen, dass ein greller Schein den Blick auf bestimmte Dinge unmöglich macht.

Daher wird der Scheinheilige den Teil von Vereinbarungen, der seine eigenen Pflichten betrifft, gern ein wenig unscharf oder auslegbar formulieren. Wenn nicht klar ist, worum es genau geht, kann man sich hinterher gut herausreden. Für ihn unvorteilhafte Regelungen lässt der Betreffende dann am liebsten einfach offen („Das können wir ja später noch im Detail klären").

Umgekehrt wird er natürlich immer dann gerne möglichst genaue Formulierungen verwenden, wenn es sich nicht um seine, sondern um Ihre Verpflichtungen handelt.

Wie kann ich mich dagegen wehren?

Die Unklarheit im Ausdruck hat den Vorteil, dass mehrere Deutungen möglich sind. Zu einem späteren Zeitpunkt kann man also behaupten, alles sei ein reines Missverständnis gewesen, „so" habe man das doch gar nicht gesagt oder gemeint. Nur – wie kann man dann jemand noch zur Rechenschaft ziehen?

Zum Missverständnis gehören immer zwei: Der, der die Aussage gemacht hat, und der, der sie empfangen hat. Damit wird die Verantwortung für das Missverständnis von einer auf zwei Personen aufgeteilt.

Mit dieser Taktik kann man sich aus seinen Zusagen leicht herauswinden, da man nun argumentieren kann: „Sicher, das habe ich so oder so ähnlich gesagt. Aber Du hast mir nicht widersprochen und auch nicht gefragt. Daher habe ich es natürlich so gemeint, wie ich es Dir eben erklärt habe, und es war für mich klar, dass Du es auch so siehst und damit einverstanden bist!".

Sie können sich dagegen am besten schützen, indem Sie mehrmals nachfragen, die Aussage in eigenen Worten zusammenfassen und z.B. abschließend die Frage stellen: „Habe ich das jetzt so richtig verstanden…?" Darauf muss Ihnen der andere eine klare Antwort geben.

Tut er dies nicht, dann gibt es eben überhaupt keine Einigung, weil keine Klarheit über die Bedingungen herrscht. Generell sollten Sie Ihre Zusammenfassung des Gesagten protokollieren oder vor Zeugen machen, damit der andere sie später nicht abstreiten kann.

Der Drang zur positiven, überhöhten Selbstdarstellung

5. Spricht hinter ihrem Rücken schlecht über andere

Wie Menschen über andere sprechen, sagt einiges über sie selbst aus.
Wenn Menschen häufig schlecht über andere reden, kann dies auf einen hohen Grad an Eigenliebe hindeuten, insbesondere dann, wenn sie sich außerdem häufig selbst loben.
Wenn sie sich über andere äußern, dann fallen nach einigen einleitenden Vorbemerkungen oft Sätze wie: „Aber eigentlich bringt der's nicht". Oder: „Ich anstelle vom Chef würde den gerade nicht befördern."

Nun ist es natürlich so, dass man im engen Umkreis auch schon mal über andere „ablästert". Das ist, solange es in einem gesunden Rahmen bleibt, nichts Schlimmes, und es erleichtert manchmal den Stressabbau.

Vorsicht ist geboten, wenn einem die Kritik an Dritten sehr unsachlich oder unangemessen erscheint, und man bemerkt, dass der sich so Äußernde im direkten Gespräch mit dem Kritisierten stets mit Kritik zurückhält und den Eindruck erweckt, ein wohlmeinender Freund zu sein. Das lässt den Schluss zu, dass er anders denkt, als er sich äußert.

Es gibt Menschen, bei denen es auffällt, wie sehr sie andere verachten. Sie lassen an kaum einer anderen Person ein gutes Haar, betonen aber immer wieder gern, dass sie sich selbst für ausgesprochen tüchtig, clever und anständig halten.

Das Motiv dahinter kann man nur vermuten. Zum einen kann es sein, dass das ständige Schlechtreden ein Mittel ist, sich selbst hervorzuheben und sich dadurch besser zu fühlen.
Zum anderen kann es sein, dass jemand andere systematisch schlechtmacht, um sie auseinanderzubringen. Vielleicht will er den Kontakt zwischen anderen beschädigen, indem er sie gegenseitig in einem schlechten Licht darstellt und so dazu beiträgt, ihre gute Beziehung zu untergraben.

Dieses „Teile-und-Herrsche"-Prinzip stärkt die eigene Position und schwächt die anderer, die sich irgendwann („steter Tropfen höhlt den Stein") gegenseitig misstrauen, obwohl dazu möglicherweise gar kein Grund besteht. So kann man die Rolle eines Schiedsrichters einnehmen, was einem zusätzliche Macht über andere verleiht.

Je mehr jemand versucht, einen anderen Ihnen gegenüber schlecht zu machen und sich selbst gleichzeitig als besonders vertrauenswürdig darzustellen, desto mehr Vorsicht ist geboten. Sein Ziel könnte es sein, sich auf Kosten eines anderen in Ihr Vertrauen einzuschleichen.

So vertrauen Sie bald ihm wichtige Informationen an und nicht dem Dritten, und irgendwann ist er sehr gut über Sie und Ihre Pläne informiert. Das kann er nun geschickt ausnutzen.

Wenn jemand schlecht über andere redet, sollten Sie darauf achten, wem gegenüber und wie häufig er das tut, und wie angemessen seine Argumente sind. Achten Sie auch auf den Tonfall. Ein gehässiger Tonfall ist generell unangebracht, erst recht, wenn sich der, über den gesprochen wird, nichts hat zuschulden kommen lassen.

Spricht jemand häufig schlecht über andere, dann müssen Sie damit rechnen, dass er auch über Sie keine guten Worte verliert.

Wie kann ich mich dagegen wehren?

Es ist in Ihrem Interesse, dass andere nicht ungerechtfertigt schlecht über Sie reden. Sie riskieren sonst Ihren guten Ruf.

Wenn Sie üble Nachrede in Bezug auf Ihre eigene Person vermuten, versuchen Sie die Quelle zu lokalisieren, gehen Sie dem Thema nach, und klären Sie, welcher Eindruck bei Dritten entstanden ist, und auf welchen Informationen der Eindruck beruht.

Geben Sie dann gegebenenfalls eine möglichst nachvollziehbare Gegendarstellung ab oder stellen Sie dar, dass derjenige, der irgendetwas über Sie erzählt hat, nicht ausreichend im Bilde war oder Ihnen nicht wohl gesonnen ist.

Manchmal hilft es, Dritte aktiv über eine bestimmte Sache zu informieren, noch bevor der Scheinheilige dazu die Gelegenheit bekommt. Dann wissen Sie genau, was Sie dem Dritten gesagt haben. Selbst wenn der Scheinheilige dann später etwas anderes behauptet, hat sich der Eindruck zumindest stark relativiert.

Wenn Sie nachweisen können, dass jemand vorsätzlich Lügen über Sie verbreitet, dann sollten Sie den Betreffenden unbedingt zur Rede stellen und von ihm eine Richtigstellung gegenüber anderen verlangen. Leugnet er dennoch, sollten Sie ihm klarmachen, dass Sie weitere Lügen nicht dulden werden. Rechtlich gesehen können Sie ihn sogar auf Unterlassung verklagen. Meistens wird der Scheinheilige sich aber geschickt herausreden, außerdem bekommen Sie nur selten mit, was über Sie gesagt wird.

Darüber hinaus sollten Sie hellhörig werden, wenn immer wieder bestimmte Dritte Ihnen gegenüber schlechtgemacht werden. Das, was gesagt wurde, muss nicht stimmen. Suchen Sie auch hier nach Tatsachen, die das belegen, und unterscheiden Sie Wertungen von Fakten. Nehmen Sie den Dritten auch einmal in Schutz, wenn sich jemand abfällig über ihn äußert.

Informieren Sie den Dritten über das Gerede, wenn es Ihnen unglaubwürdig vorkommt. Möglicherweise finden Sie in ihm einen Verbündeten. Denn der Geschmähte kann Ihnen möglicherweise einiges erzählen, das das Ganze in ein anderes Licht rückt. Vielleicht erfahren Sie auch etwas Wissenswertes über den Urheber der Gerüchte.

6. Neidet anderen ihren Erfolg, äußere Vorzüge und persönliche Stärken

Zu einem fairen, gleichberechtigten Umgang miteinander gehört auch der Respekt vor dem anderen, zusätzlich eine gewisse Toleranz und die Fähigkeit, gönnen zu können. Einige Menschen haben aber offenbar einen Hang zur Missgunst und zum Neid.

„Wieso hat der Kollege eine Gehaltserhöhung bekommen und ich nicht?", „Wieso dürfen die Vorstandsmitglieder erster Klasse fliegen und wir Abteilungsleiter nicht?", „Was will der eigentlich mit diesem großen Auto?" sind einige Beispiele für neidische Bemerkungen.

Zunächst sollten wir uns vielleicht einmal klarmachen, was Neid eigentlich bedeutet. Eine wissenschaftliche Definition gibt es offenbar nicht, es ist ein unangenehmes Gefühl der Enttäuschung, der Wut oder der Abneigung. Oft ist es auch mit Niedergeschlagenheit oder Angst verbunden

Neid entsteht aus dem Vergleich von sich selbst mit anderen Menschen und ihren Vorzügen, ihren Fähigkeiten, Besitztümern und Beziehungen. Zeigt der Vergleich auf, dass andere etwas darstellen, besitzen oder können, was wir ebenfalls sind, haben oder können (oder - noch schlimmer - gerne hätten), dann löst dieser Vergleich den Eindruck aus, dass wir in Relation zu anderen offenbar nicht so einzigartig, gut und zufrieden sind, wie wir es gerne wären. Es entsteht das irrationale Gefühl eines relativen Mangels im Vergleich zu anderen. Dabei reicht es aus, dass andere das gleiche besitzen, was wir selbst haben. Denn damit kommt uns unsere gefühlte Einzigartigkeit abhanden.

Das Gefühl verstärkt sich, wenn einem die beneidete Person unsympathisch oder gar verhasst ist. Einem Neider werden manche Menschen allerdings auch gerade erst durch den Vergleich unsympathisch - es reicht aus, dass sie etwas haben, was er nicht besitzt.

Manchmal ist es sogar so, dass jemand anderen Menschen Dinge missgönnt, die ihm selbst eigentlich nicht viel bedeuten. Aber die Tatsache, dass sie jemand anderem etwas bedeuten, löst Neidgefühle aus.
Es ist offenbar nicht nur der Besitz der betreffenden Dinge selbst, der Neid auslöst. Sondern das Zufriedenheitsgefühl, das sie bei ihrem Besitzer auslösen.

Neid kann sich auf vielerlei Dinge beziehen. Nicht nur materielle Besitztümer zählen dazu, sondern auch persönliche Eigenschaften und immaterielle Güter.
Gute Beziehungen oder ein hoher sozialer Status, gutes Aussehen, die Fähigkeit, charmant plaudern zu können, ein hoher Beliebtheitsgrad, ein starker Intellekt, eine gute Bildung, Wohlstand, Anerkennungen und Auszeichnungen sowie vieles andere können Neid und Missgunst erwecken.

Dabei kommt es dem Neider nicht darauf an, ob diese Dinge durch Zufall, z.B. durch erblich bedingt gutes Aussehen, durch harte Arbeit (materieller Wohlstand) oder durch andere Umstände erworben wurden.
Es reicht, dass jemand über einen materiellen oder immateriellen Vorzug verfügt, den der Neider nicht besitzt.

Warum manche Menschen mehr, mache weniger anfällig für Neid sind, lässt sich nur vermuten. Möglicherweise sind es gerade diejenigen, die über ein großes Ego verfügen, oder die sich vom Leben benachteiligt fühlen, die stärker zum Neid neigen als andere.
Neid hat allerdings nicht selten ausgesprochen negative Konsequenzen für den Beneideten.

Wer Neid empfindet, möchte dieses unangenehme Gefühl durch ein angenehmeres ersetzen. Und leider ist es so, dass das meist nur durch kompensierende Handlungen zum Nachteil des Beneideten möglich wird. Hierzu gibt es eine Reihe von Verhaltensweisen, die auf den ersten Blick irrational erscheinen, aber auf Neid zurückzuführen sind.

Eine typische Verhaltensweise ist es, andere schlecht zu reden oder sich ihnen gegenüber herablassend, unfreundlich oder abweisend zu verhalten. Durch die schlechte Behandlung anderer fühlt sich der Neider relativ gesehen besser.

Menschen, die über Einfluss verfügen, nutzen dies manchmal aus, um ihre Neidgefühle zu kompensieren.
Sie treffen zum Beispiel bei der Vergabe von Aufträgen, bei Beförderungen oder Belohnungen, bei der Anerkennung von Titeln usw. bewusst oder unbewusst ungerechtfertigte Entscheidungen zum Nachteil des Beneideten. Ihre Entscheidungen begünstigen stattdessen meistens Personen, die sie weniger beneiden, oder für die sie besondere Sympathien empfinden. Damit können sie anderen großen Schaden zufügen, und einige von ihnen scheinen das sogar zu genießen.

Manche Neider empfinden Schadenfreude, wenn Besitztümer des Beneideten abhandenkommen oder zerstört werden. Wenn sie Dinge nicht haben können, die sie selbst begehren, dann sollte diese Dinge ihrer Meinung nach auch kein anderer besitzen.
Wenn der Beneidete in eine schwierige Situation gerät, kann es sein, dass ein neidischer Mensch nicht unbedingt Mitleid empfindet, sondern heimlich denkt: „Geschieht ihr/ihm recht."

Wie kann ich mich dagegen wehren?

Neid ist eine hässliche Charaktereigenschaft, aber Menschen sind nun mal nicht völlig frei davon. In einem der vorstehenden Kapitel hatten wir bereits dargestellt, auf welche Vorzüge oder Güter sich der Neid beziehen kann:

- Attraktivität in Wesenszügen und Aussehen
- Eine gute gesellschaftliche Stellung
- Ein großer Einflussbereich

- Lebens- und Arbeitszufriedenheit
- Finanzieller und wirtschaftlicher Wohlstand
- Gesundheit und jugendliches Alter
- Beliebtheit bei Vorgesetzten, Kollegen und Mitarbeitern
- Intelligenz
- Erfolg
- ....

Leider können Sie Neidern nicht ansehen, ob, was und wie viel Sie Ihnen neiden. Sie müssen aber damit rechnen, dass Ihnen Neid entgegengebracht wird. Jemand, der neidisch auf Sie ist, wird dies nur selten durchblicken lassen. Sie werden es aber an seinen Handlungen bemerken.

So wird er Sie heimlich in den Augen anderer herabzusetzen versuchen, Sie bei wichtigen Entscheidungen benachteiligen und dafür sorgen, dass Ihre Leistungen in einem schlechteren Licht erscheinen, als Sie es objektiv verdienen.
Achten Sie auch darauf, ob Sie in seinem Verhalten Neidgefühle gegenüber Dritten erkennen können. Falls ja, wird er möglicherweise auch Ihnen gegenüber Neid empfinden.

Was dagegen hilft, ist Bescheidenheit im Auftritt.

Das heißt aber nicht, dass Sie sich ab morgen nur noch wie in „Sack und Asche" kleiden müssen. Es reicht, Dinge, die Neid erwecken könnten, gegenüber neidischen Menschen zu verbergen und nicht darüber zu reden:

- Erzählen Sie nicht unnötig viel von Ihren Erfolgen.
- Erzählen Sie nichts von Ihren schönsten Urlaubsreisen.
- Zeigen Sie nicht, dass Sie sich anderen überlegen fühlen.
- Verschweigen Sie materiellen Wohlstand.
- Reden Sie nicht über Ihre glückliche Beziehung.
- Heben Sie nicht hervor, wie stolz Sie auf Ihre wohlgeratenen Kinder sind.
- Führen Sie einen Neider nicht durch Ihr schönes Haus.
- Ziehen Sie in Gegenwart von Neidern nicht Ihr schönstes Kleid/Ihren besten Anzug an.
- Verschweigen Sie alles, was bei Ihrem Gesprächspartner besonderen Neid erregen könnte.

Jammern Sie stattdessen gelegentlich: z.B. über die hohen Steuern, die kleinen Zipperlein in Ihrer Gesundheit usw.

7. Drängt sich oft und gern in den Vordergrund, tritt gegenüber Gleichberechtigten respektlos auf

Menschen mit einem überstarken „Ich"-Empfinden lieben es, im Mittelpunkt zu stehen. Für manch einen von ihnen ist das wichtiger als materielle Vorteile. Einige sind geradezu ruhmsüchtig und streben sehr danach, bewundert und geachtet zu werden.

Sie erzählen gern von sich und ihren Erfolgen und genießen die Bewunderung, die ihnen dafür entgegengebracht wird.
Häufige Selbstdarstellung trägt außerdem zur Meinungsbildung bei - wer Moderator oder Redner ist und gern auf der Bühne steht, dem ist Aufmerksamkeit gewiss, der wird gesehen und gehört. Oft entsteht der Eindruck, dass er das Sagen hat.
Vor allem im beruflichen Kontext ist das verführerisch. Denn wenn es um Anerkennung und Ehre geht, wird so jemand bemüht sein, anderen die Gelegenheit zum Vortrag zu nehmen, um selbst die Bühne zu betreten und im Rampenlicht zu stehen.

Selbst wenn aus sachlichen Gründen oder vom Rang her Ihnen der Vortritt zusteht, wird er versuchen, Ihnen diesen Vortritt abzuschwatzen und Ihnen die Show zu stehlen. Gelingt ihm das, so demütigt er Sie, und zusätzlich nimmt er Ihnen die Möglichkeit, sich selbst angemessen zu präsentieren. Das Ziel ist es, sich in dem eigentlich Ihnen zustehenden Glanz zu sonnen.

Der Hang zur Selbstdarstellung kann durchaus nervtötende Züge annehmen. Manche Menschen wollen andauernd von ihren Heldentaten berichten, jedes Mal waren sie mal wieder schlauer, und schon wieder ist ihnen eine geniale Idee gekommen (die oft von anderen stammt).

Aber auch wenn Sie darüber lieber vornehm zurückhaltend schmunzeln möchten, weil Sie, wenn überhaupt, nur über echte und nicht über erfundene Erfolge reden würden, kann es gefährlich sein, wenn Sie solchen Selbstdarstellern die Bühne überlassen.

Denn viele Unbeteiligte können die echten von den erfundenen Erfolgen nicht unterscheiden, und allein das selbstbewusste Auftreten an sich zieht manche in ihren Bann. Sie selbst dagegen werden im Schatten des anderen schnell zum Mauerblümchen, das nicht mehr allzu sehr beachtet wird, wenn Sie dem Geltungsbedürftigen immer wieder die Gelegenheit zur Selbstdarstellung überlassen.

Ihr Ansehen kann auf Dauer Schaden nehmen, die Anzahl Ihrer privaten und beruflichen Kontakte nimmt möglicherweise ab. Ihre Leistung wird unterschätzt, und am Ende steht der Dauerredner als der strahlende Held dar, dem man alles zutraut.

Bei gemeinsamen Gesprächen mit Dritten müssen Sie damit rechnen, dass er die Einleitung dazu übernehmen möchte und das Wort an sich reißt. Er lässt Sie nicht ausreden und lenkt die Unterhaltung wortreich wieder in seine Richtung. Sind Sie nicht bei einem Gespräch anwesend, so trifft er, ohne Sie zu fragen, Vereinbarungen mit Dritten, bei denen Sie ebenfalls im Wort sind. Der Gesprächspartner geht dann davon aus, dass dies zwischen Ihnen beiden abgestimmt ist und erwartet natürlich dann von Ihnen ebenfalls die Erfüllung der so zugesagten Leistungen.

Auch ehrgeizige junge Führungskräfte schießen manchmal weit über das Ziel hinaus. Wenn der forsche Juniorpartner in der Geschäftsführung, der stets bei den Kunden und Mitarbeitern präsent zu sein scheint, im Vergleich zum älteren und ranghöheren Seniorpartner trotz seines geringeren Verantwortungsbereichs als der eigentliche Chef angesehen wird, dann entsteht ein völlig ungerechtfertigter Eindruck.

Aber vielleicht gehen die Mitarbeiter häufiger zu ihm als zu Ihnen, weil er schnelle (aber häufig falsche) Entscheidungen trifft, weil er gern ein Schwätzchen hält und für alles ein offenes Ohr hat. Wahrscheinlich kennt er die neuesten Trends, weiß über alles am besten Bescheid und hat zu allem schnell eine Meinung. Das wirkt natürlich beeindruckender als Ihre unauffälligere, ruhigere Art, mit der Sie klug und besonnen die richtigen Entscheidungen treffen, die auf Ihrer langjährigen Erfahrung und harten Arbeit beruhen.

Seien Sie auf der Hut – das „Image" zählt gerade in der heutigen Zeit nicht nur in der Firma, sondern auch im Verein oder im Bekanntenkreis viel.

Lassen Sie jemandem ständig den Vortritt, dann beschädigt das nach und nach Ihr Ansehen, Sie riskieren, gute Kontakte zu verlieren und immer mehr ins Hintertreffen zu geraten. Das kann auf Dauer nicht gut für Sie sein.

Wie kann ich mich dagegen wehren?

Legen Sie stets Wert darauf, den Vortritt zu behalten, wenn er Ihnen zusteht. Gerade auch dann, wenn Sie z.B. als Frau oder als Senior die Geschäftsführerposition bekleiden, auch wenn der jugendliche Heißsporn, den Sie selbst zum Partner gemacht haben, noch so sehr auf Gleichbehandlung besteht.

Die Forderung nach Gleichbehandlung ist meistens nur ein Vorwand, um nach außen besser da zu stehen, denn es gibt keinen Grund, der Dame oder dem Seniorpartner den ihr/ihm zustehenden Respekt und Anstand zu verweigern. Die gleiche Position heißt noch nicht: Die gleiche Behandlung. Es gibt Unterschiede.

Überlassen Sie die Rede zum Jahresende oder zum Firmenjubiläum nicht dem Junior, und achten Sie darauf, wie er Mitarbeitern gegenüber auftritt. Wenn sich herausstellt, dass er unverdiente Vorrechte für sich beansprucht oder gar Mitarbeiter gegen Sie aufhetzt, dann denken Sie am besten bald über eine Trennung nach.

Ein anderes Beispiel: Wenn für eine längere Veranstaltung eine Tagesordnung aufgestellt wird, dann achten Sie darauf, dass Ihre Themen nicht erst ganz am Ende stehen. Ihr Kontrahent wird nämlich seine Zeitvorgabe gerne überziehen, damit Ihre Themen später zu kurz kommen.

Das oben Gesagte lässt sich natürlich auch auf Kollegen im Angestelltenverhältnis oder auf Vereinsmitglieder übertragen.

8. Spricht mit Ihnen gelegentlich herablassend, stellt sich selbst als überlegen dar

Manche Menschen haben offenbar eine sehr hohe Meinung von sich selbst und eine sehr herablassende Meinung über andere. Das Bild, das sie von sich selbst haben und anderen vermitteln, ihr Eigenbild, ist stets ausgesprochen positiv, während das Bild, das andere von ihnen haben, also das Fremdbild, oft deutlich schlechter ausfällt.

Die so Selbstbewussten wissen ungeheuer viel, können fast alles, und im Grunde ist ihnen niemand gewachsen. Fehler machen sie nicht, im Gegensatz zu anderen.
Daher steckt manchmal wirklich die feste Überzeugung, einer der begabtesten Menschen auf dem Erdenrund zu sein, manchmal aber auch nur die Absicht, andere zu beeindrucken oder einzuschüchtern.

Im Gespräch mit solchen Menschen werden Sie feststellen, dass sie sich anderen meistens überlegen fühlen und sie ihre Herablassung spüren lassen.

Wie kann ich mich dagegen wehren?

Ob ein jemand das typische falsche Eigenbild im Vergleich zum Fremdbild von sich hat, bemerken Sie meist schnell. Er wird sich häufig selbst loben, zu Ihnen ein wenig onkelhaft sprechen, so wie ein Älterer zu einem kleinen Kind, auch wenn Sie selbst schon zwanzig Jahre älter sind als er. Er wird durchblicken lassen, wie clever er ist und wie viel Erfahrung er hat, dass keiner ihm etwas vormachen kann usw.

Als Vorgesetzter kann man einen Eindruck davon, ob das Fremdbild einer Person mit ihrem Eigenbild übereinstimmt, oder ob ihre eigene Einschätzung weit positiver ausfällt als die anderer, zum Beispiel dadurch bekommen, dass man ein sogenanntes 360-Grad-Feedback einholt.

Dabei wird eine Reihe ausgesuchter Personen, die ganz bewusst nicht alle die besten Freunde des zu Beurteilenden sein sollen, anonym zu den Fähigkeiten und den Verhaltensweisen des zu Beurteilenden befragt, wobei er selbst den Fragebogen ebenfalls ausfüllt. Die Antworten werden ausgewertet und die konsolidierte Fremdeinschätzung mit der Selbsteinschätzung verglichen.
Ein ehemaliger Kollege hat mir einmal eine solche Auswertung gezeigt – in bestimmten Punkten wich sein Eigenbild von dem Urteil der Fremdeinschätzungen genauso deutlich ab, wie ich es vermutet hatte!

Es gibt zwei Möglichkeiten, auf überhebliches Verhalten zu reagieren. Entweder wehren Sie sich gegen zu arrogantes Auftreten, oder Sie lassen es sich gefallen.

Handelt es sich um jemand, dem es vor allem wichtig ist, seine eigene Bedeutung herauszukehren, ohne dass Ihnen das schadet, dann können Sie das meistens noch tolerieren. Er wird unvorsichtig werden und Fehler begehen, das wird seine Überheblichkeit automatisch ein wenig dämpfen. Handelt es sich allerdings um jemand, der mit seiner vorlauten Art bezwecken will, dass er als erster an die Reihe kommt, dass ihm Privilegien zugestanden werden und dass er möglichst die größte Anerkennung genießt, dann sollten Sie sich besser dagegen wehren.

Sie sollten das Auftreten des von sich selbst Überzeugten etwas dämpfen, indem Sie ihn von Zeit zu Zeit auf seine Fehler und Irrtümer aufmerksam machen. Liebt er großes Getue vor Publikum, dann können Sie sich auch einmal selbst richtig auf der Bühne austoben. Aber vorsichtig, wenn er zu sehr das Gesicht verliert, wird er sich möglicherweise revanchieren wollen.

Trotzdem, manchmal müssen Sie sein Verhalten einfach unterbrechen. Widersprechen Sie ihm bei der passenden Gelegenheit, und lassen Sie durchblicken, dass auch Sie gute Erfolge vorweisen können.

Denn Bestätigung - oder auch nur fehlender Widerspruch - stärkt das ohnehin schon übergroße Ego des allzu Selbstbewussten nur. Er wird sich in seinem Verhalten bestätigt fühlen und es fortsetzen.

Falls er Ihnen gegenüber zu respektlos wird, verbitten Sie sich ausdrücklich seinen Tonfall. Dies gilt insbesondere, wenn sich das Ganze in Anwesenheit Dritter abspielt, denn wenn Sie sich respektlos behandeln lassen, wird er das als Unsicherheit oder als Einverständnis auffassen und Sie weiter vor anderen herabsetzen..Sie haben unter seiner Arroganz und Überheblichkeit dann nur noch mehr zu leiden.

9. Beschreibt die eigenen Leistungen stets äußerst positiv und kritisiert andere

Das übertriebene Selbstbild und der übergroße Wunsch nach Anerkennung führen dazu, dass krankhaft Ehrgeizige ihre eigenen Leistungen für besonders gut halten und sich entsprechend gewürdigt sehen möchten.
Sie legen großen Wert darauf, als erfolgreich zu gelten und lieben es, ihre wahren oder vermeintlichen Erfolge überall zu verkünden. Sie schrecken dabei aber auch nicht davor zurück, vermeintliche Erfolge aufzuführen, die bei näherer Betrachtung kaum erwähnenswert wären oder überhaupt nicht den Tatsachen entsprechen.

Damit einher geht häufig die Neigung, die Leistungen anderer geschickt herabzuwürdigen und zu relativieren.
Manchmal reicht es aber auch schon aus, eine besonders gute Leistung anderer einfach zu verschweigen oder gar als die eigene Idee auszugeben.

Das Ziel dieses Verhaltens ist es, an erster Stelle zu stehen, auch wenn andere diesen Platz objektiv gesehen viel eher verdient hätten.

Wie kann ich mich dagegen wehren?

Kritisch kann ein solches Verhalten werden, wenn der Chef eine Leistungseinschätzung vornehmen will. Um die Gefahr einer gravierenden Fehleinschätzung zu vermeiden, sollten für die Unterscheidung von wirklichen Leistungen von erfundenen, übertriebenen oder in Wirklichkeit von anderen erbrachten Erfolgen möglichst objektive Nachweise erbracht werden.

Nur auf Basis einer korrekten, unparteiischen, auf Fakten basierenden Leistungsbeurteilung ist es halbwegs möglich, die Beförderung von Ungeeigneten zu vermeiden und die Benachteiligung Geeigneterer zu verhindern. Doch gerade hier kommt es darauf an, sich nicht mit Selbsteinschätzungen, Lob von (nicht unparteiischen Dritten) und unbewiesenen Behauptungen zufrieden zu geben.

Ein Beurteiler sollte daher wenigstens Folgendes tun:

- Vereinbarung messbarer Ziele, deren Erreichung und Erfüllungsgrad nachweisbar sein muss.
- Erhebung von Stichproben zu den Leistungsnachweisen.
- Einholung einer zweiten Meinung.
- Ggf. Durchführung einer Mitarbeiterbefragung.
- Begründung der Beurteilung mithilfe eines Soll/Ist-Vergleichs der den ursprünglichen Zielen, die zu Jahresbeginn vereinbart wurden.

Man sollte sich nicht zu sehr auf eine Diskussion einlassen von „besonderen Umständen", „anderen als den vereinbarten Erfolgen", „mangelnder Unterstützung von Seiten des Vorgesetzten" oder ähnlichem Gerede und sich nicht von der Besprechung der konkret vereinbarten Ziele und den tatsächlich erbrachten Leistungen abbringen lassen.

Wirklich ernstzunehmende schwierige Begleitumstände können Sie am Ende immer noch berücksichtigen, wenn dies zu einem insgesamt fairen Bild beiträgt. Vergessen Sie aber nicht, dass auch andere solchen Umständen ausgesetzt gewesen sein könnten.

Falls der Mitarbeiter andere in Ihrer Gegenwart schlechtmacht, empfehle ich Ihnen, ihn zu fragen, ob er diese Kritik schon dem Betreffenden selber gegenüber geäußert hat. Außerdem können Sie ihn darauf hinweisen, dass er die Leistungsbeurteilung anderer lieber Ihnen überlassen solle.

Wenn Sie selbst mitbekommen, wie andere von dem Scheinheiligen schwärmen, ohne dass dies den Tatsachen entspricht, dann:

- Fragen Sie ruhig nach, worin die sogenannten Erfolge denn genau bestanden haben.
- Weisen Sie andere gelegentlich in sachlicher Form auf nachweisbare Defizite hin.
- Stellen Sie ruhig heraus, dass Sie eine andere Sicht haben.
- Betonen Sie gelegentlich auch Ihre eigenen Erfolge.

**10. Schmückt sich gern mit fremden Federn, kopiert Ideen und gibt sie
für ihre/seine eigenen aus**

Das Bedürfnis nach Anerkennung geht bei manchen Menschen so weit,
dass sie sich gelegentlich die Ideen und Erfolge anderer zu eigen machen.
Man ist davon überrascht, welche ausgezeichnete Ideen diese Menschen
hatten und welche großartigen Produkte oder Dienstleistungen daraus
entwickelt wurden.

Bei genauerer Betrachtung kann es allerdings sein, dass uns einiges davon
bekannt vorkommt. Wir entdecken, dass diese Ideen in Wahrheit von
anderen oder sogar von uns selbst stammen.

Dann erinnern wir uns vielleicht an ein länger zurückliegendes Gespräch,
bei dem uns jemand genau und interessiert zugehört hat. Wir haben dort
einen interessanten Gedankengang entwickelt, sind aber noch nicht dazu
gekommen, ihn näher zu verfolgen und umzusetzen. Doch nun behauptet
unser Gegenüber felsenfest, dass die Idee seine eigene gewesen sei.

Manchmal finden Sie in Schriftstücken eines anderen Passagen aus Ihren
eigenen Publikationen wieder, allerdings ohne Zitat und Quellenangabe.

Sie werden nicht selten feststellen, dass Ihre Ideen auf gute Resonanz
stoßen. Dann sind andere gern bereit, Ihnen bei der Ausarbeitung einer
Publikation zu helfen, Ihre Dokumentation zu verbessern und in anderer
Weise behilflich zu sein. Allerdings möchte der Betreffende dann gern als
Co-Autor genannt werden, obwohl er nur ganz Unwesentliches zu dem
Konzept beigetragen hat.
Gelegentlich kommt es auch vor, dass er Ihre Ausarbeitung mit Ihrer
Zustimmung an einen großen Benutzerkreis versenden möchte – er hat ja
gute Kontakte. Nur leider entdecken Sie später, dass Sie als Autor - wie
zufällig - gar nicht genannt wurden. Es entsteht also ganz automatisch der
Eindruck, dass der Absender der Autor ist.

Seien Sie sich auch bewusst, dass weniger erfolgreiche und bekannte
Menschen sich gern mit dem Kontakt zu Ihnen schmücken wollen. Auf
diese Weise hoffen sie, mit Ihrem guten Ruf in Verbindung gebracht zu
werden und sich dadurch aufzuwerten. Dann müssen Sie damit rechnen,
dass, plötzlich und ohne Ihre Zustimmung abzuwarten, das Handy gezückt

und wie selbstverständlich gekräht wird: „Wir machen mal ein Foto zur Erinnerung, ja?" Und schon befindet sich das überfallartig gemachte Bild im Internet.

Ihr Gegenüber wird die Aufnahme als einen spontanen, natürlichen und ganz selbstverständlichen Einfall erscheinen lassen, damit das Fehlen der Frage: „Darf ich mal ein Foto von uns machen?", nicht auffällt. Mit dieser Art der Überrumpelung erreicht er das Ziel, dass Sie nicht „nein" zu der Aufnahme sagen.

Wie kann ich mich dagegen wehren?

Es ist absolut unmoralisch und für Sie nachteilig, wenn sich jemand die Früchte Ihrer Arbeit unrechtmäßig zurechnet, daher sollten Sie den Ideenklau auf keinen Fall tolerieren. Was Sie erarbeitet haben, darauf haben Sie das Copyright und kein anderer.

Machen Sie Ihre Leistungen als solche kenntlich, z.B. indem Sie Ihren Namen in die Überschrift und die Fuß- oder Kopfzeilen eines Dokuments kopieren und das Dokument im geschützten PDF-Format versenden.[7] Teilen Sie vertrauenswürdigen Dritten frühzeitig mit, woran Sie arbeiten, so dass Sie Zeugen für Ihre Urheberschaft haben.

Wenn Sie eine Unterlage versenden, die zu bekommen ja soo hilfreich wäre, dann versenden Sie diese Unterlage mit einem cc: oder bcc: im E-Mail auch an einen Ihrer Kollegen, einen Ihrer Mitarbeiter oder Ihren Vorgesetzten, so dass dokumentiert ist, dass Sie der Autor der Unterlage waren.

Stellen Sie auch sicher, dass Ihre Mitarbeiter wertvolle Projektergebnisse nicht einfach aus Kollegialität an den Ideendieb oder seine Beauftragten herausgeben oder auch nur einfach stolz vorzeigen.
Sonst kann es sein, dass die selbst programmierte neue IT-Anwendung oder die guten strategischen Ideen, die Sie fast fertig haben, eine Woche vor der Fertigstellung plötzlich unter anderem Logo und leicht abgeändert von dem scheinheiligen Kollegen Ihrem Chef präsentiert werden - natürlich ohne Ihr Wissen und ohne Hinweis auf Ihre Urheberschaft.

---

[7] Dieses Verfahren ist zwar auch nicht hundertprozentig sicher, weil es Software zum Aufheben der Schreib- und Kopierschutzverfahren gibt, es ist aber zumindest besser, als völlig ungeschützt zu bleiben.

Geben Sie grundsätzlich Ihre Unterlagen niemals ohne Notwendigkeit und ohne plausible, sachliche Begründung an nicht Vertrauenswürdige oder Unbekannte heraus.

Die Aufnahme eines Bilds von Ihnen durch einen nicht besonders vertrauenswürdigen Dritten sollten Sie nicht ohne ausdrückliche Erlaubnis gestatten.

Wenn einmal Fotos von Ihnen beiden in der Welt sind, haben Sie keinen direkten Einfluss mehr darauf, wo diese Bilder anschließend tatsächlich veröffentlicht werden. Dann tauchen die Bilder auf einmal in Facebook, auf Instagram oder in LinkedIn auf, und es entsteht der vom Fotografen beabsichtigte Eindruck, beide Personen seien eng und auf Augenhöhe miteinander verbunden. Das wertet meistens den Fotografen auf, Sie jedoch ab. Das kann nicht in Ihrem Interesse sein. Mit bestimmten Personen sollten Sie sich lieber nicht auf einem Foto zeigen.

Sie haben das uneingeschränkte Recht am eigenen Bild. Aber erst später die Löschung zu verlangen, heißt dem Thema hinterherzulaufen.
Eine Begründung für Ihr „nein" sind Sie nicht schuldig. Falls Sie sich dennoch unbedingt rechtfertigen wollen, sagen Sie, dass Sie grundsätzlich gegen die Verwendung spontaner Fotos sind, weil man nie weiß, wo sie am Ende zu finden sind. Fotos können leicht kopiert und manipuliert werden.

11. Übernimmt keine Verantwortung für eigene Fehler und schiebt sie anderen Personen und Umständen zu

Eigentlich sollte man annehmen, dass ein Mensch, der von sich selbst eine hohe Meinung hat, auch gern Verantwortung übernimmt. Aber dem ist nicht so – viele Menschen gehen der Übernahme von Verantwortung am liebsten aus dem Weg.

Ein altes Sprichwort sagt: Der Erfolg hat viele Väter. Wenn eine Sache gut gelaufen ist, dann reihen sich viele gern in die Reihe derer ein, die dafür verantwortlich waren.
Aber Verantwortung kommt im Grunde erst dann richtig zum Tragen, wenn man sich für einen Misserfolg verantworten muss.

Genau diese Verantwortung scheuen viele. Sie neigen dann dazu, sich aus der Verantwortung herauszuwinden.

Das gelingt ihnen meistens mit folgenden Tricks:

- Sie leugnen, die Verantwortung je gehabt zu haben und schieben sie anderen zu.
- Sie ziehen andere, die an dem Vorgang mitgewirkt haben, mit in die Verantwortung hinein, obwohl diese keine Entscheidungsbefugnis hatten oder ihre Aufgaben gut erfüllt haben.
- Sie führen zahlreiche Gründe an, warum es ihnen wegen schwieriger Umstände gar nicht möglich war, diese Verantwortung zu tragen.
- Sie argumentieren, dass sie die Verantwortung nie übernommen hätten, wenn sie von bestimmten Einflussfaktoren gewusst hätten, die ihnen nicht bekannt waren oder ihnen verschwiegen wurden.
- Sie reduzieren den Umfang ihrer Verantwortung, indem sie das Problem kleinreden und den von ihnen verantworteten Schaden bagatellisieren.

Immer waren es die Kollegen, die Mitarbeiter, Sabotage, Schneesturm, Erdbeben oder der in China umgefallene Sack Reis, die das Problem verursacht haben – nur sie selbst können garantiert nichts dafür.

Das Ergebnis dieses Verhaltens sind vermiedene Sanktionen, so dass der Betreffende unbeschadet aus der Sache hervorgeht. Der Ruf anderer, die er mitverantwortlich macht, kann beschädigt werden. Die aus dem Misserfolg resultierenden Konsequenzen müssen dann oft andere tragen.

Wie kann ich mich dagegen wehren?

Die Übernahme von Verantwortung hat etwas mit Aufrichtigkeit und Standvermögen einer Person zu tun. Wer keine Verantwortung übernimmt, will nur die Rosinen herauspicken und für Fehler keine Sanktionen hinnehmen. Bei solchen Menschen finden sich häufig fantasievolle Gründe dafür, warum gerade sie nicht verantwortlich waren.

Die Klärung von Verantwortung setzt zunächst eine klare Zuordnung von Rollen und Aufgaben voraus. Es reicht nicht aus, einfach anzunehmen, dass jemand die Verantwortung für etwas hat oder sie später übernehmen wird.

Sie sollten darauf Wert legen, dass Ihre Verantwortung und die anderer für ihre Aufgaben von vornherein möglichst klar und eindeutig festgelegt sind. Treffen Sie hierzu eine gültige Vereinbarung.

Je objektiver Sie Festlegungen zur Verantwortung für eine Aufgabe nachweisen können, desto schwieriger wird es für andere, ihre Verantwortung zu leugnen. Weisen Sie andere auch während der Durchführung der Aufgaben auf ihre Verantwortung hin.

Lassen Sie andere, die sich ihrer Verantwortung entziehen wollen, nicht mit billigen Ausreden davonkommen. Stellen Sie mit Argumenten klar, welche Kausalkette zu dem Misserfolg geführt hat, und solange jemand keine nicht wirklich unvermeidbaren äußeren Einwirkungen auf seine Aufgaben geltend machen kann, entlassen Sie ihn nicht aus der Verantwortung.

Schildern Sie Ihre Sicht der Dinge und machen Sie klar, dass Sie ihn dafür zur Rechenschaft ziehen und keinen anderen.

Lassen Sie sich auch keinesfalls für Dinge, die andere verschuldet haben, verantwortlich machen. Dabei sollte Ihnen die dokumentierte Vereinbarung helfen.

12. Stellt sich gern selbst als Freund und Retter dar, bauscht Kleinigkeiten zur Großzügigkeit auf

Manche Menschen genießen gern einen großzügigen und uneigennützigen Ruf. Bei einigen geht das sogar so weit, dass sie den - ungerechtfertigten - Ruf eines Wohltäters anstreben, indem sie anderen Gefälligkeiten erweisen, Geschenke machen und im sozialen Kontext auch gern eine Tür öffnen.

Der Unterschied zur echten Uneigennützigkeit besteht darin, dass ein Mensch, dessen Interesse vor allem auf seinen eigenen guten Ruf gerichtet ist, anderen nur selten etwas gibt, das wirklich wertvoll ist. Vor allem verzichten solche Menschen nicht gern auf entsprechende Gegenleistungen. Gern verkündigen sie zunächst ihre großartigen Absichten und sorgen dafür, dass darüber ausgiebig gesprochen wird, doch wenn es später zur Umsetzung kommt, bleiben die tatsächlich erbrachten

Leistungen entweder deutlich hinter der Ankündigung zurück, oder sie konnten leider aufgrund von zahlreichen widrigen Umständen nicht wie geplant erbracht werden.

Ein ähnlicher Fall liegt vor, wenn uns jemand in einer schwierigen Situation unerwartet großzügige Hilfe anbietet, scheinbar ohne eine Gegenleistung zu verlangen. Doch später werden wir dann selbst um eine Gefälligkeit gebeten und wie beiläufig an die uns gewährte großzügige Hilfe erinnert. Diese Gefälligkeit kann für den Helfer wesentlich wertvoller sein als die Hilfe, die er uns gewährt hat. Aber in dieser Situation ist es schwierig, nein zu sagen, und genau darauf hofft der so uneigennützig Helfende natürlich. Darüber hinaus müssen wir damit rechnen, dass er anders als zugesagt, die Hilfe, um die wir ihn gebeten hatten, nicht diskret behandelt, sondern bei zahlreichen Gelegenheiten mit anderen darüber gesprochen hat.
Umso mehr sind wir nun unter Druck, ihm die erbetene Gefälligkeit zu erweisen. Mit dem Argument, so habe man nicht gewettet, können wir andere dann kaum überzeugen, denn dann stünden wir ja als undankbar da.

Ein besonders unangenehmer Fall kann eintreten, wenn wir uns vorübergehend in eine Abhängigkeit von unserem Helfer begeben haben. Dann kann die Gegenleistung regelrecht erpresst werden, auch wenn sie von uns vehement abgelehnt wird., z.B., weil sie ein unmoralisches Handeln beinhaltet.

Wie kann ich mich dagegen wehren?

Wenn jemand anderen gegenüber als „großzügiger Retter" auftritt, dann sollte man sich zunächst einmal vergewissern, ob die Großtat tatsächlich stattgefunden hat, oder ob sie eine reine Erfindung war.

Zu fragen wäre auch, ob die Großzügigkeit von dem Empfänger erbeten worden war, oder ob sie ihm ungefragt aufgedrängt wurde. Darüber hinaus wäre es interessant zu erfahren, ob sie später wirklich einen Nutzen gestiftet hat, und ob nicht doch nachträglich eine bestimmte Form der Gegenleistung dafür verlangt wurde.
Sprechen Sie doch einmal mit Dritten. Klären Sie mit ihnen, was Sie eigentlich wirklich darüber wissen.

Nehmen Sie selbst möglichst keine nennenswerten Hilfen, Gefälligkeiten oder „Geschenke" von jemand nicht Vertrauenswürdigem an. Sie begeben sich in Abhängigkeit, denn der Gebende wird möglicherweise – auch entgegen der Absprache - irgendwann eine Gegenleistung von Ihnen verlangen oder herumerzählen, dass Sie sich undankbar zeigen.

Bevor Sie eine Ihnen unbekannte oder nicht besonders vertrauenswürdige Person um einen Gefallen oder um Hilfe bitten, sollten Sie lieber eine Reihe wesentlich zuverlässigerer Bekannter um Unterstützung gebeten haben.

13. Tritt großspurig auf

Der Wunsch nach Aufmerksamkeit und Anerkennung verführt manche Menschen zu einem großspurigen Auftreten.
Dazu gehört oft eine grandiose Inszenierung der eigenen Person. Solche Menschen neigen zur Prahlerei und zum großen Auftritt. Gern laden Sie andere dazu auch zu einer großen Party ein.

Sie werden häufig Geschichten von ihren großen Erfolgen und spannenden Erlebnissen hören, wobei vieles davon erfunden oder übertrieben sein kann. Negative Begleiteffekte werden dann oft verschwiegen oder kleingeredet.

Auf den Visitenkarten dieser Leute stehen große, volltönende Titel. Neben ihren Bürotüren ist nicht nur ein Schild mit der Abteilungsbezeichnung angebracht, sondern da prangt in großen Lettern „Leitender Direktor", „Vizepräsidentin", u. ä. Falls dies den Richtlinien oder der Wahrheit nicht entspricht, kann man es ja immer noch ändern - oder zumindest versprechen, es zu ändern.

Zum Blendwerken gehört es auch, eine Art Nimbus zu schaffen, einen Mythos, das Bild eines äußerst erfolgreichen Menschen. Demzufolge behaupten Menschen mit einem Hang zur Großspurigkeit gern vieles, für das es keinen einzigen Beleg gibt.
Da man hier kaum einen Gegenbeweis erbringen kann, glauben die meisten Menschen zunächst die beeindruckende Räuberpistole, die hier erzählt wird, solange sie nicht allzu unglaubwürdig klingt.

Dann kann man über vieles staunen: von heldenhaften Großwildjagd in Afrika bis zur Rettung von 50 Menschen durch beherztes Eingreifen bei einem Großbrand ist da so ziemlich alles drin. Nur gibt es dafür meistens nicht den geringsten Beweis.

Ein besonders großspuriges Exemplar hat auf seiner Homepage die Durchführung von mehr als 5.000 (ganztägigen) Workshops in 20 Jahren gepostet: Das wären bei 7300 Tagen und ca. 4400 Arbeitstagen plus Vor- und Nachbereitungszeit, Marketing, Verwaltung usw. wie viele tatsächliche Arbeitstage...? Genau... das kann wohl nicht ganz hinkommen! Oder der Mann hat mehr als 24 Stunden am Tag gearbeitet.

Wie kann ich mich dagegen wehren?

Gegen das großspurige Auftreten hilft vor allem die Plausibilisierung (wie im Beispiel der Workshops) und die Relativierung im Gespräch mit anderen.
Halten Sie besser dagegen, wenn Großspurige durch ihre Erzählungen einen guten Ruf bekommen, denn das trägt schnell zu deren ungerechtfertigt guten Beurteilungen und unverdienten Vorteilen bei und kann Ihnen selbst zum Nachteil gereichen.

Wenn Sie allein mit einem Großspurigen sind, sollten Sie Ihre Zeit nicht mit seinen Geschichten verschwenden. Wechseln Sie einfach das Thema.
Was Sie allerdings nicht tun sollten, ist selber aufzutrumpfen und mit echten oder erfundenen großen Taten anzugeben. Das erweckt Neid und spornt nur dazu an, mit noch mehr Großtaten aufzutrumpfen.

14. Der Lebenslauf ist unklar oder entspricht nicht den Tatsachen

Lebensläufe sind ein Dokument, aus dem hervorgeht, über welche Ausbildung und welche Berufserfahrungen jemand verfügt. Ein guter Lebenslauf öffnet Türen und wirkt beeindruckend. Wenn jemand Wert auf ein hohes Ansehen legt, dann ist der Lebenslauf, ebenso wie die dazugehörigen Zertifikate, Zeugnisse oder Diplome ein Nachweis für die Berechtigung dieses Eindrucks. Menschen, die übergroßen Wert auf das Bild legen, das andere von ihnen haben, sind deshalb nicht selten versucht, ihren Lebenslauf so anzupassen, dass der bestmögliche Eindruck entsteht, auch wenn dieser Eindruck nicht der Wahrheit entspricht.

Dabei spielt es keine Rolle, ob es um einen beruflichen oder einen privaten Kontext geht. Es kann sich genauso gut um ein offizielles Bewerbungsschreiben handeln wie um das, was uns unser Gärtner über seine bisherigen Aufträge und seinen beruflichen oder privaten Hintergrund erzählt.

Gefälschte Lebensläufe sind nicht nur ein Ärgernis, sie können zu falschen Entscheidungen oder Schlimmerem führen. Wenn Sie jemandem vertrauen wollen, dann müssen die Angaben, die er macht, der Wahrheit entsprechen.
Denn sonst gehen Sie zu einem Arzt, der sein Fachgebiet nicht beherrscht und Ihre Gesundheit gefährdet, Sie vertrauen einem Geschäftspartner wichtige Projekte an, die dieser nicht zuverlässig abwickelt, oder Sie stellen Mitarbeiter ein, die ihren Aufgaben nicht gewachsen sind.

Die Folgen können harmlos, aber auch sehr schwerwiegend sein. Eine misslungene Operation, ein nicht zeitgerecht fertiggestellter Rohbau oder unzufriedene Kunden könnten die Folgen aus den o.g. Beispielen sein. Im privaten Bereich sind Sie beeindruckt von den Fähigkeiten und Diplomen Ihres Gesprächspartners, und Sie gewähren ihm gern einen Kredit zur Finanzierung seines Hausbaus in Andalusien. Nur, dass nicht nur das Geld, sondern auch Ihr Kreditnehmer irgendwann in Andalusien verschwindet ohne dass Sie ihn oder Ihr Geld jemals wiedersehen.

Daher ist es mehr als sinnvoll, die Lebensläufe anderer und die dazugehörigen Dokumente genauer unter die Lupe zu nehmen und ihren Echtheitsgrad zu verifizieren.

Wie kann ich mich dagegen wehren?

Gefälschte oder geschönte Lebensläufe sind darauf angelegt, mehr zu scheinen als tatsächlich zu sein. Dabei werden Lücken und Misserfolge gerne versteckt oder beschönigt. Bestimmte Ausbildungen und berufliche Erfolge werden besonders hervorgehoben oder vorgetäuscht.

Nun kommt es darauf an, genauer hinzusehen, egal, ob es sich um rein mündliche Darstellungen oder ein Bewerbungsschreiben mit sämtlichen Unterlagen geht.

Schauen Sie sich den Lebenslauf und die dazugehörigen Dokumente genau an. Prüfen Sie alles auf Vollständigkeit, Widersprüche, Plausibilität und Fehler. Mit ein wenig Übung werden Sie bald bestimmte Auffälligkeiten erkennen.

Der Lebenslauf enthält z.B. nicht erklärte Lücken, ist teilweise unklar oder kann aufgrund bestimmter Voraussetzungen gar nicht den Tatsachen entsprechen (wenn zum Beispiel jemand im Tourismusbüro gearbeitet haben will, aber keine Fremdsprache fließend spricht).
Aufschlussreich sind auch die beliebten sozialen Medien. Achten Sie einmal darauf, ob die Angaben in XING, LinkedIn und Facebook übereinstimmen, oder ob es da überraschende Abweichungen gibt.
Da geben manche einen Universitätsabschluss an, der im Bewerbungsschreiben fehlt, oder der Zusatz „FH" hinter dem Diplom wurde „vergessen".

Lesen Sie also den Lebenslauf genau, auch zwischen den Zeilen verstecken sich Hinweise. Wie beurteilen Sie z.B. folgenden Fall? Eine gut ausgebildete Fachkraft hat in 25 Berufsjahren 19 Stellen bei 16 verschiedenen Arbeitgebern innegehabt (kein Scherz, eine solche Bewerbung habe ich tatsächlich einmal bekommen).

Der Clou dabei war noch, dass der Bewerber nach einer Unterbrechung von zwei Jahren einmal sogar zurück in die gleiche Position bei einem früheren Unternehmen gewechselt war und dort noch einmal sieben Monate verbrachte, nachdem er es beim ersten Mal immerhin 15 Monate lang ausgehalten hatte.

Was sagen zahlreiche Tippfehler über einen Bewerber aus, der angeblich lange in einem rechtsberatenden Beruf tätig war?

Lücken im Lebenslauf sind immer auffällig, werden aber gern mit „Projektarbeiten", „Existenzgründung", „Sabbatical" usw. kaschiert.
Natürlich können diese Angaben auch stimmen. Dann fragen Sie doch mal genauer nach, was Ihnen der Bewerber über diese Zeiten erzählen kann,

und hören Sie genau hin. Fängt er an zu stottern und sich zu widersprechen, wirkt das Ganze eher unglaubwürdig, oder kann er Ihnen flüssig und glaubhaft von den Vorhaben, die ihn in dieser Zeit beschäftigt haben, berichten? Auch Brüche im Lebenslauf können Sie so hinterfragen.

Jemand, der sich wirklich zwischendurch eine andere Perspektive gesucht hat und dann gute Gründe dafür hatte, sich anders zu entscheiden, wird damit offen umgehen und Ihnen auch gern konkrete Belege und Beispiele für diese Zwischenzeiten liefern. Kann jemand solche Brüche nicht glaubwürdig erklären, müssen Sie davon ausgehen, dass er wahrscheinlich falsche Angaben gemacht hat.

Überdies sollten Sie heute nicht jeder E-Mail-Kopie vertrauen. Nehmen Sie stichprobenartig auch einmal Einblick in Originale, die kann ein Bewerber ja zum letzten Vorstellungsgespräch mitbringen.
Scheuen Sie sich nicht, genaue Fragen zu stellen. Haken Sie nach, wenn Ihnen etwas unplausibel oder unglaubwürdig vorkommt, oder wenn Sie von etwas überrascht sind. Seien Sie nicht zu zurückhaltend, denn wenn Sie sich einen Scheinheiligen als Kollegen oder Mitarbeiter eingefangen haben, haben Sie möglicherweise für lange Zeit Ärger, und es kann Sie große Mühen kosten, das Arbeitsverhältnis aufzulösen.

Wenn Sie es um einen Vertrag mit einem Firmenbesitzer oder Geschäftsführer geht, dann lohnt sich auch ein Blick in Business-Informationsseiten oder den Bundesanzeiger. Wenn man die dort verfügbaren Informationen zusammenstellt, bekommt man oft ein gutes Bild darüber, wie es um die Firma (und ggf. ihren Chef oder Prokuristen) wirklich steht.

__Die Neigung, viel zu fordern und wenig zu geben__

15. Hält Zusagen selten oder nie ein, tut nicht, was sie/er verspricht, kann sich nicht erinnern, findet Ausreden

Zusagen sind dazu da, um eingehalten zu werden. Scheinheilige neigen jedoch dazu, bei der Erfüllung von Zusagen erst einmal dem anderen den Vortritt zu lassen. Sie setzen darauf, dass sie an die Einhaltung der eigenen Zusagen nicht erinnert werden und dass die der Zusage entsprechenden Leistungen nicht im Hinblick auf ihre Qualität überprüft werden, so dass sie daraus einen Vorteil ziehen können. Sie selbst erwarten von uns aber meistens die buchstabengetreue Erfüllung eines Versprechens.

Werden Scheinheilige auf Zusagen angesprochen, können sie sich leider nicht daran erinnern. Sie behaupten, diese Zusage so nie gemacht zu haben, oder sie weisen darauf hin, dass Sie selbst mit der Erfüllung irgendeiner Zusage in Verzug seien.

Wie kann ich mich dagegen wehren?

Um die Einhaltung von Vereinbarungen oder Zusagen überprüfen und einfordern zu können, sollte man zunächst einmal festhalten, welche Zusagen überhaupt gemacht worden sind. Dazu empfiehlt es sich, die Vereinbarungen möglichst nachvollziehbar zu dokumentieren, also z.B. schriftlich oder elektronisch.
Aber damit eine Vereinbarung auch wirklich eingehalten wird, sollten Sie sich schon früh überlegen, wie Sie die Einhaltung überwachen, und was Sie im Fall der Nichteinhaltung tun können.

Wenn Sie zu dem Schluss kommen, dass Sie eine Nichteinhaltung widerstandslos hinnehmen müssen und Ihnen das zum Schaden gereicht, dann ist es erwägenswert, im Gegenzug eine eigene Zusage nicht einzuhalten.

Am besten vereinbaren Sie außerdem von Anfang an Sanktionen, zu denen Sie bei der Nichteinhaltung berechtigt sind. Wenn es um einen Vertrag geht, sollten Sie vielleicht auch besondere Rücktritts- oder Kündigungsklauseln für den Fall der Nichteinhaltung vereinbaren.

Darüber hinaus sollten Sie frühzeitig mit der Überwachung der Einhaltung der Vereinbarungen beginnen. Wenn Liefertermine nicht eingehalten werden, sollten Sie möglichst rechtzeitig die Einhaltung anmahnen, denn sonst lässt Ihr Vertragspartner den Termin erst einmal verstreichen, in der Hoffnung, dass Sie das übersehen. Bedenken Sie dabei, dass Mahnfristen erst mit der Mahnung beginnen und nicht mit dem Verzug.

Wenn vereinbarte Zusagen nicht eingehalten werden, obwohl Sie dies angemahnt haben, sollten Sie, soweit möglich, die Erfüllung eigener Zusagen solange zurückhalten, bis die zugesagten Lieferungen oder

Leistungen der Gegenseite vorliegen. Dazu haben Sie laut BGB auch das Recht. Eventuell können Sie damit drohen, den Vertrag zu kündigen.

Dokumentieren Sie Abweichungen und Sonderregelungen sowie wichtige Absprachen mit Ihren Vertragspartnern schriftlich oder wenigstens per E-Mail, damit Sie nachher eine sachliche und objektive Argumentationsgrundlage haben.

Lassen Sie sich von billigen Ausreden nicht vertrösten. Ständige Fristverlängerungen lösen das Problem nicht. Dies ist der Versuch, Ihnen den Schwarzen Peter zuzuschieben, in der Hoffnung, dass Sie die Nichtleistung irgendwann einfach hinnehmen.
Tun Sie das, hat der andere gewonnen und kann beim nächsten Mal sogar noch auf den „Präzedenzfall" verweisen.

16. Erwartet Zuverlässigkeit in hohem Maß von anderen und macht gern auf Versäumnisse aufmerksam oder „petzt"

Menschen mit einer großen Eigenliebe erwarten von anderen oft besondere Aufmerksamkeit, besondere Zuwendung und Zuverlässigkeit. Sie haben die Einstellung, dass ihnen bestimmte Dinge einfach zustehen.
Wird ihre hohe Erwartungshaltung nicht erfüllt, reagieren sie i.d.R. enttäuscht und verständnislos.

Sie machen andere gern auf ihre Versäumnisse aufmerksam und nehmen es ihnen übel, wenn diese sich dafür nicht sofort entschuldigen, egal, ob ihnen das Versäumnis wirklich zuzurechnen war oder nicht. Eine Rechtfertigung akzeptieren sie meistens nicht.

Nicht selten nutzen sie auch die Gelegenheit, andere hinter ihrem Rücken zu verpetzen, wenn diese sich etwas haben zuschulden kommen lassen.

Wie kann ich mich dagegen wehren?

Das ist eine Form des Verhaltens, die sich nur schwer verhindern lässt. Man kann aber darauf reagieren.

Achten Sie darauf, bei diesen Menschen keine zu hohe Erwartungshaltung zu wecken und nicht leichtfertig etwas zuzusagen. Wenn Sie das trotzdem tun, sollten Sie sich möglichst korrekt verhalten, denn Sie müssen damit rechnen, dass man Ihnen etwas anderes sehr verübeln würde.

Scheuen Sie sich aber auch nicht, im umgekehrten Fall den anderen an seine eigenen Versäumnisse zu erinnern und lassen Sie Rechtfertigungen dann ebenfalls nicht zu.

„Petzen" sollten Sie nicht durchgehen lassen. Stellen Sie den anderen zur Rede und machen Sie deutlich, dass Sie dieses Verhalten missbilligen und als Vertrauensbruch betrachten.

17. Hat eine Tendenz zur persönlichen Bereicherung und nimmt gern (ungerechtfertigte) Privilegien in Anspruch

Die Tendenz, sich - ohne Gegenleistung - persönlich an anderen zu bereichern, ist ein zentrales Merkmal der Unredlichkeit.

Die diesem Verhalten zugrundeliegende Gier kann so weit führen, dass jemand nur für einen kleinen eigenen Vorteil bereits schwerwiegende Schäden bei anderen billigend in Kauf nimmt.

Die persönliche Bereicherung beinhaltet die ungerechtfertigte Aneignung der unterschiedlichsten Gegenstände, Vorteile, Vorzüge oder Annehmlichkeiten, beispielsweise:

- Finanzielle Vorteile
- Privilegien in Beruf und Freizeit
- Hohes gesellschaftliches und/oder berufliches Ansehen
- Macht und Möglichkeiten zur Machtausübung
- Wertschätzung und Anerkennung von bestimmten Einzelpersonen
- Sexuelle Ausbeutung, Lustgewinn
- …u.v.m.

Finanzielle und wirtschaftliche Vorteile bestehen z.B. darin, ein gutes Einkommen oder soziale Sicherheit zu erzielen. Der direkte Vorteil muss dabei nicht im Mittelpunkt stehen, die Bereicherung kann auch darauf gerichtet sein, sich mit der Einkommenssituation einer sozial bessergestellten Person vergleichen zu können.

Privilegien in Freizeit und Beruf zielen darauf ab, besondere Vorteile zu genießen, z.B. Einladungen von als prominent erachteten Menschen, der Erhalt von Ausnahmegenehmigungen für bestimmte Regeln, Vorzugsbehandlungen usw.
Dieses Muster stellt also eine Mischform aus dem Bestreben nach Erzielung finanzieller oder wirtschaftlicher Vorteile einerseits und dem Wunsch nach einem hohen gesellschaftlichen Ansehen andererseits dar, kann aber auch dem Wunsch entsprechen, möglichst wenig Verboten und Zwängen ausgesetzt zu sein und bestimmte Freiheiten zu genießen.

Der Wunsch nach einem hohen gesellschaftlichen Ansehen ist ein häufiges Motiv. Manchen Menschen bedeutet der Anschein von Macht, Reichtum oder hohem Ansehen sehr viel, daher sind einigen von ihnen auch akademische Titel, Positionen und Dienstgrade wichtig, selbst wenn sie gefälscht oder erfunden sind. Die in Akademikerkreisen leider nicht selten vorkommenden Plagiate lassen sich wohl auf dieses Motiv zurückführen.

Immer wieder trifft man auf selbsternannte Akademiker, Menschen, die in Wirklichkeit nie eine Hochschule von innen gesehen haben.
Zertifikate werden in Diplome umgetauft, bei Studiengängen wird der gänzlich fehlende Abschluss genauso verschwiegen wie der obligatorische Zusatz F.H. (Fachhochschule). Ähnliches gilt für den ebenfalls gut angesehenen Meistertitel.

Wenn sich jemand ohne Mühe auf den gleichen sozialen Stand hievt wie andere, die jahrelang dafür gearbeitet haben, dann ist das nicht nur ein offenkundiger Betrug, aus dem sich viele Vorteile ziehen lassen, sondern es ist auch eine Herabwürdigung derjenigen, denen die Ergebnisse ihrer Arbeit auf diese Weise gestohlen werden. Plagiate beweisen die große Selbstliebe von Scheinheiligen und ihre Verachtung für die Rechte anderer. Und der Diebstahl geistigen Eigentums, genau das ist das zitatlose Abschreiben aus anderen wissenschaftlichen Arbeiten im Grunde, hat manchmal ähnliche Auswirkungen für den Bestohlenen wie ein tatsächlicher Diebstahl.

Achten Sie darauf, wie verliebt Ihr Gegenüber in Titel ist und wie wichtig ihm Positionen sind. Ist es reiner Ehrgeiz, der mit harter Arbeit untermauert wird, so dass der Betreffende Stolz aus der damit belohnten eigenen Arbeit zieht, oder geht es ihm ausschließlich und vorwiegend um Eitelkeit und Wichtigtuerei, ohne dass ernsthafte Anstrengungen dahinterstehen?

Macht und Möglichkeiten zur Machtausübung sind ein weiteres beliebtes Ziel egoistischer Menschen. Scheinheilige legen Wert auf einen hohen gesellschaftlichen oder hierarchischen Status und genießen es, andere zu kontrollieren. Abraham Lincoln soll gesagt haben, „willst Du den Charakter eines Menschen erkennen, so verleihe ihm Macht".
Dadurch sind sie zudem sicherer vor Entdeckung ihrer unredlichen Machenschaften, denn diese Gefahr nimmt mit der zunehmenden Macht, die Dinge zu beeinflussen, immer mehr ab.

Achten Sie auch darauf, wie demokratisch ein Scheinheiliger in einer Chefposition mit seinen Mitarbeitern umgeht. Verträgt er konstruktive Kritik und Eigeninitiative seiner Mitarbeiter, oder neigt er zu tyrannischen Ausbrüchen, zur Gängelei und zur willkürlichen Einschränkung des Handlungsspielraums seiner Untergebenen?

Scheinheilige setzen alles daran, in einem guten Licht zu erscheinen und andere zu diskreditieren. Je mehr Macht sie besitzen, desto größer sind auch ihre Möglichkeiten zur Erzielung von unredlichen Vorteilen.

Nicht immer muss dabei das Bedürfnis nach Anerkennung im Vordergrund stehen, oft ist es allein die Aufmerksamkeit einer oder mehrerer Personen, nach der der Scheinheilige in ganz besonderem Maß verlangt.

Das kann ganz unterschiedliche Gründe haben. Die Person, auf die sich der Wunsch nach Wertschätzung richtet, kann z.B. ein interessanter Förderer sein, der anderen nützliche Mittel zur Verfügung stellen kann. Es kann aber auch sein, dass der Scheinheilige eine negative Einstellung zu der Person hat, auf deren Aufmerksamkeit er Wert legt. Möglicherweise bringt er ihr Neid- oder Minderwertigkeitsgefühle entgegen, die er durch die Aufmerksamkeit, die ihm diese Person schenkt, zu kompensieren versucht.

Manche Menschen haben zudem den Wunsch, bemuttert und umsorgt zu werden. Andere sollen sich buchstäblich rund um die Uhr um sie kümmern. Das Bedürfnis nach (einseitiger) Unterhaltung und umfassender Fürsorge entspringt meistens dem übergroßen Ego, dem Wunsch, Langeweile zu vertreiben oder dem Bedürfnis, Neid oder Verachtung zu kompensieren, indem sie die beneidete Person für sich einspannen und sozusagen zu ihrem Diener degradieren.

Andere Beispiele des Strebens nach Macht und Aufmerksamkeit finden sich im Stalking und Mobbing. Hierbei geht es dem Täter manchmal auch darum, einen bestimmten Menschen herabzuwürdigen und für eigene Zwecke zu missbrauchen, z.B. um sich selbst dadurch bedeutsamer vorzukommen oder um bestimmte abgründige seelische Bedürfnisse zu befriedigen.

Sexuelle Ausbeutung ist wahrscheinlich nicht ganz so häufig zu beobachten, aber manche Scheinheilige gieren natürlich auch nach sexueller Bestätigung und Anerkennung. Ihre Handlungen sind dann manchmal darauf gerichtet, das Vertrauen der begehrten Person zu gewinnen und anschließend bei ihr eine sexuelle Abhängigkeit zu erzeugen. Sie genießen es, dass sich die abhängige Person nicht ohne Weiteres aus dieser Abhängigkeit befreien kann.

Wie kann ich mich dagegen wehren?

Versuchen Sie frühzeitig, mögliche Begehrlichkeiten des Scheinheiligen zu entdecken und entsprechende Sicherheitsmaßnahmen dafür einzuplanen.

- Geben Sie möglichst nichts ohne zwingenden Grund und ohne Gegenleistung heraus.
- Unterschreiben Sie nur geprüfte und ausbalancierte Verträge.
- Prüfen Sie die Vertragsklauseln mehrmals – in betrieblicher, persönlicher und juristischer Hinsicht. Wo gibt es Knebelklauseln für Sie? Wo werden Sie übervorteilt? Was bedeuten komplizierte rechtliche Konstruktionen?
- Verhandeln Sie gut, und unterschreiben Sie erst, wenn wirklich alles zu Ihrer Zufriedenheit geklärt ist.
- Vertrauen Sie dem Scheinheiligen nicht. Arbeiten Sie Mitwirkungspflichten, Rücktrittsrechte, Zutrittsrechte,

Datenschutz etc. in die Vereinbarungen ein, ggf. auch
Wettbewerbsklauseln, je nach Vertragsinhalt.

- Hören Sie auf Warnungen von Dritten.
- Schützen Sie Ihre materiellen und immateriellen Werte durch
  geeignete Sicherungsmaßnahmen gegen Diebstahl.
- Geben Sie nie wichtige Informationen und Wertgegenstände oder
  Zutrittsrechte dazu an Unbekannte oder Scheinheilige heraus,
  ohne dass folgende Voraussetzungen vorliegen:
  - Es liegt ein plausibler, sachlicher, wichtiger und belegbarer
    Grund für die Herausgabe vor.
  - Es gibt eine angemessene Gegenleistung oder ein Pfand dafür.
  - Die Gegenstände werden vor Zeugen herausgegeben, oder für
    die Herausgabe wird eine Quittung ausgestellt.
  - Eine Rückgabefrist bzw. ein Endtermin für das Zutritts- oder
  - Zugriffsrecht wird vereinbart.
- Geben Sie nur das, was wirklich benötigt wird und nie alles
  heraus.
- Wenn Sie ein ungutes Gefühl haben, geben Sie im Zweifel nichts
  heraus.
- Sammeln Sie ausgehändigte Schlüssel später wieder ein, ändern
  Sie Passwörter unverzüglich nach Ende der Zutrittsberechtigung.

18. Fordert häufig Dinge ein, die ihr/ihm im Grunde nicht zustehen, gibt selbst nur wenig

Hierbei geht es um die Neigung, anderen etwas abzuschwatzen. Eine
egoistische Veranlagung zeigt sich häufig in dem Wunsch, viele Dinge zu
besitzen. Vielfach dienen die so begehrten Gegenstände aber nicht dazu, sie
zu genießen oder Nutzen aus ihnen zu ziehen. Oft ist der Besitz vor allem
ein Statussymbol, das den Besitzer von anderen unterscheidet. Der Besitz
bestimmter Dinge ist also vorwiegend ein Selbstzweck, bei dem es nur
darum geht, Gegenstände zu besitzen, um das eigene Ego zu befriedigen.
In umgekehrter Richtung betrachtet geben die Besitzgierigen allerdings oft
nur ungern etwas an andere ab.

Kommt zu dieser Neigung noch eine überhöhte Eigenliebe hinzu, dann
meinen die Betreffenden häufig, dass ihnen bestimmte Gegenstände,

finanzielle Vorteile usw. ganz selbstverständlich zustehen. Dass andere ein ähnliches Recht haben könnten, kommt ihnen nicht in den Sinn.

Entdecken sie bei uns Dinge, die sie selbst begehren, dann versuchen sie, sie in ihren Besitz zu bringen. Sie tragen uns Bitten oder Argumente vor, mal in freundlichem, mal in forderndem Ton, um uns zur Herausgabe der begehrten Gegenstände zu bewegen. Sie argumentieren, dass wir das betreffende Gut nicht benötigen oder es nicht zu schätzen wüssten, dass sie selbst es viel dringender bräuchten, oder dass sie besser damit umgehen könnten. Manchmal erwecken sie auch den ungerechtfertigten Eindruck, dass ihnen die betreffenden Gegenstände eigentlich ohnehin schon teilweise oder ganz gehören und unterfüttern diese Behauptung mit vielen - im Grunde nur vorgeschobenen - Argumenten.
Dahinter stehen nur selten berechtigte Ansprüche. Es geht ausschließlich darum, das Ganze in Besitz nehmen zu wollen oder es uns einfach nicht zu gönnen.
Im Gegenzug wird uns jedoch meistens keine oder keine angemessene Gegenleistung als Ausgleich angeboten, da der Fordernde ja meint, dass ihm die begehrten Güter ohnehin zustehen.

Wie kann ich mich dagegen wehren?

Achten Sie darauf, wie häufig man Ihnen Bitten, Forderungen und Vorschläge unterbreitet und wem diese tatsächlich nützen.

Fragen Sie sich erst einmal, ob diese Forderungen wirklich begründet sind, und warum Sie diese Forderungen erfüllen sollten. Insbesondere dann, wenn die begehrten Gegenstände Ihnen etwas bedeuten, sollten Sie darauf achten, ob der Fordernde wirklich etwas mit ihnen anfangen kann, oder ob es nur um seinen Besitzerstolz geht. Sie sollten keinesfalls etwas herausgeben, nur, weil Ihnen ständig suggeriert wird, dass Sie diese Gegenstände nicht wirklich benötigen oder sie Ihnen im Grunde nicht zustehen.

Geben Sie möglichst nichts ohne Gegenleistung heraus. Ist der Fordernde ein Ihnen nahestehender Mensch, überlegen Sie bitte, ob Sie auf den Besitz der begehrten Güter gut verzichten können, und ob der andere daran einen wirklichen Bedarf hat und einen echten Nutzen daraus ziehen könnte.

Liegt eine echte Bedürftigkeit vor, und steht Ihnen der Betreffende wirklich nahe, dann können Sie sich natürlich gern für die freiwillige „Spende" entscheiden. In allen anderen Fällen sollten Sie sich Ihr großzügiges Angebot gut überlegen.

19. Reagiert gegenüber den Belangen anderer hart und gleichgültig

Der Menschentyp, mit dem wir uns hier befassen, legt i.d.R. großen Wert darauf, respektiert, beachtet und bewundert zu werden. Er kann es nicht leiden, wenn er ignoriert wird, er sucht materielle und immaterielle Vorteile.

Wenn wir dagegen Hilfe benötigen, kommt jedoch selten unaufgefordert ein Angebot zur Unterstützung. Oft ist die Unterstützung entweder mit einem Hintergedanken verbunden, oder sie ist für den Hilfesuchenden wenig nützlich. Häufig wird die Hilfe unter Angabe von fadenscheinigen Gründen abgelehnt, und es gibt tausend gute Gründe, warum zuvor andere Prioritäten zählen, bevor wir an die Reihe kommen.
Dann hören Sie häufig Sätze wie: „Es tut mir Leid, aber…", „In genau diesem Punkt kann ich gerade nichts für Dich tun", „Dafür bin ich nicht der Richtige, Du solltest jemand anders fragen".

Manchmal wird das Hilfeersuchen auch komplett ignoriert oder unter Vorwänden an Dritte delegiert. Dann kann der, der um Hilfe gebeten wurde, ja nichts dafür, wenn der Dritte sich nicht rührt.

Wenn dann eine gewisse Zeit vergangen ist, meldet sich der um Hilfe Gebetene nicht selten irgendwann wieder bei uns und tut so, als sei nichts gewesen. Er setzt offenbar darauf, dass Gras über das Ganze gewachsen ist. Oft verhält er sich nicht einmal dann anders, wenn wir selbst ihm in der Vergangenheit einen Gefallen getan haben. Er fühlt sich uns gegenüber zu nichts wirklich verpflichtet.

Wie kann ich mich dagegen wehren?

Spätestens, wenn Sie ein solch gleichgültiges Verhalten einmal erlebt haben, dann können Sie davon ausgehen, dass Sie es ganz sicher nicht mit einem wohlmeinenden Freund zu tun haben. Wenn jemand sich in einer

Notlage nicht für Sie interessiert, dann interessiert er sich ohnehin nicht für Sie. Der Kontakt mit Ihnen hat dann andere Gründe: Er sucht einen willigen Zuhörer, möchte sich mit Ihnen schmücken, hofft auf nützliche Informationen oder andere Vorteile.

Er übersieht dabei, dass ein fairer Umgang miteinander immer aus einem Geben und Nehmen besteht. Insbesondere dann, wenn Sie früher dem Betreffenden selbst einmal einen richtigen Gefallen getan haben, sollte er sich zumindest ernsthaft bemühen, Ihnen ebenfalls aus der Patsche zu helfen. Tut er dies nicht, dürfen Sie zu Recht bezweifeln, ob er es jemals tun würde.

Analysieren Sie den Vorfall. Warum wurde Ihnen nicht geholfen und warum? Hat man Ihnen Hilfe erst zugesagt und sich dann nicht mehr gerührt? Wie war die Kommunikation mit Ihnen? Sie haben, wenn Hilfe abgelehnt oder trotz einer Zusage am Ende doch nicht geleistet wird, einen Anspruch darauf, zu erfahren, warum das so war. Zumindest sollte der Betreffende ernsthafte Bemühungen glaubhaft machen und Sie nicht nachträglich mit ein paar lapidaren Bemerkungen abspeisen.

Tut er dies doch, dann sollten den Kontakt mit ihm vielleicht besser abbrechen oder zumindest stark einschränken.

Wenn Sie unsicher sind, dann können Sie den Betreffenden noch einmal nachträglich auf den Vorfall ansprechen. An seiner Reaktion sollten Sie hoffentlich erkennen, ob er wirklich an der Hilfeleistung verhindert war, ob diese ihm unmöglich geworden ist oder ob er nur Vorwände vorbringt.

In den meisten Fällen kann man aber schon aus dem bisherigen Verhalten die richtigen Schlüsse ziehen.

In manch einer Situation stehen Ihnen aber auch bestimmte Rechte zu, die Ihnen der andere u.U. gar nicht verweigern darf (z.B. spontane Hilfe bei Unfällen, Rechte aus vertraglich begründeten Nachbesserungen, Schadensersatzansprüche usw.).

Diese Rechte kann Ihnen der andere auch dann nicht verweigern, wenn er in der stärkeren Position ist.

Sollte jemand trotzdem versuchen, Sie hier zu benachteiligen, dann lassen Sie sich bitte nicht einschüchtern. Geben Sie die Ihnen zustehenden Ansprüche nicht einfach freiwillig auf.

Suchen Sie sich Unterstützung und wehren Sie sich. Manchmal reicht es aus, mit ein wenig mehr Nachdruck zu argumentieren. In bestimmten Fällen steht Ihnen auch der Rechtsweg offen.

<u>Die Manipulation anderer zur Erlangung unfairer Vorteile</u>

20. Ändert entweder häufig seine Meinung oder beharrt starr auf ihr, trotz überzeugender Argumente

Manche Menschen ändern auffallend oft ihre Meinung, andere halten verbissen daran fest. Gelegentlich zeigen sie auch beide Verhaltensweisem auf einmal. Dieses Verhalten sollte uns auffallen, denn normalerweise bleibt jemand bei seiner Meinung, lässt sich aber durch gute Argumente von einer anderen überzeugen. Welches Motiv hinter dem ungewöhnlichen Umgang mit der eigenen Meinung steckt, lässt sich leicht erraten.
Hat jemand unredliche Absichten, so wird er seine Meinung vor allem daran orientieren, was für ihn von Vorteil ist. Ein plötzlicher Meinungswechsel deutet auf opportunistisches Verhalten hin. Mit dem Meinungswechsel möchte sich jemand zum Beispiel der für ihn aktuell vorteilhaftesten Lage anpassen und nicht mehr auf eine frühere, nun nicht mehr opportune Meinung festlegen lassen.
Erfährt jemand davon, dass sein Chef eine andere Meinung vertritt als er, dann werden wir manchmal überrascht entdecken, dass seine aktuelle Meinung nun ziemlich genau der seines Vorgesetzten entspricht. Ein ähnliches Motiv steht dahinter, wenn das Festhalten an einer früheren, eigentlich überholten Ansicht Vorteile verspricht.

Achten Sie auch darauf, ob jemand zu dem steht, was er sagt. Häufig handeln Opportunisten ganz anders, als sie es zuvor angekündigt haben.

Wie kann ich mich dagegen wehren?

Wenn Sie bemerken, dass jemand öfter scheinbar grundlos seine Meinung ändert, dann liegt der Verdacht nahe, dass er entweder keine Prinzipien hat oder ihnen schnell untreu wird. Das bedeutet, dass Sie seinen Zusagen nicht vertrauen können und damit rechnen müssen, dass er schon im nächsten Gespräch eine ganz andere Meinung vertritt. Außerdem können Sie ihm unterstellen, dass er damit sich ungerechtfertigte Vorteile erhofft.

Dieses Verhalten sollten Sie nicht einfach akzeptieren. Sie können den Betreffenden zum Beispiel vor Dritten darauf hinweisen, dass er früher eine ganz andere Meinung vertreten hat, Sie können ihn in bestimmten Fällen aber auch mit Argumenten zur Rede stellen.

Ein plötzlicher Meinungswechsel bedeutet nämlich in den meisten Fällen, dass keine wirklich fundierte Überlegung oder nachprüfbare Tatsachen hinter dem Gesinnungswandel stehen. Derjenige, der die Meinung gewechselt hat, kann meistens nur auf oberflächliche Behauptungen und Scheinargumente als Begründung für seinen Meinungswechsel zurückgreifen.

Diese Chance können Sie im Gespräch mit ihm nutzen, indem sie selbst ihm fundierte Argumente, logische Schlussfolgerungen und überprüfbare Fakten entgegenhalten. So können Sie seinen Meinungswechsel deutlich machen, seine Meinung erschüttern und ihn in Verlegenheit bringen.

Außerdem können Sie seinem Verhalten entnehmen, dass er es mit der Wahrheit nicht besonders genau nimmt. Dokumentieren Sie daher Vereinbarungen mit ihm entweder schriftlich, oder treffen Sie sie im Beisein von Zeugen.

Für das sture Festhalten an einer überholten Meinung können Sie analog vorgehen.

21. Legt Rechtsvorschriften und ethische Grundsätze nachlässig und stets zu ihren/seinen Gunsten aus

Rechtsvorschriften sind prinzipiell dazu vorgesehen, ein Gleichgewicht zwischen den Interessen der Beteiligten herzustellen und für ein angemessenes Verhalten Einzelner gegenüber der Gesellschaft zu sorgen. Wenn wir das als Grundsatz einmal akzeptieren und davon absehen, dass manche rechtlichen Regelungen diesem Zweck nicht immer ganz gerecht werden, dann sollte es uns nachdenklich machen, wenn andere es mit der Einhaltung von Recht und Gesetz nicht allzu genau nehmen.
Doch offenbar lassen sich manche Mitmenschen nur durch die Androhung von Strafen davon abhalten, bestimmte Gesetze oder firmeninterne Regelungen zu missachten. Gern akzeptieren sie, dass diese Vorschriften

ihre eigenen Interessen schützen, doch dass sie auch für den Schutz anderer gedacht sind, übersehen sie gern.

Wenn jemand Schutzvorschriften einseitig auslegt, dann deutet das sicher nicht auf die Absicht hin, andere fair und gleichberechtigt zu behandeln.

Wir können diese Einstellung bei genauem Hinhören heraushören. Sätze wie: „Steuerhinterziehung ist doch ein Kavaliersdelikt" oder: „Das merkt doch keiner", „Das ist in den Prämien der Versicherung einkalkuliert" oder „das tut dem doch nicht weh" verraten uns eine laxe Einstellung zu den Rechten anderer.
Achten Sie auch einmal darauf, ob jemand gern darauf hinweist, dass sich andere nicht an die Regeln halten – das dient oft zur Ablenkung von eigenem Fehlverhalten.
Insgesamt ist die laxe Einstellung zu Rechtsvorschriften und anderen Schutzbestimmungen moralisch gesehen nicht unbedenklich.

Nicht zu verwechseln ist damit die Äußerung einer gut begründeten Ansicht, dass bestimmte Rechtsvorschriften ihr Ziel verfehlen oder unsinnig sind. Doch selbst in diesem Fall kann dahinter die heimliche Absicht stehen, diese Regelungen zu missachten.

Wie kann ich mich dagegen wehren?

Rechtsvorschriften und ethische Grundsätze sind ein Mittel, unfaires, unethisches oder ungerechtes Verhalten zu unterbinden. Hat jemand wenig Hemmungen, sie zu verletzen, sofern ihm dies einen Vorteil einbringt, muss man damit rechnen, dass dies einer allgemeinen Einstellung zu den Rechten anderer entspricht.
So jemand dürfte die Gelegenheit nutzen, sich unter Umgehung von Schutzvorschriften zu bereichern oder der Gesellschaft Schaden zuzufügen, sobald ihm das Entdeckungsrisiko seiner Tat als tragbar erscheint. Für uns bedeutet das, auf der Hut zu sein.

Wenn Sie Vereinbarungen mit einem solchen Menschen treffen, dann empfehlen sich auch hier die bereits mehrfach vorgeschlagene schriftliche Fixierung der Vereinbarung oder deren Festlegung unter Hinzuziehung von Zeugen.

Legen Sie auch vertragliche Sanktionen für den Fall der Nichteinhaltung fest sowie außerordentliche Kündigungsrechte. Falls die Vereinbarungen nicht eingehalten werden, sollten Sie dies nicht tolerieren, und mit einem schriftlichen Vertrag haben Sie ein gutes Mittel dafür in der Hand.

Um festzustellen, ob Ihre Vereinbarungen überhaupt eingehalten werden, sollten sie die Erfüllung der vertraglichen Pflichten regelmäßig kontrollieren. Überprüfen Sie die Ihnen gelieferten Produkte und Dienstleistungen daraufhin, ob sie der Vereinbarung entsprechen, oder ob sie Mängel aufweisen.
Stichproben reichen dazu manchmal schon aus, erfahrungsgemäß reagieren unzuverlässige Vertragspartner schon vorsichtiger, wenn sie bemerken, dass regelmäßige Kontrollen durchgeführt werden.

Auch in diesem Zusammenhang möchte ich Sie noch einmal darauf aufmerksam machen, dass Ihnen unethisches Verhalten und Rechtsverstöße auch nicht gleichgültig sein sollten, wenn nicht Sie selbst den Schaden davon haben, sondern Dritte.

Wenn Sie eine Missachtung der Rechte Dritter bemerken und dies nicht ansprechen, dann nehmen Sie die Übervorteilung der Dritten billigend in Kauf. Möglicherweise wird Ihnen dann eine Mitwisserschaft oder gar Mittäterschaft vorgeworfen, gegen die Sie sich erst einmal verteidigen müssen.
Der Rechtsbrecher wird außerdem in seinem Verhalten ermutigt, so dass er es fortsetzt oder ausweitet. Bekommen andere mit, dass rechtswidriges Verhalten toleriert wird, besteht sogar eine Ansteckungsgefahr, denn die anderen könnten sich an dem Rechtsbruch beteiligen oder selbst Regelverstöße begehen.

Also seien Sie nicht gleichgültig gegenüber Rechtsverstößen. In unserer Gesellschaft wird ja nicht allzu selten toleriert, wenn jugendliche Straftäter in der U-Bahn Ältere oder Schwächere angreifen, dabei könnten ein paar beherzte Stimmen, Arme und Beine diese Taten verhindern oder beenden.
Natürlich dürfen und müssen Sie das Risiko, selbst in einen Konflikt hineingezogen zu werden, gegen Ihre Hilfsbereitschaft (manchmal besteht sogar die Pflicht zur Hilfeleistung!) abwägen. Aber in vielen Fällen reicht es schon aus, Abstand zu halten, laut um Hilfe zu rufen oder die Polizei zu alarmieren.

Falls Sie von der Möglichkeit eines nicht unerheblichen Rechtsverstoßes Kenntnis erlangen, sollten Sie den Geschädigten darüber informieren, wenn ihm der Verstoß nicht bekannt ist. Auch wenn Ihre Firma (oder die anderer) geschädigt wird, dürfen Sie nicht einfach tatenlos zusehen.

In einigen Unternehmen und Behörden gibt es einen Ombudsmann oder eine Whistle-Blowing-Hotline, an die man sich wenden kann. Hier muss ich allerdings schon jetzt darauf hinweisen, dass Sie sich Ihrer Sache schon einigermaßen sicher sein sollten, denn vage Verdachtsmomente im Sinne von „Ich glaube", „Ich meine" usw. reichen natürlich nicht aus für ein amtliches Eingreifen.

Wahrscheinlich aber wird Ihnen bewusst sein, dass es zwischen Kollegialität und Betriebsfrieden auch Vorkommnisse gibt, die nicht toleriert werden können - in Ihrem Interesse, dem Ihres Betriebes und dem der Allgemeinheit. Ich komme in einem späteren Kapitel noch darauf zurück.

Üben Sie nicht zu viel Toleranz gegenüber scheinbar harmlosen Rechtsverletzungen. Manchmal reicht es schon aus, einmal Klartext zu sprechen, und der Angesprochene lässt von seinem Vorhaben ab.

22. Tritt oft übertrieben freundlich auf oder versucht, andere einzuschüchtern

Wenn jemand die Absicht hat, andere zu manipulieren, dann bieten sich ihm dafür zahlreiche Möglichkeiten. Die Art des Auftritts spielt dabei eine nicht unerhebliche Rolle. Die eine kennen wir von Kindern: Wenn sie etwas haben wollen, das sie eigentlich nicht bekommen sollten, setzen sie ein zuckersüßes Lächeln auf und betteln mit liebevollster Miene: „Bitte liebe Mama, kann ich nicht doch die Zusatzportion Eis haben?". Meistens, wenn auch nicht immer, führt dieses Verhalten zum Erfolg. Warum sollten ihnen Erwachsene das nicht nachmachen?
Aber Kinder sind Kinder – sie erkennen nicht unbedingt, warum ihnen etwas vorenthalten wird, daher kann man es ihnen eigentlich auch nicht übelnehmen.
Anders ist es bei Erwachsenen. Sie wissen genau, dass ihnen etwas im Grunde nicht zusteht. Wenn sie es trotzdem versuchen, dann kann ein

zuckersüßes Lächeln oder eine übertriebene Schmeichelei durchaus auf den Versuch schließen lassen, Ihnen etwas abzuschwatzen, was Sie eigentlich nicht herausgeben sollten. Mit der besonderen Freundlichkeit soll dann von der eigentlich hinterhältigen Absicht abgelenkt werden. Schlägt man jemandem etwas scheinbar Harmloses in entspannter und gelöster Atmosphäre vor, dann ist die Wahrscheinlichkeit höher, es zu bekommen, als wenn man nüchtern und sachlich darum bittet.

Gelegentlich lässt sich auch die umgekehrte Technik beobachten. Jemand tritt einschüchternd auf und erzeugt psychologischen Druck, um seine Ziele zu erreichen. Das liegt an der Tatsache, dass es Menschen gibt, die leichter in einer freundlichen Atmosphäre zu überreden sind, und andere, die sich leichter einschüchtern lassen.

Sollten wir den Betreffenden allerdings später einmal darum bitten, nun umgekehrt uns einen Gefallen zu erweisen, dann wird die Reaktion meistens wenig entgegenkommend ausfallen. Wir werden dann wieder mit einem freundlichen Lächeln angesehen und bekommen dann die knappe Antwort, dass unser Wunsch bedauerlicherweise nicht erfüllbar ist.

Je nachdem, mit welchem Charakter wir es zu tun haben, kann uns unser Gegenüber aber auch hart und unfreundlich zu verstehen geben, dass wir keinerlei Ansprüche auf eine Rückgabe des ihm Überlassenen haben, auch wenn man uns zuvor mit scheinheiligen Worten zur Herausgabe überredet hat.

Wie kann ich mich dagegen wehren?

Gegen das übertrieben freundliche Verhalten können Sie sich im Grunde nur mit Skepsis wappnen. Wenn jemand zu schmeichlerisch auftritt, ist damit meistens eine heimliche Absicht verbunden.

Übergroße Freundlichkeit ist eben ein gutes Mittel, um harmlos zu wirken oder von bestimmten Themen abzulenken, da sich die meisten Menschen über Freundlichkeit und Komplimente freuen.

Wenn Sie jedoch den Verdacht haben, dass das besonders freundliche Verhalten einem heimlichen Zweck dienen könnte, dann fragen Sie sich, welche Vorteile sich der andere daraus versprechen könnte.

Dann können Sie gern auf den Ratschlag, im Zweifel lieber erst einmal nein zu sagen (siehe oben; Grundregel 6), zurückgreifen. Lassen Sie sich nicht zu etwas verführen, was Sie eigentlich nicht wollen!

Gegen aggressives, einschüchterndes Verhalten hilft nur selbstbewusstes Auftreten. Wenn jemand etwas, das ihm nicht zusteht, von Ihnen ohne Gegenleistung beansprucht, dann fragen Sie sich, warum Sie seiner Forderung nachgeben sollten - dazu besteht nicht der geringste Grund! Machen Sie nicht gleich alles zu Ihrer Bringschuld, nur, weil Ihnen jemand ein unverschämtes, forderndes Verhalten entgegenbringt.

Sie können auch einmal die Taktik des „Aussitzens" nutzen. Beantworten Sie eine E-Mail nicht, gehen Sie nicht ans Telefon oder vertrösten Sie den anderen auf später. Tun Sie erst mal einfach gar nichts. Mal sehen, ob sich die Sache dann nicht einfach von selbst erledigt.

23. Agiert oft heimlich oder stimmt sich nicht ab und geht einer offenen Auseinandersetzung aus dem Weg

Heimlichkeit resultiert fast zwangsläufig aus einer unredlichen Gesinnung. Wer keine Hintergedanken hat, hat auch nichts zu verbergen.
Wer heimlich agiert, kann uns vor vollendete Tatsachen stellen, die wir später nur schwer wieder ändern können. Heimlichkeit verschleiert auch die Urheberschaft für unredliches Tun, und das, was tatsächlich passiert ist, lässt sich dann auch nur noch schwer nachweisen.

So stellen Sie vielleicht irgendwann überrascht fest, dass ohne Ihr Wissen jemand mit Dritten eine auch für Sie gültige Vereinbarung abgeschlossen hat. Ihnen werden Informationen verschwiegen, die für Sie von großer Wichtigkeit gewesen wären, doch Ihr Gegenüber wimmelt Sie ab: „Damit musst Du Dich doch nicht herumschlagen, die Sache hat doch keine Bedeutung, da habe ich sie gleich mit erledigt". Oder: „Mit dem Thema wollte ich Dich noch nicht beunruhigen, dafür ist es noch viel zu früh, ich hätte es Dir rechtzeitig gesagt, aber nun weißt Du es eben früher".

Seien Sie diesem Verhalten gegenüber sehr misstrauisch. Nur selten gibt es redliche Gründe, Ihnen Informationen und Handlungen zu verschweigen, die Sie etwas angehen.

Offenen Auseinandersetzungen gehen Heimlichtuer meist aus dem Weg. Sie sind risikoscheu und treffen sich zur offenen Auseinandersetzung mit anderen meist nur auf sehr sicherem Gelände, so dass ihnen der Sieg so gut wie sicher ist.

Oft suchen sie sich Verbündete und versuchen von Anfang an, auf unfaire Weise bessere Chancen für die eigene Partei herzustellen. Wenn Sie selbst auf offenem Weg eine Klärung suchen, wird Ihnen der andere meist ausweichen, um keine Entscheidung, die zu seinem Nachteil ausfallen könnte, herbeizuführen.
An eine offene und faire Auseinandersetzung ist ein Heimlichtuer auch gar nicht gewöhnt, er weicht ihr ja gerade deshalb aus, weil er sich aus dem (heimlichen) Hinterhalt bessere Siegesschancen ausrechnet.

Wundern Sie sich also nicht, wenn die Schwierigkeiten gerade dann beginnen, wenn Sie am wenigsten darauf vorbereitet sind, und es gerade am schlechtesten passt. Einer, der Sie übervorteilen will, spielt meist mit gezinkten Karten und liebt den Überraschungsangriff. Und falls Sie mit ihm den Konflikt mit einer ehrlichen Aussprache beilegen wollen, dann legt er sich nicht auf ein Zugeständnis fest.
Stattdessen wird er versuchen, Ihnen möglichst viele nützliche Informationen zu entlocken, um diese gegen Sie zu verwenden (siehe auch oben, Grundsatz 3: Mit Scheinheiligen kann man keine Kompromisse schließen").

Wie kann ich mich dagegen wehren?

Das heimliche Agieren ist ein Wesenszug, gegen den eine Verteidigung kaum, und wenn, dann meist erst im Nachhinein möglich ist.
Mein Rat: Versuchen Sie, so viel Klarheit und Transparenz wie möglich in den Umgang mit dem Heimlichtuer zu bringen, z.B. durch regelmäßige, fest terminierte Abstimmgespräche, klare Aufgabenverteilungen, exakte Festlegung von Verantwortlichkeiten und Dokumentation von Beschlüssen. Hören Sie sich um, und geben Sie acht.

Wenn Sie abstimmungsbedürftige Entscheidungen und Aktionen bemerken, die mit Ihnen nicht besprochen worden sind und dem anderen nicht zustanden, so dürfen Sie dies keinesfalls ignorieren oder tolerieren, denn sonst fühlt er sich in seinem Verhalten bestätigt und wird es wahrscheinlich wiederholen.

Konflikte lassen sich allerdings nur schwer lösen, wenn Menschen eine offene Auseinandersetzung scheuen.
Selten lässt sich das Fehlverhalten des anderen objektiv nachweisen, so dass auch eine Aussprache meistens sinnlos ist, denn der andere wird dann alles abstreiten und den Sachverhalt entweder leugnen oder in einem für ihn möglichst vorteilhaften Licht darstellen.

Wenn Sie trotzdem glauben, eine offene Auseinandersetzung führen zu können, dann sollten Sie vorher möglichst viel „Munition" in Form von objektiven, unbestreitbaren Fakten sammeln, um andere zu überzeugen.

Sie müssen Sie die Auseinandersetzung aber auch gar nicht im objektiven Sinn gewinnen. Sie selbst wissen ja meistens, was passiert ist. Nun müssen Sie aber Stärke zeigen (siehe oben, Grundsatz 6, sie verstehen Stärke). Machen Sie dem anderen klar, dass Sie Regelverletzungen und Heimlichkeiten nicht länger tolerieren werden, und zahlen Sie es ihm, wenn möglich, mit gleicher Münze zurück.

Die daraus entstehende Missstimmung müssen Sie in Kauf nehmen. Nur wenn Sie sich konsequent gegen seine hinterhältigen Tricks wehren, besteht die Chance, dass sich das Verhalten des anderen mittelfristig ändert.

24. Stellt Fallen: Macht anderen Vorschläge, die nur zu ihrem/seinem einseitigen Vorteil sind

Um Vorteile zu erzielen, wenden manche Menschen eine besondere Technik an. Sie unterbreiten anderen scheinbar gut gemeinte Vorschläge.
„Wir könnten doch mal…", „Du könntest doch…", „Es wäre doch sinnvoll, wenn Du Dich mal um diese Angelegenheit kümmern könntest", sind Formulierungen, mit denen das Thema eingeleitet wird.

Die Vorschläge werden meist ganz harmlos klingend vorgebracht und sind so formuliert, dass es klingt, dass wir etwas für uns Vorteilhaftes versäumen könnten oder Nachteile befürchten müssen, wenn wir nicht darauf eingehen. Das klingt dann häufig so: „Andere machen das auch so", „Du willst Dir doch diese Gelegenheit nicht entgehen lassen", „Du möchtest doch nicht unangenehm auffallen".

Es soll so klingen, als seien die Vorschläge gut gemeint, uneigennützig und nur zu unserem eigenen Besten. Darum geht es aber nur selten. Meistens versteckt sich dahinter in Wahrheit ein heimlicher Vorteil für den wohlwollenden Ratgeber. Es kann sogar sein, dass sich der Vorschlag im Nachhinein für uns als nachteilig erweist, weil wir auf nur auf die (scheinbaren) Vorteile, nicht aber auf die Risiken hingewiesen wurden. Die Hauptsache ist, dass am Ende der Ratgeber davon profitiert.

Um die eigentliche Absicht zu tarnen, wird uns das Ganze als für uns vorteilhaft angepriesen, als allgemein üblicher Brauch, dem wir uns anschließen sollten, also als soziale „Notwendigkeit", oder uns werden die Nachteile, die uns drohen, wenn wir dem Vorschlag nicht folgen, vor Augen geführt. Selbstverständlich werden die Vorteile für den Vorschlagenden selbst nicht einmal ansatzweise erwähnt. In einigen Fällen kann es sein, dass der Ratgeber noch einige kleine Vorteile für ihn selbst hinzufügt, wenn diese uns nicht gleichzeitig zum Nachteil gereichen: „Und ich spare mir damit auch etwas Zeit", „Ich habe dann endlich auch einmal meine Ruhe" usw. heißt es dann, damit es ganz objektiv aussieht.

Das Ziel ist es, dass wir nicht allzu lange darüber nachdenken, welche Risiken und Nachteile der Vorschlag für uns in Wirklichkeit beinhaltet, wenn er scheinbar so gut gemeint und unparteiisch vorgebracht wird.

Doch wenn jemand solch scheinheilige Vorschläge macht, müssen Sie damit rechnen, u.U. massiv übervorteilt zu werden, wenn Sie dem Vorschlag folgen, weil Ihnen nur Vorteile genannt und alle negativen Konsequenzen geschickt verschwiegen werden.

Wie kann ich mich dagegen wehren?

Seien Sie vorsichtig! In der Regel macht Ihnen außer ganz nahestehenden Personen selten jemand einen Vorschlag, der völlig uneigennützig ist. Und selbst bei Nahestehenden, wir haben es ja bereits angesprochen, kann es sein, dass sich hinter der Idee auch noch andere Absichten verbergen.

Aber der, der den Vorschlag macht, ist schon deshalb im Vorteil, weil er Zeit hatte, seinen Vorschlag im Hinblick auf die Vor- und Nachteile und die dazu notwendige Argumentation genau zu prüfen, während der damit Überraschte erst einmal anfangen muss, darüber nachzudenken.

Wenn Ihnen eine nicht gut bekannte oder nicht vertrauenswürdig erscheinende Person einen solchen Scheinvorschlag unterbreitet, dann kann es sich um eine gut vorbereitete Falle handeln.
Wenn Sie den Vorschlag nicht intuitiv bereits ablehnen oder schnell realistisch einschätzen können, dann sagen Sie am besten „nein", oder Sie stimmen wenigstens nicht sofort zu. Haben Sie zu dem Vorschlag zunächst einmal nein gesagt, dann können Sie es sich ja später immer noch anders überlegen. Lassen Sie sich nicht überrumpeln!

Wenn Sie sich nicht sicher sind, wie Sie den Vorschlag abschließend beurteilen, dann verschaffen Sie sich erst einmal ausreichend Bedenkzeit.
Diese können Sie sich z.B. mit folgendem Satz verschaffen: „Vielen Dank für den Vorschlag. Ich werde jetzt keine (abschließende) Entscheidung dazu treffen, denke aber darüber nach". Wenn Sie schon eine intuitive Vorahnung davon haben, dass der Vorschlag eher von Nachteil für Sie sein könnte, dann können Sie auch ergänzend sagen: „Im Augenblick sehe ich dies eher nicht als realistische Möglichkeit".

Prüfen Sie vor Ihrer abschließenden Entscheidung den Vorschlag ganz genau: Was genau wird mir vorgeschlagen? Gibt es andere Gründe als die bereits erwähnten? Könnte der Vorschlag für mich Risiken oder Nachteile haben? Welches sind die Annahmen, auf denen der Vorschlag basiert?
Und vergessen Sie bitte die folgende Frage nicht: Wem nützt der Vorschlag wirklich?

Nehmen Sie sich die Zeit, die wichtigsten Fakten zu den Hintergründen des Vorschlags zu überprüfen. Im Zweifel bleiben Sie besser bei Ihrem „Nein".

Wenn Sie meinen, Ihre abschließende Ablehnung zu dem Vorschlag begründen zu müssen, dann können Sie sich eine allgemeine oder auch eine vorgeschobene Begründung überlegen. Sie haben das Recht dazu.
Sie können den Vorschlag aber auch einfach mit den Worten ablehnen: „Das erscheint mir nicht richtig", „Ich glaube, das möchte ich nicht."

Vermeiden Sie aber Formulierungen wie: „Ich weiß noch nicht recht", denn das führt nur dazu, dass Ihr Gegenüber erneut damit anfängt, Ihnen die scheinbaren Vorteile zu erläutern. Seien Sie konsequent und lehnen Sie eine erneute Diskussion darüber ab: „Ich habe mich entschieden und möchte jetzt nicht mehr darüber reden". Lassen Sie sich auf weitere Begründungen nicht ein!

25. Übt subtilen psychologischen Druck auf andere aus, um sie auszunutzen, manipuliert

Wenn Menschen sich ungerechtfertigte Vorteile verschaffen möchten, dann erreichen sie das i.d.R. nicht dadurch, dass sie offen und fair mit anderen umgehen. Häufig greifen sie stattdessen zu vielerlei Mitteln der Manipulation. Sie bluffen, appellieren an unser Mitgefühl, erwecken bei uns ein schlechtes Gewissen oder versuchen, uns einzuschüchtern.
Oft spielen sie andere gegen uns aus, z.B. indem sie diese als vorbildliches oder abschreckendes Beispiel darstellen.

Gerne weisen sie uns darauf hin, wie großzügig sich andere verhalten haben, wie zuverlässig doch der Paul neulich gewesen ist, und wie schade es ist, dass andere (gemeint sind natürlich wir!) sich leider nicht so vorbildlich verhalten. Sie vermeiden den direkten Appell und hoffen darauf, dass das Jammern dazu führt, dass Sie ihnen freiwillig ein Angebot zu ihren Gunsten machen. Sie machen Sie glauben, dass alle anderen es auch so halten und erwecken damit den Eindruck der Selbstverständlichkeit.

Gerade gut meinende Menschen, die schwer „nein" sagen können, fallen auf die zum Teil sehr geschickt vorgetragenen Geschichten schnell herein, weil sie die Einseitigkeit der Darstellung nicht erkennen und meinen, hier nun mithalten zu müssen.
Sie fürchten, an Ansehen zu verlieren, wenn sie sich nicht so wie vorgeschlagen verhalten, weil ihnen der moralische Aspekt in der Tat sehr wichtig ist, und sie bekommen daher ein schlechtes Gewissen.
Es ist eine häufig genutzte Manipulationsmethode, von sich selbst abzulenken und bei anderen geschickt einen bestimmten Eindruck zu erwecken.

Dabei werden Gefälligkeiten genauso gerne erschlichen wie finanzielle Unterstützung, wichtige Informationen oder Aufmerksamkeit.

Wenn der Eindruck erweckt wird, dass bestimmte Verhaltensweisen üblich oder selbstverständlich sind, dann wird damit das Ziel verfolgt, den anderen davon abzuhalten, diesbezüglich eine eigene, abweichende Entscheidung zu treffen. Auf diese Weise entsteht ein psychologischer Druck, dem man sich nicht leicht widersetzen kann.

Als Beispiel für einen Manipulationsversuch möchte ich einen Vorfall aus dem Immobilienbereich anführen.
Ein Mieter hatte seine Wohnung gekündigt und war dann in eine andere Stadt umgezogen. Es gab ein Übergabeprotokoll, in dem bestätigt wurde, dass der Mieter keine Schäden verursacht und dass er die Wohnung ordnungsgemäß renoviert hatte.
Nun wäre laut Vertrag eigentlich die Rückzahlung der Kaution fällig gewesen. Der offenstehende Betrag wurde jedoch auch nach mehreren Rückfragen von der Vermieterin nicht zurückgezahlt.
Daraufhin entschloss sich der Mieter, die letzte noch offenstehende Monatsmiete nicht zu überweisen.

Ungefähr ein Jahr später erhielt der Mieter von der Vermieterin einen Brief, in dem sie sich über die letzte, noch nicht beglichene Mietzahlung beklagte. In ihrem Schreiben behauptete sie außerdem, dass das Waschbecken im WC beschädigt gewesen sei, und sie zur Begleichung der Reparaturkosten die Kaution einbehalten musste. Ein Kostenvoranschlag war nicht beigefügt. Am Ende ihres Schreibens bat sie nun eindringlich darum, unverzüglich die noch offene Monatsmiete zu begleichen. Sie fügte hinzu, dass sie eine ältere, an den Rollstuhl gefesselte Frau sei, die nicht verstehen könne, wie man sie so zu hintergehen versuchen könne.

Selbstverständlich hat der Mieter die letzte Mietzahlung nicht überwiesen. In seinem kurzen Antwortschreiben ging er auf das Jammern der Frau, die im Übrigen mehrere Wohnungen besaß, nicht ein. Stattdessen legte er die Kopie des von der Nichte der Vermieterin unterschriebenen Übergabeprotokolls bei, in dem bestätigt wurde, dass die Wohnung bei der Übergabe schadenfrei war. Danach hat er niemals mehr etwas von seiner früheren Vermieterin gehört.

Die Vermieterin hat in diesem Fall offensichtlich darauf vertraut, dass der Mieter das Übergabeprotokoll nicht mehr im Sinn hatte und daher auf ihren plumpen Bluff hereinfallen würde. Möglicherweise hatte sie selbst aber auch das Übergabeprotokoll vergessen.

Auffällig ist jedoch die lange Wartezeit von einem ganzen Jahr. Der Vermieterin musste schon kurze Zeit nach der Fälligkeit der letzten Monatsmiete aufgefallen sein, dass diese nicht auf ihrem Konto eingegangen war. Die nachträglich am Waschbecken entstandenen Schäden waren offensichtlich durch andere verursacht worden, und nun lag die Versuchung nahe, die Schadensregulierung auf den früheren Mieter abzuwälzen.

Ich habe es schon mehrfach erlebt, dass Menschen sich nach einer längeren Zeit wieder melden, wenn sie glauben, dass "Gras über eine Sache gewachsen" sei. Sie hoffen offenbar darauf, dass andere sich an den Vorfall nicht mehr oder nicht mehr genau erinnern können und versuchen auf diese Weise, ihren Vorteil daraus zu ziehen.
In dem oben genannten Fall war in dem Brief der Vermieterin, wie selbstverständlich, kein Wort über das Übergabeprotokoll enthalten.

Ich möchte noch ein anderes Beispiel anführen: Eine Mutter war unzufrieden mit der Leistung eines Nachhilfelehrers, den sie über längere Zeit mit der Nachhilfe ihres Kindes beauftragt hatte, und kündigte die Nachhilfe.

Der Nachhilfelehrer hatte seine Rechnungen über einen Zeitraum von ca. anderthalb Jahren oft im Voraus (!) und in sehr unregelmäßigen Abständen gestellt. Drei Wochen nach der Kündigung behauptete er, viele Stunden aus der Nachhilfe noch nicht abgerechnet zu haben und forderte nachträglich pauschal dafür ein sehr hohes Honorar in Höhe von mehr als 1.000 Euro.

Er blieb aber den Stundennachweis ebenso schuldig wie die Zusammensetzung der Gesamtsumme aus Zeiteinheiten und Stundensatz und verlangte ganz einfach von der Frau, den von ihm genannten, noch offenstehenden Betrag bis Ende der nächsten Woche zu überweisen.
Der Stil seines Schreibens war zugleich forsch und fordernd, aber im gleichen Schreiben bot er der Frau „großzügig" den freiwilligen Verzicht

auf die Hälfte des Betrags an, wenn sie den Betrag unverzüglich überweisen würde.

Die beiden Beispiele zeigen auf, wie jemand ohne Rücksicht auf die wahren
Gegebenheiten einen psychologischen Druck auf den andern ausübt, um
ihn zu einer Handlung zu bewegen, zu der er nicht verpflichtet ist. Oft
setzen die Betreffenden auch darauf, dass andere nicht mehr den genauen
Überblick über den Vorgang haben oder sich nicht mehr daran erinnern
können.

So wird die Realität rückwirkend verfälscht, und häufig wird das Vorhaben
noch mit Jammern, Einschüchterungsversuchen oder dem Angebot von
scheinbar günstigeren Alternativen unterstützt.

Wie kann ich mich dagegen wehren?

Fallen Sie bitte nicht auf die zum Teil sehr plumpen Bluffs herein! Fragen
Sie sich lieber, welcher Sachverhalt tatsächlich dahintersteht, und welchen
Anspruch der andere überhaupt gegen Sie haben könnte. Nicht selten
werden völlig überzogene Forderungen gestellt, die keinerlei rechtliche
oder moralische Grundlage haben.

Häufig arbeiten die Anspruchsteller mit der Technik des Bluffs. Bluffen
heißt, geschickt einen falschen Eindruck zu erzeugen, um jemand zu einer
bestimmten Handlung zum Vorteil des Bluffenden zu bewegen, die jener
sonst nicht in Erwägung ziehen würde.

Dabei kann der falsche Eindruck durch einseitige Darstellungen, durch
Lügen, Verschweigen, Drohungen, Jammern oder Mitleidheischen, aber
auch durch einen geschickten Appell an unsere Redlichkeit und unseren
Anstand erzeugt werden.

Der Bluffende setzt darauf, dass wir uns ihm gegenüber moralisch
verpflichtet fühlen, um uns dann Forderungen zu stellen, die im Grunde
völlig unberechtigt sind, aber von uns wegen der Hartnäckigkeit der
vorgeschobenen Behauptungen des anderen freiwillig anerkannt werden.
Dazu besteht jedoch meistens nicht der geringste Grund.

In Bezug auf das Beispiel von der ausstehenden Miete war das schriftliche Übergabeprotokoll mit der Unterschrift der Bevollmächtigten der Vermieterin entscheidend. So konnte der Mieter nachweisen, dass die gegenseitig nicht erfüllten Forderungen ausgeglichen waren.

Nehmen wir nun Bezug auf das Beispiel des Nachhilfelehrers. Der Nachhilfelehrer hat gleich in mehreren Fällen geblufft. Zunächst einmal hätte er seine angeblich fehlenden Zeiten auflisten und dagegen aufrechnen müssen, wie viel er als Vorauszahlung bereits erhalten hatte. Die Unterrichtsstunden hätte er dann mit Termin und Dauer konkretisieren müssen, damit die Auftraggeberin dies hätte verifizieren können.

Er hoffte offenbar einfach darauf, dass seine Auftraggeberin den Überblick über die geleisteten Arbeiten und Rechnungen verloren hatte und „versuchte" es einfach einmal mit diesem dreisten Bluff.
Wenn Sie ganz sicher gehen wollen, dass geleistete Arbeitsstunden, die über einen längeren Zeitraum anfallen, korrekt abgerechnet werden, dann verlangen Sie einen Stundennachweis (z.B. monatlich oder nach jeder Nachhilfestunde), den Sie und der Nachhilfelehrer unterzeichnen.
Diskussionen darüber sind dann normalerweise ausgeschlossen. Bezahlen Sie solche Dienstleistungen nicht im Voraus! Das ist nicht üblich und auch nicht in Ihrem Interesse.

Mit seinem Angebot, bei einer unverzüglichen Überweisung der - unberechtigten – Forderung auf die Hälfte des Betrags zu verzichten, hat der Nachhilfelehrer seinen Manipulationsversuch nur noch unterstrichen.

Warum sollte jemand freiwillig auf einen hohen Geldbetrag verzichten, nur, weil ihm dieser Betrag einige Tage früher überwiesen wird? Dafür gibt es nur zwei wirklich plausible Gründe: Entweder ist der Betreffende in Geldnot, dann ist wahrscheinlich die ganze Forderung falsch oder überzogen, oder er möchte zeitlichen Druck aufbauen, damit sein Gegenüber keine Zeit zum Nachdenken hat und auf die scheinbar „günstigere" Möglichkeit hereinfällt.
In dem o.g. Fall ist die Auftraggeberin nicht auf diese Forderungen eingegangen. Es verhielt sich nämlich genau umgekehrt. Sie hatte schon vor längerer Zeit Vorauszahlungen geleistet, denen noch gar keine erbrachten Unterrichtsstunden gegenüberstanden.

Für einen Rechtsstreit erschien ihr der offene Betrag jedoch nicht bedeutend genug, und ihr war klar, dass sie das Geld wegen einer schlechten Beweislage (kein Terminkalender, keine Stundennachweise) ohnehin nie wiedersehen würde. Daher verzichtete sie auf die Rückforderung, und sie hat nie wieder etwas von dem Nachhilfelehrer gehört.

Was lässt sich gegen Bluffs und psychologischen Druck ausrichten? Es bietet sich folgende Reaktionen an:

- Glauben Sie nicht einfach alles, versuchen Sie, Widersprüche. Lücken und Unwahrheiten in Gesprächen oder Schriftstücken aufzudecken.
- Überprüfen Sie die Sachlage vor Ihrer Entscheidung, Rechnungen zu begleichen, Gefälligkeiten zu erweisen oder dem Anspruchsteller in andere Weise entgegenzukommen.
- Achten Sie auf Anzeichen von Manipulation: „Du willst mir das doch sicher erklären!", „Du wirst doch wohl einsehen, dass...", „Alle anderen machen das auch, nur Du nicht!".
- Lassen Sie sich nicht von Einschüchterungsversuchen, Jammern oder scheinbar günstigeren Alternativen beeindrucken.
- Rufen Sie sich Ihre eigenen Interessen ins Gedächtnis und achten Sie auf Balance: Ist das Ganze fair? Bekommen oder bekamen Sie eine angemessene Gegenleistung, oder ist das alles einseitig zu Gunsten des Vorschlagenden?
- Bluffen Sie doch einfach mal zurück!

Aber vor allem:

- Treffen Sie nie eine Entscheidung unter Druck.
- Lernen Sie, kurz und knapp „nein" zu sagen!

26. Pflegt ein "Amigo-System", belohnt Ja-Sager, bestraft sachlich argumentierende Kritiker

Es mit einem unredlichen Mitmenschen zu tun zu haben, ist eine Sache. Nun stellen Sie sich einmal vor, wie es ist, wenn sich gleich mehrere davon zusammenfinden.

In Organisationen können sich Cliquen, ja sogar ganze Netzwerke bilden. Gruppen haben den Vorteil, dass die unredlichen Machenschaften Einzelner eher unerkannt bleiben. Zudem werden sie ab einer bestimmten Größenordnung von anderen gedeckt oder zumindest toleriert.

Das „Amigo-System" ist durch folgende Merkmale gekennzeichnet:

- Das Netzwerk hat meistens einen Vorsitzenden, der wie ein Pate, wie eine Spinne im Netz sitzt und das Ganze dirigiert.
- Das System zielt darauf ab, der Gruppe und ihrem Paten Vorteile auf Kosten anderer zu bringen.
- Die Netzwerker stehen oft in einem Abhängigkeitsverhältnis zum Paten.
- Es herrscht ein unausgesprochener Kodex des „Wir", d.h. man hält zusammen und weiß genau, wer dazu gehört und wer nicht.
- Man stellt die Herrschaft des Paten nicht infrage und befolgt seine Anweisungen.
- Dafür wird das Wohlverhalten der Netzwerker belohnt, Abtrünnige werden sanktioniert oder aus der Gruppe entfernt.
- Der Pate kümmert sich um die Mitglieder des Systems und hält schützend seine Hand über sie.
- Andere werden von dem System ausgegrenzt, es herrscht eine Art Vetternwirtschaft.

Natürlich sind gewisse Ähnlichkeiten mit der Camorra (Neapel), der Mafia (Sizilien) und der 'Ndrangheta (Kalabrien) unvermeidlich – aber derartige Seilschaften funktionieren, wenn auch nicht im gleichen kriminellen Ausmaß, prinzipiell nicht anders als mafiöse Strukturen.

Das oft gut organisierte System selbst wäre vielleicht gar nicht einmal so schlimm, wenn es nicht sein Hauptziel wäre, die Interessen anderer zum eigenen Nutzen gezielt auszuschalten. Es ist ein System, in dem Ethik und Moral - wenn überhaupt – in erster Linie für Gruppenmitglieder gelten. Man schanzt sich gegenseitig Vorteile zu, die man Nicht-Netzwerkern vorenthält oder entzieht.

Wie kann ich mich dagegen wehren?

Das „Amigo"-System ist eine Stufe des Blendwerkens, die besonders große Gefahren in Bezug auf ethisches Verhalten und Rechtstreue beinhalten kann. Mit einem durchdachten Amigo-System besteht nicht nur das Risiko zahlreicher Benachteiligungen von Nicht-Gruppen-Mitgliedern, sondern auch die Gefahr kollektiver Rechtsverstöße.

In diesem Fall kann die Organisationshaftung ins Spiel kommen, insbesondere, wenn eventuellen Hinweisen auf Regelverstöße aus dieser Gruppe heraus gegen Dritte nicht nachgegangen wird. Doch davon später mehr in einem anderen Kapitel.

Glücklicherweise ist diese Form des „Blendwerks" im privaten Bereich eher selten – im beruflichen Bereich kommt sie leider nicht ganz so selten vor.

Gerade hier sollte man wachsam sein. Wenn Sie Anzeichen für Interessenkonflikte in einer Organisation bemerken, die über eine Person hinausgehen, wenn Sie Absprachen mehrerer Personen zur Ausgrenzung anderer bemerken, oder wenn Sie in Bezug auf bestimmte Themen kollektives Schweigen wahrnehmen, dann sollte Ihnen das ernsthaft zu denken geben.

- Suchen Sie sich vertrauenswürdige Verbündete, soweit möglich.
- Gehen Sie Hinweisen auf Absprachen und Ausgrenzungen Einzelner unauffällig nach.
- Machen Sie sich ein Bild von der „Kultur", die in Bezug auf ethisches und rechtskonformes Verhalten in der Organisation herrscht.
- Wenn Sie einen hinreichenden Verdacht auf Interessenkonflikte und Regelverstöße haben, melden Sie diese, aber wirklich nur bei einigermaßen hinreichendem Verdacht.

Wenn Sie sich zum Beispiel als neuer Mitarbeiter in einem solchen Umfeld bewegen und dort nicht nur Hinweise auf das Blendwerken bemerken, sondern auch konkrete Regelverstöße entdecken, dann lohnt sich ein Blick auf die Führung der Organisation und ihre Vertreter.

- Sind die beobachteten Verstöße der Organisationsleitung eventuell bekannt und werden sie von ihr geduldet?

- Gibt es begründete und glaubwürdige Hinweise für regelwidriges Verhalten von Mitgliedern der Organisationsleitung selbst?
- Ist der Organisationsleitung ethisches und rechtskonformes Verhalten wichtig, und inwieweit legt sie Wert darauf, dies vorzuleben?
- Sind die Anstrengungen der Organisationsleitung zur Unterstützung ethischen und rechtskonformen Verhaltens nachhaltig, glaubhaft und wirksam?

Wenn Sie nach der Beantwortung dieser oder ähnlicher Fragen zu dem Schluss kommen, dass womöglich die Organisationsleitung selbst unethisches Verhalten zeigt oder toleriert, dann sollten Sie besonders gut achtgeben. Im Extremfall bleibt Ihnen nur der Rückzug aus der Organisation und/oder ggf. eine Anzeige Ihres Arbeitgebers übrig.

Wenn Sie allerdings den Eindruck haben, dass es sich nur um eine kleine Gruppe innerhalb der Organisation handelt, und dass die Organisationsleitung offenbar von dieser Gruppe und ihren Machenschaften nichts weiß, dann können Sie regelwidrige Machenschaften u.U. auch höheren Stellen gegenüber ansprechen.

Aber seien Sie vorsichtig, die Meldung von Rechtsverstößen ist ein zweischneidiges Schwert: Neben der Pflicht, Schäden vom Arbeitgeber abzuwenden, gibt es auch die Pflicht zur Wahrung des Betriebsfriedens und zur Wahrung von Betriebsgeheimnissen.

Bei irrtümlichen Anschuldigungen stehen Sie im Ruf, ein „Petzer" zu sein und müssen eventuell rechtliche Konsequenzen befürchten. Denn die Meldung von möglichen Rechtsverstößen setzt für den Meldenden einen substantiellen Hinweis auf solche Verstöße voraus – leider ist dies zu Beginn einer Entdeckung meistens mit dem Risiko behaftet, dass sich der Hinweis später trotzdem als gegenstandslos erweisen kann.

Also sollten Sie den Fall sehr sorgfältig abwägen und sich zur Not – ggf. auch ohne Namensnennungen – an einen absolut vertrauenswürdigen Dritten aus Ihrem engsten Vertrautenkreis wenden, um eine zweite Meinung für das weitere Vorgehen einzuholen.

7 Blendwerken in Organisationen

Unehrliche Menschen sind auch in Organisationen ein Thema. Innerhalb von Organisationen bieten sich zahlreiche Gelegenheiten für unredliches Verhalten. Hinterhältigkeit, Benachteiligung, Betrügereien, Machtkämpfe oder Mobbing kann man in Vereinen, Behörden und Unternehmen leider häufig beobachten.

Im Betrieb oder im Verein kommen wir besonders eng mit unseren Mitmenschen in Kontakt. Wir arbeiten mit ihnen zusammen, tauschen uns mit ihnen aus und müssen mit ihnen klarkommen, auch wenn "die Chemie" nicht stimmt. Wir können ihnen nur schwer ausweichen. Und nun erleben wir Folgendes.

- Wir gehen bei der aktuellen Gehaltsrunde leer aus, während der Kollege, der ständig beim Chef im Büro sitzt, wo er gern seine vielen Überstunden erwähnt und die schlechten Leistungen anderer beklagt, zum Handlungsbevollmächtigten ernannt wird und einen Dienstwagen bekommt.

- Der Projektleiter, der das für den Bereich wichtige Projekt lange Zeit erfolglos geleitet hat, findet gute Gründe, um endlich von seiner Verantwortung entbunden zu werden, und ausgerechnet in der schwierigsten Projektphase überträgt der Chef dann uns die Leitung des Projekts.

- Die neue, noch unsichere Kollegin wird von den alteingesessenen Sekretärinnen systematisch von allen wichtigen Informationen ferngehalten.

- Ein Kollege, der auf eine schnelle Karriere aus ist, lässt keine Gelegenheit aus, den jungen, gutmütigen Abteilungsleiter bei seinen Kollegen und Vorgesetzten auf geschickte Weise in ein schlechtes Licht zu setzen.

- Auf einem Jour Fixe wird der neue Gruppenleiter vom Chef dafür gelobt, dass er neulich viele gute Verbesserungsvorschläge vorgestellt hat, die eigentlich von uns erarbeitet worden waren.

Das sind nur einige wenige Beispiele dafür, was Scheinheilige in Organisationen anrichten können. In der Praxis bieten sich aber unzählige weitere Gelegenheiten dafür, wie Vertrauen und Macht missbraucht werden können. Doch es macht durchaus einen Unterschied, ob es sich um Sachbearbeiter oder Führungskräfte handelt, die andere systematisch benachteiligen oder übervorteilen.

Auswirkungen des unethischen Verhaltens einzelner Mitarbeiter/innen

Geht unethisches Verhalten von einzelnen Mitarbeitern/Mitarbeiterinnen aus, dann sind es meistens einzelne oder einige wenige ihrer Kollegen, gegen die sich ihr Verhalten richtet. Doch kann ein solches Verhalten, insbesondere, wenn sich mehrere dabei zusammentun, die Atmosphäre eines ganzen Teams vergiften.
Es bilden sich dann manchmal ganze Cliquen heraus, die gegeneinander statt miteinander arbeiten. Einzelne, insbesondere unsicher wirkende oder jüngere Mitarbeiter, oft Frauen, werden systematisch gemobbt, was zum Teil nicht nur berufliche Nachteile, sondern auch schwere psychische Belastungen nach sich ziehen kann.

Gute Mitarbeiter werden ausgetrickst, ihnen werden Fehler zugeschoben, Fallen gestellt und Erfolge gestohlen. Der Konkurrenzkampf kann so stark sein, dass manche Kollegen zu den unredlichsten Mitteln greifen:
Lügen, Intrigen, Betrug u.v.m. sind dann gerechtfertigt durch das einzige lohnenswerte Ziel, Karriere zu machen oder sich auf andere Weise Vorteile zu verschaffen.

Aber auch schlichte Neidgefühle oder die simple Abneigung gegenüber anderen Kollegen, ebenso wie die Unfähigkeit, Neues zu akzeptieren und sich mit frischen Ideen auseinanderzusetzen, können regelrechte Machtkämpfe auslösen.

Auswirkungen des unethischen Verhaltens von Führungskräften

Besonders schwerwiegende Auswirkungen kann es nach sich ziehen, wenn Ungeeignete in Führungspositionen befördert werden.

- Sie bevorzugen Ja-Sager und demotivieren tüchtigere Mitarbeiter.

- Sie dulden Ungerechtigkeiten und Unstimmigkeiten im Team oder fördern sie sogar.
- Sie erbringen selbst Minderleistungen und schieben sie bestimmten Mitarbeitern oder Kollegen zu.
- Sie erfüllen die Anforderungen an ihre Position nicht und mindern so den Unternehmenserfolg und den Ruf des von ihnen geleiteten Bereichs.
- Sie begehen Rechtsbrüche oder Straftaten.

Zwei Sichtweisen sollten wir unterscheiden: die Sichtweise auf die Führungskraft (wenn der Scheinheilige der Chef ist) und die Sichtweise auf den einzelnen Mitarbeiter (wenn der Scheinheilige ein Kollege oder Mitarbeiter ist).

Die beiden Gruppen unterscheiden sich in Bezug auf ihre Interessenlage und die ihnen zur Verfügung stehenden Informationen und Möglichkeiten, anderen Schäden zuzufügen.

7.1   Wenn der Chef ein Scheinheiliger ist

Wenn Sie mit Ihrem Chef nicht zurechtkommen, dann kann das vielerlei Gründe haben. Doch wenn Sie feststellen, dass Ihr Chef Sie aus unsachlichen Motiven heraus benachteiligt, dann müssen Sie sich die Frage stellen: Was heißt es für mich, wenn ich einen Scheinheiligen als Chef habe? Was bedeutet es, wenn ich selbst Wert auf integres und kooperatives Verhalten lege, während mein Chef das nicht tut?

Sie müssen dann mit Folgendem rechnen:

- Ihre Arbeitserfolge werden nicht anerkannt und möglicherweise anderen zugerechnet.
- Sie werden aus unsachlichen Gründen um Ihre verdiente Gehaltserhöhung oder Beförderung gebracht.
- Ihr Leistungswille und Ihre Leistungsbereitschaft sinken.
- Andere werden in ungerechtfertigter Weise bevorzugt.
- Sie müssen die Verantwortung für Fehler übernehmen, die Sie nicht verursacht haben.

- Sie müssen Mehrarbeit leisten, weil Sie sich ständig gegen ungerechtfertigte Anschuldigungen und Benachteiligungen wehren müssen.
- Ihr fachlicher Ruf und Ihr persönliches Ansehen nehmen Schaden.
- Sie werden von Ihrem Vorgesetzten und/oder Ihren Kollegen gemobbt.
- Ihre Karriere gerät ins Stocken.
- Falls Sie selbst Führungskraft sind, müssen Sie mit Enttäuschungen und Abgängen von Leistungsträgern in Ihrem Team rechnen, weil neben Ihnen oft auch Ihr ganzes Team benachteiligt wird.
- Ihre ursprüngliche Arbeitszufriedenheit weicht auf Dauer hoher Anspannung und großer Frustration.
- Ihre psychische und physische Gesundheit leidet.
- Sie verschwenden Ihre Zeit mit nutzlosen Diskussionen und sinnlosen Arbeiten.
- Ihre sinnvollen Verbesserungsvorschläge werden nicht angenommen oder nicht umgesetzt.
- Zeit für die fachliche und persönliche Weiterentwicklung fehlt.
- Es entsteht eine Atmosphäre des Misstrauens, persönliche Beziehungen zu Kollegen, Mitarbeitern und Vorgesetzten werden erschwert oder zerstört.

Manchmal bilden sich in einer solchen Atmosphäre Grüppchen und Zirkel, die gegeneinander statt miteinander arbeiten. Wenn Sie dann dem falschen Zirkel oder gar keinem angehören, sind Sie besonders schutzlos.
Wenn sich Ihr Chef tatsächlich als unredlich, ungerecht oder unzuverlässig erweist, dann ist eine Änderung dieses Verhaltens eher unwahrscheinlich.

Trotzdem sollten Sie Ihren Chef nach einer gewissen Zeit um ein sehr vertrauliches Gespräch in sehr konstruktiver Atmosphäre bitten und die Punkte, die Sie stören, offen ansprechen.

Leider zeigt die Erfahrung, dass es in vielen Fällen auch dann nicht zu einer Besserung kommt. Aber den Versuch ist es allemal wert. Außerdem können sie so herausfinden, wie ihr Chef auf Kritik reagiert, ob er Maßnahmen zur Verbesserung entwickelt, oder ob er Sie einfach abbügelt und alle Kritik an sich abprallen lässt. Um eine wichtige Erkenntnis sind Sie jedenfalls reicher.

Falls sich keine Verbesserung ergibt, bleibt wohl nur der Weg in ein anderes Aufgabengebiet, in einen anderen Bereich im gleichen Unternehmen oder der Weg an den Arbeitsmarkt.

Überlegen Sie sich das aber gut, und gehen Sie keine neuen Risiken ein. Manchmal ist es besser, einen schlechten Chef auszuhalten, als einen neuen Job bei einem unsicheren Unternehmen anzutreten, bei dem Sie Chef und Kollegen überhaupt nicht kennen.

In jedem Fall sollten Sie ruhig und überlegt vorgehen. In Ihrem Lebenslauf sollten Sie nicht zu viele Sprünge haben. Eine gewisse Verweildauer in einem bestimmten Bereich ist immer hilfreich. Eineinhalb bis zwei Jahre sollten Sie schon auf der gleichen Position geblieben sein.

7.2   Wenn der Kollege ein Scheinheiliger ist

Der häufigere Fall ist wohl der, dass nicht der Chef, sondern ein oder mehrere Kollegen sich Ihnen oder anderen gegenüber unredlich verhalten.

Zur Motivlage können ich Sie getrost auf die eingangs in diesem Buch geschilderten Kapitel verweisen. Wie sich solche Kollegen in der Regel verhalten, ist dort bereits ausführlich beschrieben.

Nicht immer werden solche Kollegen Sie offen angreifen. Vieles geschieht hinter Ihrem Rücken, das bekommen Sie in der Regel nicht mit.
Versuchen Sie daher, Ihr Aufgabengebiet, eventuelle Aufgabenverteilungen sowie Ergebnisse Ihrer Arbeit Dritten und Ihrem Chef gegenüber so transparent wie möglich darzustellen. Geben Sie dem betreffenden Kollegen dagegen nicht ohne wichtigen Grund wertvolle Informationen heraus.

Vermeiden Sie Absprachen mit den/dem betreffenden Kollegen ohne Zeugen. Versuchen Sie auch herauszufinden, welcher Grund möglicherweise hinter seinem/ihrem Verhalten gegen Sie steht:

- Ist es Neid auf Ihre Fachkenntnisse, Ihre Ausbildung oder Ihre Karriere?

- Greifen Sie, vielleicht sich dessen bewusst zu sein, eine seiner "heiligen Kühe" (Privilegien, Projekte, Lieblingsthemen usw.) an?
- Stehen Sie dem nächsten Beförderungsschritt des Kollegen im Weg, der sich selbst für geeigneter als Sie hält?
- Wird der Kollege von irgendjemandem im Hintergrund gegen Sie beeinflusst?
- Ist Ihr Aufgabengebiet so geschnitten, dass Sie ihn überwachen und kontrollieren können oder müssen?
- Gibt es bestimmte Reibungspunkte, an denen sich Meinungsverschiedenheiten mit Ihrem Kollegen besonders oft entzünden?

Fragen Sie sich außerdem Folgendes:

- Hat derjenige Verbündete? Wenn ja, wie stark sind diese Verbündeten?
- Haben Sie selbst die Möglichkeit, sich mit anderen zu verbünden?
- Lassen sich die Aufgabengebiete Ihres Kollegen und Ihr eigenes besser voneinander trennen?
- Gibt es Sachthemen, die sich vielleicht entschärfen lassen?

Sind Konflikte überwiegend sachlich begründet, dann lassen sie sich manchmal durch geeignete organisatorische Maßnahmen beilegen (Neuabgrenzung der Aufgabengebiete, Dokumentation bisher nicht geregelter Abläufe, Kompromisslösungen).

Falls Sie einen sehr guten und vertrauenswürdigen Chef haben, können Sie das Problem auch mit ihm besprechen. Dabei sollten Sie aber berücksichtigen, welchen Ruf Ihr Kollege bei Ihrem gemeinsamen Chef hat, und ob Ihr Chef bereit ist, sich des Problems auch wirklich ernsthaft anzunehmen.

Viele neigen leider zu dem Motto: "Das geht mich nichts an, macht das unter euch aus". Das kann manchmal sogar ein Vorteil sein, auf Dauer hilft es Ihnen aber eher nicht. Außerdem sollten Sie zunächst mit dem Kollegen selber geredet haben. Wenn nämlich herauskommt, dass Sie hinter seinem Rücken zum Chef gegangen sind, wird das Problem meistens noch größer.

Sollten Sie allerdings zu dem Schluss kommen, dass mit dem Betreffenden kein fairer Kompromiss möglich ist, weil sachliche Lösungen nicht weiterhelfen, dann müssen Sie sich verstärkt mit einzelnen Maßnahmen gegen das Verhalten Ihres Kollegen wehren, z.B. so, wie es in diesem Buch bereits in Kapitel 6 dargestellt wurde.

Ansonsten bleibt Ihnen nur noch die Möglichkeit, sich entweder im eigenen Bereich ein neues Aufgabengebiet zu suchen, mit dem die Reibungen mit dem Kollegen geringer ausfallen oder den Bereich ganz zu verlassen. Im Extremfall bewerben Sie sich am Arbeitsmarkt.

Falls Sie die letzte Lösung wählen, sollten Sie dies möglichst diskret und unauffällig bewerkstelligen. Teilen Sie möglichst niemanden Ihre Absichten mit, bis Sie einen neuen Vertrag unterschrieben haben.

Sonderthema Mobbing im Büro

Wikipedia definiert Mobbing wie folgt[8]:

„Im soziologischen Sinne beschreibt **Mobbing** oder **Mobben** psychische Gewalt, die durch das wiederholte und regelmäßige, vorwiegend seelische Schikanieren, Quälen und Verletzen eines einzelnen Menschen durch eine beliebige Gruppe von Personen oder durch eine einzelne Person in überlegener Position definiert ist."

Mobbing ist ein übles Thema, das aber wissenschaftlich ganz gut erforscht ist. In diesem Zusammenhang möchte ich Sie auf die **Liste der 45 Mobbing-Handlungen nach Professor Heinz Leymann** (kurz: Mobbing-45-Liste) verweisen.

Sie enthält eine Liste von 45 Kriterien, die auf Mobbing schließen lassen. Das Motiv des Täters/ der Täter ist hier in der Regel „Macht über andere"

---

[8] Aus Seite „Mobbing". In: Wikipedia – Die freie Enzyklopädie. Bearbeitungsstand: 4. Juli 2024, 08:35 UTC. URL: https://de.wikipedia.org/w/index.php?title=Mobbing&oldid=246455004 (Abgerufen: 22. August 2024, 09:35 UTC).

(in unserem Modell: „Macht/Anerkennung"). Die Liste können Sie sich im Internet herunterladen.

Mobbing ist ein Spezialgebiet, bei dem es vor allem um psychische Schikanen und nicht in erster Linie um die Erzielung materieller Vorteile geht. Daher möchte ich an dieser Stelle nicht näher auf das Thema eingehen.

Sollten Sie sich in der Mobbing-45-Liste wiedererkennen, empfehle ich Ihnen die speziell darauf ausgerichtete Literatur und die diesbezüglichen Anlaufstellen.

7.3 Wenn Ihr/e Mitarbeiter/in ein Scheinheiliger ist

Auch wenn man es kaum glauben mag: Blendwerken von unten gegen den Chef ist gar nicht so selten, wie man meinen möchte.

Die Motivlage ist dabei oft sehr unterschiedlich. Es kann ein sich ungerecht behandelt fühlender Mitarbeiter sein, der anfängt, gegen seinen Chef zu intrigieren, es kann der "zweite Mann" sein, der gern den Posten des Chefs einnehmen möchte, es kann aber auch ganz einfach ein notorischer Querulant sein, der immer alles besser weiß und stets anderer Meinung ist.

Egal was die Gründe sind: Ein intrigantes, beleidigendes oder schlechtmachendes Verhalten von Mitarbeitern dürfen Sie sich auf keinen Fall gefallen lassen!

Dabei müssen Sie aber so objektiv und sachlich wie möglich bleiben. Ihr ganzes Team schaut darauf, wie Sie mit der Betreffenden/dem Betreffenden umgehen. Lassen Sie sich zu keinen stark emotionalen oder unsachlichen Reaktionen verführen.
Sie sollten sich bei Ihrer Argumentation immer auf Fakten stützen und dürfen dem Mitarbeiter nichts Unbewiesenes unterstellen. Geben Sie dem Mitarbeiter Ihre Arbeitsaufträge und Anweisungen in Gegenwart anderer oder dokumentieren Sie sie schriftlich.

Beurteilen Sie die Arbeiten und geben Sie dem Mitarbeiter regelmäßig dazu Feedback. Nur auf dem Weg der Leistungsbeurteilung und durch eine genaue Beaufsichtigung können Sie dem Mitarbeiter Mängel in der

Arbeitsqualität oder ein allgemeines Fehlverhalten nachweisen und seine Schutzbehauptungen oder Lügen konterkarieren.

In eine schwierige Situation können Sie kommen, wenn Sie durch das Verhalten Ihres Mitarbeiters ihm gegenüber und in den Augen anderer langsam, aber sicher an Ansehen und Autorität verlieren.
So dürfen Sie sich zum Beispiel auf keinen Fall vor versammelter Mannschaft in unsachlicher Weise kritisieren lassen.

Verbieten Sie sich ggf. den Ton, und weisen Sie bestimmte unsachliche oder gar beleidigende Äußerungen streng und ausdrücklich zurück. Zitieren Sie den Mitarbeiter je nach Schwere des Vorfalls ggf. danach zu einem persönlichen Gespräch, und erklären Sie ihm, wie Sie den Vorfall empfunden haben, und dass Sie ein solches Verhalten nicht weiter hinnehmen werden oder dass es Konsequenzen nach sich ziehen wird.
In schweren Fällen dürfen Sie zur Abmahnung greifen. Dann ist der Vorfall auch gegenüber der Personalabteilung und gegenüber Ihrem Chef offiziell dokumentiert.

Die Gedanken mancher Menschen kreisen ständig um sich selbst. In ihrer Wahrnehmung haben nur sie alleine recht, andere Sichtweisen können sie einfach nicht akzeptieren. Ein krasses Beispiel für einen solchen Menschen habe ich als neutraler Beobachter selbst erlebt. Ein erst vor wenigen Monaten eingestellter Mitarbeiter, Fachkraft in seinem Spezialgebiet, kam mit seinen beiden Vorgesetzten nicht klar, die er ständig kritisierte – in fachlicher und menschlicher Hinsicht, aber auch in Bezug auf ihre Führungsqualitäten.

Vieles, von dem, was er sagte, klang gut durchdacht und glaubwürdig, das meiste davon war aber von einer sehr negativen und starren Grundeinstellung geprägt, die ihm selbst offenbar nicht bewusst war. Auf die Frage hin, ob er diese Themen einmal mit seinen beiden Chefs besprochen habe, antwortete er: „Natürlich, aber die verstehen rein gar nichts. Ich rede daher schon längst nicht mehr mit ihnen darüber".

Einige Monate später wurde dann bekannt, dass diesem Mitarbeiter fristlos gekündigt worden war. Der Grund: Er hatte ohne deren Wissen einen langen, emotionalen und teilweise unsachlichen Brief mit bitteren

Beschwerden über die Defizite seiner beiden Vorgesetzten an den Vorstand geschrieben.

Lassen Sie sich also niemals provozieren, aber nehmen Sie auch nichts hin, was Sie nicht akzeptieren können. Machen Sie Dinge transparent, sprechen Sie mit Ihrem gesamten Team und dulden Sie keine geheimen Zirkel, die hinter Ihrem Rücken über Sie tuscheln. Wenn Sie das bemerken, unterbrechen Sie das möglichst sofort.

Hat der Mitarbeiter Verbündete, versuchen Sie, die unterschiedlichen Interessenlagen dieser Verbündeten herauszufinden. Stellen Sie sie einzeln zur Rede, wenn Sie eindeutige Belege für ein Fehlverhalten haben. Aber lassen Sie Vorsicht in der Wortwahl walten. Etwas nicht eindeutig Bewiesenes, sondern nur Vermutetes dürfen Sie nicht verwenden.

Sie können die Betreffenden räumlich voneinander trennen oder ihnen eventuell andere Aufgaben übertragen, sofern der Arbeitsvertrag das zulässt. Damit können Sie ihre Kontaktmöglichkeiten reduzieren.

Belegen Sie besonders dreiste Vorgänge in angemessener Weise mit einem Verweis oder mit einer schriftlichen Abmahnung (eine außerordentliche Kündigung dürfte nur bei besonders krassem Verhalten wie bei der oben geschilderten Geschichte und daher recht selten vorkommen).

Auf Dauer müssen Sie wohl darauf hinwirken, den oder die betreffenden Mitarbeiter zu versetzen oder auf eine andere, rechtlich zulässige Weise aus Ihrem Verantwortungsbereich zu entfernen.

Sonderfall: Der „Hard-Core"-Minderleister

Mobbing gegen den Chef geht nicht selten von Minderleistern aus. Mit Minderleistern sind jedoch nicht diejenigen Mitarbeiter gemeint, die trotz Bemühungen (oder auch ohne) die gesteckten Ziele ihres Berufs nicht erreichen.
Mit echten Minderleistern („Hard Core") im Sinne von Scheinheiligen sind diejenigen gemeint, die ihre eigenen Schlechtleistungen nicht erkennen, sie nicht zugeben oder dafür keine Verantwortung übernehmen wollen. Sie zeigen oft folgende Auffälligkeiten:

- Unzureichende Arbeitsergebnisse
- Oftmals buchstabengetreues Ausführen von Aufgaben
- Kein Mitdenken
- Starke Abweichung von Fremd- und Selbstbild
  (hohe Meinung von sich selbst oder Minderwertigkeitskomplex)
- Wenig oder keine Selbstreflexion
- Keine Übernahme von Verantwortung, schuld sind immer die anderen
- Unangemessenes Arbeitsverhalten: Starres Vorgehen und Abwarten von Anweisungen oder hohe Unzuverlässigkeit, Abweichen vom Arbeitsauftrag ohne Genehmigung
- Übertrieben vorsichtiges oder auffallend leichtsinniges Vorgehen
- Entweder sehr gesellig oder stark gemieden von Kollegen
- Auffallend negative oder überschäumend fröhliche Grundhaltung

In der Praxis fallen diese Mitarbeiter meistens an der mangelnden Bereitschaft zur Übernahme von Verantwortung für die Ergebnisse ihrer eigenen Arbeit auf. Dann bekommt der Vorgesetzte oder Kollege Stellungnahmen wie diese zu hören:

- Ich habe zunächst alles exakt so ausgeführt wie angeordnet, aber die anderen haben sich nicht an ihre Anweisungen gehalten.
- Wenn wir nur eine Richtlinie dafür hätten…
- Der Meier hat mich neulich aber dafür gelobt!
- Das war ein ganz neues Thema, damit habe ich noch keinerlei Erfahrung.
- Das war nicht im Auftrag enthalten, das war nicht meine Aufgabe.
- Die Zulieferungen enthielten Mängel, dadurch konnte ich den Auftrag nicht zufriedenstellend erledigen.
- Ich hatte kurzfristig noch eine andere, sehr wichtige Aufgabe für Ihren Kollegen zu erledigen.
- Mir blieb ja gar nicht genug Zeit, um mich auf die neue Aufgabe vorzubereiten.
- Ich habe Ihnen ja früh gesagt, dass ich mir von Ihnen die notwendige Unterstützung erhoffe. Leider ist sie ausgeblieben.

- Ich habe doch gleich gesagt, dass das auf diese Weise nicht funktioniert, aber ich wurde ja nicht gehört! Ich hätte mich nicht darauf einlassen sollen.
- Ich hätte rechtzeitig geliefert, wenn meine Zulieferer nicht so unpünktlich gewesen wären.

Die Liste lässt sich beliebig fortsetzen:

- Mein Flugzeug ist zu spät gelandet...
- Es war Stau auf der Autobahn...
- Ich hätte genauere Instruktionen benötigt...
- Ich wurde unerwartet krank...
- Ich musste mich dringend um etwas Privates kümmern...
- U.v.m.

Prüfen Sie zunächst die Argumente des Mitarbeiters. Sollten sie berechtigt sein, dann sind es keine Ausreden, sondern echte Entlastungsgründe, und das sollten Sie dem Mitarbeiter auch zugestehen.

Wenn solche Äußerungen aber besonders häufig verwendet werden, dann verlieren sie zwangsläufig ihre Glaubwürdigkeit, und dann handelt es sich im Zweifel eben doch um geschickte Ausreden. In diesem Fall können Sie mit hoher Wahrscheinlichkeit davon ausgehen, dass jemand ganz einfach generell keinerlei Verantwortung für sein Tun übernehmen will.

Derjenige, der so argumentiert, ist der festen Überzeugung, dass nicht er, sondern nur andere oder die äußeren Umstände für Misserfolge und Fehler verantwortlich sein können, selbst wenn alles gegen diese Ansicht spricht. Ausreden sollten Sie daher keinesfalls akzeptieren und geeignete Gegenargumente vorbringen.
Manche Chefs umgehen das Problem gern, indem sie solchen Mitarbeitern gute Gehälter zahlen und über deren Fehler einfach hinwegsehen.
Das ist auf Dauer jedoch nicht unproblematisch, da dann die Kollegen oder der Chef selbst deren Minderleistungen kompensieren müssen.
Außerdem bekommen leistungsstärkere Kollegen diese Art von „Management" mit und fühlen sich vergleichsweise ungerecht behandelt.

Gegen echte Minderleistungen helfen nur klare Zielvorgaben und regelmäßige, gut begründete Leistungsbeurteilungen. Hier kommt es darauf an, das beobachtete Verhalten Dritten gegenüber transparent und somit nachweisbar zu machen.

Geben Sie dem Mitarbeiter genaue Anweisungen und halten Sie diese in einem Protokoll oder einer E-Mail fest. Vergleichen Sie dann die Arbeitsergebnisse des Mitarbeiters mit dem ursprünglichen Auftrag. Bewerten Sie die Zielerreichung und kommentieren Sie sie.

Ihre Beurteilungskriterien sollten sachlich nachvollziehbar sein. Die wertende Beurteilung ist natürlich allein Ihre Sache, sie muss allerdings nachvollziehbaren Kriterien entsprechen.
Der Mitarbeiter muss dazu auch eine Gegendarstellung abgeben dürfen. Dann wird das Ganze in einem gegenseitig unterschriebenen Protokoll festgehalten und ggf. in die Personalakte aufgenommen. Die Unterschrift betrifft nur die Kenntnisnahme des Besprochenen, nicht das Einverständnis zum dort Gesagten.

Durch die schriftliche Fixierung wird das Verhalten des Minderleisters transparent gemacht. Auf diese Weise kann auch der gelegentlich vorgebrachte Vorwurf der Willkür entkräftet werden.

Stellt man Soll und Ist sachlich gegenüber, so kann sich auch ein unabhängiger Dritter ein Urteil über das Geschehene machen. Das ist in der Regel nachteilig für den Minderleister.
Denn Minderleister bringen meistens unglaubwürdige, einseitige, unakzeptable oder nicht belegbare Gründe in ihrer Argumentation vor, eben weil sie hartgesottene Minderleister sind.
Wenn der Minderleister nach einer Reihe von schriftlichen Leistungsbeurteilungen sein Verhalten (was eher selten geschieht) nicht ändert, dann kann er von seinen Aufgaben entbunden oder in einen anderen Bereich versetzt werden.

Der Dokumentationsprozess ist allerdings manchmal recht aufwendig, und das Problem löst sich meistens erst nach einiger Zeit.

Es gibt natürlich auch Fälle, wo die Leistung eines an sich leistungsfähigen Mitarbeiters auf einmal für längere Zeit nachlässt. Hier wäre zu fragen, was der Grund dafür ist. Hat er private Probleme? Hat er gesundheitliche

Beschwerden? Das lässt sich in einem offenen, fairen Gespräch meistens gut klären, und es lassen sich gemeinsam Lösungen dafür finden.

So etwas ist kein grundsätzliches Problem. Dann handelt es sich in der Regel aber auch nicht um einen egoistischen, uneinsichtigen Scheinheiligen, sondern um einen Mitarbeiter, der ins Straucheln geraten ist, und dem man gerne wieder auf die Beine hilft.

Sonderthema Home-Office

Seit der Corona-Pandemie ist man verstärkt dazu übergegangen, Mitarbeiter nicht mehr in klassischen Büroräumen zu konzentrieren, sondern sie von zu Hause aus arbeiten zu lassen. Auch wenn diesbezüglich schon wieder einige Rückwärtsbewegungen zu beobachten sind, so kann schon aus Gründen der Nachhaltigkeit davon ausgegangen werden, dass dieser Trend sich auf lange Sicht nicht abschwächen, sondern weiter fortsetzen wird.

Manager, die es gewohnt waren, ihre Mitarbeiter jeden Tag im Büro zu sehen, tun sich aber manchmal schwer damit, die im Home-Office erbrachten Leistungen derselben Mitarbeiter zu beurteilen. Warum eigentlich?

Zum einen kommt es ihnen schwieriger vor, die Leistung der Mitarbeiter zu steuern, zum anderen finden sie es schwieriger, die Leistungen der Mitarbeiter zu beurteilen.

Nun ist es allerdings auch im Präsenzbetrieb nicht selten so, dass die Bemühungen eines Mitarbeiters mit den Ergebnissen dieser Bemühungen verwechselt werden.
Des Öfteren hört man in Deutschland den Satz: „Dieser Mitarbeiter ist mindestens zehn Stunden täglich im Büro. Was für ein fleißiger Mensch!"
Als wenn die bloße Anwesenheit irgendeine Aussage über die in diesem Zeitraum tatsächlich erbrachte Arbeit und insbesondere über die Qualität der in dieser Zeit erzielten Ergebnisse ermöglichen würde!

Leider ist es in der heutigen Zeit so, dass viele Mitarbeiter während der Arbeitszeit häufig in sozialen Medien unterwegs sind und sich privaten Themen widmen. Was genau ist daran anders im Home-Office? Das einzige, was im Home-Office nicht mehr wirklich zu beobachten ist, ist die tatsächliche Anwesenheitszeit des Mitarbeiters am Arbeitsplatz. Aber die ist, wie oben dargestellt, ohnehin nicht besonders aussagekräftig.

Demzufolge bleibt als objektiver Beurteilungsfaktor nur die Messung von erbrachten Arbeitsergebnissen übrig. Dabei ist zu unterscheiden zwischen verschiedenen Ergebnistypen, z.B.:

- Erstellte Protokolle und Dokumentationen (Anzahl und Umfang)
- Bearbeitete Vorgänge (Anzahl im Beobachtungszeitraum)
- Qualität der Ergebnisse (bei geschriebenen Dokumenten z.B. Rechtschreibung, Verständlichkeit, Zweckmäßigkeit)

Außerdem lassen sich einige weitere wichtige Beobachtungen anstellen:

- Werden E-Mails zeitnah beantwortet?
- Ist der Ton, in dem die E-Mail formuliert ist, sachlich und dem Vorgang angemessen?
- Übernehmen Mitarbeiter auch im Home-Office bereitwillig Sonder- und Zusatzaufgaben?
- Kommen auch von hier Verbesserungsvorschläge und Initiativen, werden gute Ideen vorgebracht?

Misst man die Leistung von Mitarbeitern ausschließlich an Ergebnissen, dann ist die Arbeit von Mitarbeitern im Home-Office nicht wirklich ein großes Problem.
Man muss sich allerdings klarmachen, dass lange Anwesenheitszeiten und freundliches Kaffee-Holen-Gehen eben keine geeigneten Beurteilungsmaßstäbe darstellen (ich gebe zu, dass diese Beispiele etwas überspitzt sind, aber leider sind sie von der Realität nicht allzu weit entfernt).

Grundsätzlich kann also zur Behandlung von Minderleistung im Home-Office das bereits oben ganz allgemein zur Minderleistung Gesagte gelten.

Eine Ausnahme gibt es allerdings: Das Sozialverhalten der Mitarbeiter untereinander ist im Home-Office schwieriger zu beobachten als bei täglicher Präsenz im Büro.
Im Büro kann der Chef durchaus mitbekommen, dass andere Mitarbeiter geschnitten werden, dass hinter ihrem Rücken über sie gelästert wird, oder

dass bestimmte Büros häufig aufgesucht werden, während andere gemieden werden.

Bei der Arbeit im Home-Office können nur regelmäßige Feedback-gespräche des Chefs mit den einzelnen Mitarbeitern (idealerweise in Präsenzform) zu einer objektiveren Beurteilung beitragen. Diese Gespräche sollten zu den wichtigsten Aufgaben einer Chefin/eines Chefs zählen, die/der auf integres Verhalten Wert legt.

Dennoch darf hier die Anmerkung nicht fehlen, dass nicht alle Mitarbeiter gleich gut für die Arbeit im Home-Office geeignet sind.
Manche nutzen die größere „Unsichtbarkeit" durchaus gerne aus, um sich noch stärker mit privaten Themen zu beschäftigen. Solche Mitarbeiter zeigen dann eher schlechtere Arbeitsergebnisse als im Präsenzbetrieb, manchmal schon deshalb, weil sie sich unkontrolliert fühlen (und es zum Teil ja auch sind).

Für bestimmte Mitarbeitertypen ist es tatsächlich besser, wenn sie im Präsenzbetrieb arbeiten müssen. So lassen sich die häufigen Ablenkungen und die schlechtere Kontrollierbarkeit ihrer Arbeitsweise, die die Heimarbeit impliziert, vermeiden.

Hochmotivierte Mitarbeiter dagegen leisten im Home-Office meistens nicht weniger Arbeit als im Präsenzbetrieb. Manchmal fühlen sie sich sogar animiert, mehr und Besseres zu leisten. Der Grund: Die häufigen Störungen im Präsenzbetrieb fehlen, und sie können sich ihre Zeit freier und besser einteilen.
Solchen Mitarbeitern sollte man ruhig einen höheren Anteil am Home-Office zugestehen, insbesondere, wenn sie einen weiten Anfahrtsweg von zu Hause zu ihrer Arbeitsstätte haben. Das dient auch dem Umweltschutz.

7.4   Scheinheilige in Führungspositionen

Oben haben wir die Folgen unredlichen Verhaltens durch Vorgesetzte aus der Sicht der Mitarbeiter beschrieben. Aber auch eine Organisation kann kein Interesse daran haben, unredliche Führungskräfte zu beschäftigen.

Neben den fatalen Folgen, die unethisches und fehlerhaftes Management für die Mitarbeiter und den Erfolg des gesamten Verantwortungsbereichs einer Führungskraft haben kann, sind auch handfeste rechtliche Konsequenzen für die Organisation zu berücksichtigen, dann nämlich, wenn durch aktives oder geduldetes Fehlverhalten einer Führungskraft Schäden bei Dritten verursacht werden. Das Thema „Compliance" ist sehr komplex, daher wollen wir hier nur einige Schwerpunkte herausgreifen, die eine Organisationsleitung zu beachten hat.

7.4.1 Schäden durch rechtswidriges Verhalten

Handelt ein Mitarbeiter einer Organisation regel- oder gar rechtswidrig, so hat dies nicht immer, aber häufig negative Konsequenzen für die Organisation. In rechtlicher Hinsicht lassen sich dabei zwei Fälle unterscheiden:

- Schäden, die Organisationsmitglieder der eigenen Organisation zugefügt haben.

- Schäden, die Organisationsmitglieder Dritten zugefügt haben.

Die Besonderheit ist, dass bei der Schädigung Dritter durch Organisationsangehörige nicht nur der einzelne Täter zur Verantwortung gezogen werden kann, sondern u.U. die gesamte Organisation und ihre Vertreter, insbesondere, wenn es sich um wirtschaftliche Organisationen, öffentliche Betriebe oder Unternehmen handelt, für das Fehlverhalten Einzelner haften muss.

Die gesetzlichen Vertreter einer Aktiengesellschaft oder einer GmbH (bei der Aktiengesellschaft der Vorstand und der Aufsichtsrat, bei der GmbH i.d.R. die Geschäftsführung) sind nach dem Aktiengesetz und dem GmbH-Gesetz in besonderer Weise zur Sorgfalt bei der Ausführung ihrer Geschäftsführung bzw. ihrer Überwachungsaufgaben verpflichtet.

Bei einem sogenannten „Organisationsverschulden" haben diese „Organe" genannten Vertreter der Organisation ihre Aufsichtspflicht verletzt, und deswegen kann das Unternehmen/die Organisation meistens auch seine/ihre Vertreter persönlich in die Haftung nehmen, wenn dem

Unternehmen/der Organisation daraus Strafzahlungen „aufgebrummt" werden oder andere Nachteile entstehen.

§130 OWiG[9]: „Wer als Inhaber eines Betriebes oder Unternehmens vorsätzlich oder fahrlässig die Aufsichtsmaßnahmen unterlässt, die erforderlich sind, um in dem Betrieb oder Unternehmen Zuwiderhandlungen gegen Pflichten zu verhindern, die den Inhaber treffen und deren Verletzung mit Strafe oder Geldbuße bedroht ist, handelt ordnungswidrig, wenn eine solche Zuwiderhandlung begangen wird, die durch gehörige Aufsicht verhindert oder wesentlich erschwert worden wäre. …
Die Ordnungswidrigkeit kann, wenn die Pflichtverletzung mit Strafe bedroht ist, mit einer **Geldbuße bis zu einer Million Euro** geahndet werden."

Von einer Organisation wird also erwartet, dass sie geeignete Vorkehrungen, „Aufsichtsmaßnahmen", gegen Pflichtverletzungen trifft.

Bei einer Aufsichtspflichtverletzung müssen die Organisationen nicht nur die möglicherweise hohen Entschädigungsleistungen und Strafzahlungen fürchten. Neben den Bußgeldern drohen den Betrieben oder Vereinen noch weitere Nachteile:

- Möglicher Ausschluss aus öffentlichen Vergabeverfahren
- Reputationsverlust im eigenen Unternehmen und in der Öffentlichkeit
- Absatzrückgänge
- Abwanderung von Mitarbeitern
- Ausschluss aus Geschäftsbeziehungen mit Lieferanten oder Kunden

Diese Folgewirkungen sollten keinesfalls unterschätzt werden. Verstöße einer Firma z.B., die stark von Aufträgen öffentlicher Unternehmen lebt, können zum Eintrag in eine Liste zum Ausschluss aus öffentlichen Vergabeverfahren führen, und ein Ausschluss über längere Zeit kann im Extremfall das wirtschaftliche Aus für das sanktionierte Unternehmen bedeuten.

---

[9] OWiG: Gesetz über Ordnungswidrigkeiten

Aber auch die Reaktionen der sogenannten „Stakeholder", d.h. Kunden, Lieferanten oder die Öffentlichkeit, können sich äußerst nachteilig auf das Unternehmen auswirken.

Wenn Kinderarbeit in Drittweltländern zugelassen wird, und sei es nur bei Zulieferern, wird man dies als Geschäftsführer wohl nur äußerst ungern in der Tageszeitung lesen, und wenn der Grund für den Verstoß ein weit im Unternehmen verbreitetes Blendwerken bei gleichzeitig laxen Aufsichtsmaßnahmen sein sollte, dann kann es sein, dass dies der letzte Anstoß für integre, tüchtige Mitarbeiter ist, die Firma zu verlassen - mit der Folge, dass die weniger Tüchtigen und weniger Integren übrig bleiben. Ganz unabhängig davon drohen dem Unternehmen eventuell auch Strafen aufgrund von Verstößen gegen das Lieferkettengesetz[10].

Wie man sieht, ist es für eine Organisation vorteilhaft, auf die Integrität ihrer Führungskräfte zu achten, denn diese wiederum sollen die Vorbildfunktion für die Mitarbeiter übernehmen und für eine angemessene Aufsicht sorgen.

Der Fall des Flugzeugbauers Boeing zeigt eindrücklich, welche Folgen massive Management-Fehler für die Flugpassiere, die Mitarbeiter und das Unternehmen selbst haben können. Vor mehr als fünf Jahren (2018 und 2019) waren zwei Boeing-Flugzeuge vom Typ „737 MAX" abgestürzt.
Bei der Unfallermittlung kam heraus, dass der Einsatz eines neuen automatischen Trimmsystems in den Flugzeugen und seine (noch nicht problemfreie) Wirkungsweise den Piloten zur Vereinfachung ihrer Umschulungen auf die neuen MAX-Versionen des Flugzeugtyps nicht bekannt gemacht worden war. Deshalb war den Piloten der richtige Umgang mit dem Trimmsystem nicht bekannt, und sie konnten daher, als es kritisch wurde, nicht angemessen auf das Verhalten des Systems reagieren.

Man hatte also, um die Flieger schneller in die Luft zu bringen, Leib und Leben von Piloten und Passagieren bewusst gefährdet und so den Tod der Insassen bei den Abstürzen in Kauf genommen. Boeing hat sich übrigens gegenüber den US-Behörden inzwischen in Bezug auf die beiden Vorfälle

---

[10] Gesetz über die unternehmerischen Sorgfaltspflichten zur Vermeidung von Menschenrechtsverletzungen in Lieferketten.

des Betrugs schuldig bekannt. Die zu erwarteten Strafzahlungen in Höhe von mehreren hundert Millionen Dollar machen die Toten allerdings auch nicht wieder lebendig.

7.4.2   Schäden durch Scheinheilige im Management der Organisation

Scheinheilige im Management einer Organisation können enorme Auswirkungen auf die an der Organisation Beteiligten, auf die Lieferanten und Kunden, ja sogar auf die Öffentlichkeit haben. Nicht zuletzt sind sie ein demotivierender Faktor für die ihnen unterstellten Mitarbeiter/innen. Sie neigen dazu, ihre eigenen Leistungen systematisch hochzuspielen und die anderer herabzuwürdigen. Ihre Fehler hingegen tarnen oder leugnen sie, sie schieben sie auf andere oder die Umstände.

Verantwortung scheuen sie. Sie übertragen sie anderen oder weichen ihr geschickt aus. Besonders die Leistungsschwachen unter ihnen neigen zu diesem Verhalten. Dennoch kommt es nicht selten vor, dass sich auch tüchtige Führungskräfte bei Rechts- und Regelverstößen erwischen lassen. Sie nehmen gewissermaßen die heimliche „Abkürzung" zu Ruhm, Ehre und Erfolg oder zu einem guten Gehalt.

Manchmal stehen sie aber auch unter dem Druck der Geschäftsleitung, wie das Beispiel Boeing vermuten lässt – doch das kann keine Ausrede sein. Unmoralisches Verhalten ist mit dem Satz „Ich habe doch nur Befehle ausgeführt!" nicht entschuldbar, wie wir spätestens seit den Nürnberger Prozessen wissen sollten.

Scheinheilige Führungskräfte sind oft geschickte Selbstdarsteller, die sich gut in Szene zu setzen wissen und den großen Auftritt lieben, doch ihre tatsächlichen Leistungen bleiben oft hinter den hohen Ansprüchen zurück:

- Die Strategie und die Strukturen der Organisationseinheit, für die solch ein Manager verantwortlich ist, sind im Grunde nicht zukunftsfähig.
- Die Projekte, mit denen die Organisationseinheit notwendige Veränderungen gestalten will, verlaufen nicht erfolgreich und kosten wesentlich mehr als geplant.

- Abläufe sind veraltet, ineffizient und nicht mehr wettbewerbsfähig.
- Es herrscht Intransparenz, vieles ist ungeregelt und/oder nicht dokumentiert, Entscheidungen werden willkürlich getroffen.
- Das Personal ist den Anforderungen nicht gewachsen, ist demotiviert und unterstützt die Organisationsziele nicht (mehr).
- Die Finanzsituation ist durch großzügige Ausgaben und schwache Einnahmen gekennzeichnet.
- Kunden und/oder tüchtige Mitarbeiter gehen zur Konkurrenz.
- Lieferanten kündigen Verträge oder übervorteilen die Organisation.
- Der Ruf der Organisationseinheit im Unternehmen oder in der Öffentlichkeit ist (u.U. nachhaltig) beschädigt.

Aber: Wenn Unfähige in Führungspositionen gelangen, dann ist am Ende immer die Leitung an der Spitze der Organisation dafür verantwortlich. Leider gibt es nicht wenige Beispiele dafür.

7.5 Transparenz in der Managementleistung

Schlechtleistungen oder Blendwerk im Management objektiv zu erkennen ist nicht ganz so einfach. Geschäftsprozesse sind insbesondere in größeren Unternehmen heutzutage eng miteinander verflochten, und die Qualität der Prozessabläufe und ihres Managements ist somit nicht ohne weiteres erkennbar.

Dennoch wird bei der Beurteilung von Managern immer noch häufig auf das gesprochene Wort vertraut, und da werden Meinungen oft durch oberflächliche Beobachtungen wiedergegeben.

Aussagen wie: "Der macht seinen Job doch ganz gut!" "Der bleibt immer ganz lange im Büro!" "Der liest immer zeitnah seine E-Mails!" sind jedenfalls kaum dazu geeignet, die Leistung eines Managers realistisch einzuschätzen. Die guten Gespräche auf dem Firmen-Golfplatz und die Verwandtschaft mit dem Vorstandsvorsitzenden sind als Beurteilungskriterium ebenfalls wohl kaum ausreichend.

Zur Beurteilung der Managementleistung sind objektive Fakten unerlässlich. Doch an sogenannte „Key Performance Indikatoren" (KPI, deutsch: Leistungsmessindikatoren) müssen einige Anforderungen gestellt werden:

- Die KPI müssen inhaltlich zweckmäßig sein.
- Sie sollten auf objektiven Daten beruhen.
- Die Erhebung und Auswertung der KPI und der ihnen zugrunde-liegenden Daten sollte zuverlässig und nachvollziehbar sein.
- Sie sollten nicht unregelmäßig, sondern regelmäßig erhoben werden.
- Es sollte Zielvereinbarungen zu den KPI geben.
- Die KPI sollten an das Bezahlungssystem (z.B. Bonusregelung) gekoppelt sein.

Zu einem vollständigen Bild gehören aber nicht nur „harte" Indikatoren, sondern auch weichere Einflussfaktoren.

„Harte" Indikatoren könnten sein:

- Durchlaufzeit des Prozesses in der betreffenden Abteilung
- Qualität der Ergebnisse (gemessen an objektiven Prüfkriterien oder mittels Schulnotensystem)
- Einhaltung von Berufsstandards oder Rechtsnormen (z.B. gemessen an den Ergebnissen unabhängiger Prüfungen)
- Finanzdaten (z.B. Umsätze und/oder Kosten)
- Innovationen (gemessen an erfolgreich umgesetzten Projekten)

„Weiche" Indikatoren könnten sein:

- Mitarbeiterbefragungen (mit Scoring-System)
- Fluktuationsquote
- Fortbildungserfolge (gemessen an der Anzahl besuchter Seminare)

Wenn solche Leistungsmessindikatoren regelmäßig zur Beurteilung des Managements herangezogen werden, ist das noch immer keine Garantie dafür, dass sich die Beurteilten stets redlich und korrekt verhalten. Doch die Transparenz trägt zumindest dazu bei, dass Managementleistungen insgesamt nachvollziehbarer werden, und dass das Risiko falscher Leistungseinschätzungen abnimmt.

Hat die Organisation zusätzlich noch ein gutes Internes Kontrollsystem installiert (siehe späteres Kapitel), dann kann damit nicht nur Leistung, sondern auch die Ordnungsmäßigkeit des Verhaltens im Betrieb deutlich gefördert werden.
Ich rate also Organisationsleitungen dazu, ein Leistungsmesssystem und ein Internes Kontrollsystem einzurichten und zu pflegen. Beide sollten regelmäßig auf den Prüfstand kommen. Zusammen bilden sie das beste Präventionssystem gegen potentielle Leistungsschwächen und gegen Regelverstöße.

7.6 Wie erkenne ich eine (un)ethische Organisation?

Ein Aktionär oder Aufsichtsratsvorsitzender sollte einschätzen können, ob eine Organisation in ethischer Hinsicht auf einem guten Weg ist, oder ob sie durch Skandale ihre Zukunft verspielen wird (Beispiel Wirecard).
Für eine Führungskraft ist es wichtig, zu wissen, ob sie sich mit dem Unternehmen und seinen Leitwerten identifizieren kann.
Für einen Mitarbeiter/eine Mitarbeiterin ist es wichtig, zu wissen, ob ethische Werte und Integrität in dem Unternehmen, in dem er/sie arbeitet, hochgehalten oder mit Füßen getreten werden.

Nun stellt sich die Frage, wie man eine starke, ethische und eine schwache, unethische Organisation voneinander unterscheiden kann.

Eine diesbezügliche Einschätzung vorzunehmen, ist allerdings selbst für Insider oftmals schwer. Auch sie verfügen in der Regel nur über begrenzte Informationen, und diese Informationen sind stets im Kontext des Umfelds zu bewerten, in dem die Organisation sich betätigt.

Wird die Organisation schon von Aufsichtsbehörden reguliert und überwacht (z.B. Banken), dann ist die Einschätzung anders vorzunehmen als bei einem völlig frei und unreguliert am Markt tätigen Unternehmen.
Hat die Organisation eben erst einen kompletten Managementwechsel erlebt, stellt sich die Situation anders dar als bei einer jahrelang personell stabilen Führung.

In der früheren Ausgabe dieses Buches hatte ich hierzu einen Organisationstest entwickelt. Die Kriterien, die darin enthalten sind, sind immer noch relevant, doch die Bewertung anhand einer Notenskala hat sich als schwierig erwiesen.

Ich habe daher den früheren Organisationstest durch eine Checkliste zum Integritätsgrad einer Organisation ersetzt, den **„31-Fragen-Check"**. Auf eine Bewertungsskala wird hier allerdings verzichtet.
Dennoch: Wenn Sie viele der hier aufgeführten Fragen mit "nein" oder "eher nein" beantworten, dann ist es gut möglich, dass Sie es mit einer Organisation zu tun haben, die mit Integrität und Ethik Probleme hat.

7.7 Der 31-Fragen-Check zur Ethik einer Organisation

Will man sich ein Bild von der Organisation in Bezug auf ihre Ethik und Integrität machen, dann kann man sich dazu eine Reihe von Fragen stellen. Die Fragen können (leicht abgewandelt) auch für einen Teilbereich der Organisation genutzt werden.

Zu fragen wäre:

1. Ist der Ruf der Organisation in der Öffentlichkeit untadelig?
2. Wurde die Organisation noch nie zu Bußgeldzahlungen verurteilt oder mit Auflagen bzw. Verboten sanktioniert?
3. Ist die Leitung der Organisation unabhängig von der Einflussnahme Dritter außerhalb der Organisation?
4. Sind gegen die Mitglieder der Leitung der Organisation noch nie Strafen verhängt worden?
5. Gehen die Mitglieder der Organisationsleitung vorbildlich und korrekt mit Rechtsvorschriften und internen Regeln um?
6. Gibt es ein faires und transparentes Vergütungssystem?
7. Sind die Führungskräfte überwiegend unbestechlich und ehrlich?
8. Ist der Vertrieb der Organisation transparent (z.B. dadurch, dass es keine externen Vermittler gibt)?
9. Gibt es eine Einkaufsrichtlinie, und werden Lieferanten für größere Aufträge danach ausgewählt?
10. Gibt es keine Doppelbesetzungen von Führungspositionen, die einen Interessenkonflikt beinhalten könnten?

11. Gehen die Führungskräfte unterhalb der Organisationsleitung stets vorbildlich und korrekt mit Rechtsvorschriften und internen Regeln um?
12. Gibt es Stellenbeschreibungen mit klaren Rollen und Verantwortlichkeiten, und werden diese in der Praxis umgesetzt?
13. Sind Führungskräfte nur mit Leitungsaufgaben betraut und üben darüber hinaus keine operativen Aufgaben ohne weitere Kontrolle aus?
14. Gibt es gut dokumentierte, transparente Arbeitsanweisungen?
15. Gibt es ein angemessenes Internes Kontrollsystem (z.B. Vier-Augenprinzip, Vollmachtsregelungen, Funktionstrennungen)?
16. Können Mitarbeiter Beschwerden angemessen vorbringen?
17. Sind Entscheidungen für Großprojekte und Großaufträge, bei denen es um große Geldbeträge geht, grundsätzlich geregelt, nachvollziehbar und plausibel?
18. Gehen Führungskräfte angemessen streng und konsequent mit Regelverstößen um?
19. Hat Ihr Chef Sie noch nie darum gebeten, etwas in moralischer, berufsethischer oder rechtlicher Hinsicht Zweifelhaftes zu tun?
20. Verhalten sich Mitarbeiter grundsätzlich kollegial, regelkonform und ethisch korrekt?
21. Gibt es einen guten und offenen Kommunikationsstil in der Organisation?
22. Ist der Umgang zwischen Mitarbeitern und Vorgesetzten sowie untereinander grundsätzlich offen und fair?
23. Herrscht in der Organisation überwiegend eine Atmosphäre des gegenseitigen Vertrauens?
24. Werden Sie und Ihre Kollegen über alle wichtigen Themen zeitnah und offen informiert, ohne dass es unnötige Geheimnisse gibt?
25. Gibt es keine Anzeichen für geheime Absprachen, intransparente Vorgänge und nicht schriftlich dokumentierte Verträge?
26. Ist die Buchhaltung transparent und korrekt und bedürfen Buchungen stets eines Belegs?
27. Gibt es keine ungewöhnlichen Sonderregelungen und Ausnahmen von bestehenden Regelungen, die nicht plausibel sind?
28. Wird mit Kritik angemessen umgegangen?
29. Werden Zusagen eingehalten?

30. Verfügt niemand über besondere, für seine Aufgabe oder
    Position unnötige Vollmachten oder Befugnisse?
31. Wird mit dem Datenschutz angemessen umgegangen?

Diese Checkliste kann natürlich nur Anhaltspunkte für eine subjektive Einschätzung dazu liefern, ob eine Organisation als ethisch oder eher unethisch einzuschätzen ist, eine objektive Aussage ist damit nicht möglich. Doch: Sollten Sie mehr als fünfzehn Fragen mit „nein" beantworten, dann sollten Sie sich überlegen, ob Sie in dieser Organisation bzw. diesem Arbeitsgebiet wirklich gut aufgehoben sind.

Selbst, wenn Sie zum jetzigen Zeitpunkt noch nicht in einen Interessenkonflikt geraten sind, dann ist das für die Zukunft nicht auszuschließen.

Je nach dem Druck, der auf Sie ausgeübt wird, kann es sein, dass Sie sich entscheiden müssen zwischen Ehrlichkeit und Integrität einerseits und dem Fortbestehen Ihres Arbeitsverhältnisses andererseits.

Vielleicht überlässt man ihnen auch scheinbar freiwillig die Entscheidung, und wenn Sie dann „nein" gesagt haben, scheinen Sie zunächst keinen Nachteil davon zu haben. Erst später werden Sie gemobbt, von Informationen ferngehalten, in Ihrem Aufgabenbereich beschnitten, oder Sie verlieren sogar Ihren Arbeitsplatz.
Vielleicht werden Sie nach und nach zum Zeugen unredlichen oder rechtswidrigen Verhaltens. Selbst, wenn Sie sich nicht dafür vor Gericht verantworten müssen, werden Sie irgendwann in einen Gewissenskonflikt kommen.

Lassen Sie es nicht so weit kommen. Wenn Sie wirklich ernsthaft das Gefühl haben, in einer nicht integren Organisation zu arbeiten, dann wechseln Sie den Bereich oder die Organisation!

7.8   Was braucht eine ethische Organisation?

Nachdem wir nun eine ganze Reihe von Beispielen für Abweichungen von Ethik und Integrität gesehen haben, fragen wir uns vielleicht, wie eine gute und integre Organisation („ethische" Organisation) eigentlich beschaffen sein sollte.

Eine Grundvoraussetzung dafür ist natürlich eine gewisse Vorbildfunktion aller Beteiligten, der ernsthafte Wille, offen, ethisch, fair und verantwortungsbewusst im Umgang miteinander zu handeln und es nicht bei bloßen Absichtserklärungen zu belassen.

Doch eine Organisation ist lebendig; sie wandelt sich täglich sowohl in ihren Strukturen als in Bezug auf die personelle Zusammensetzung. Um dauerhaft sicherzustellen, dass sich die guten Absichten nicht nach einigen Jahren wieder in ihr Gegenteil verwandeln, bedarf es einer Art Unternehmensverfassung, eines organisatorischen Rahmens, der die Ethik und Integrität einer Organisation auch unabhängig von Personen sicherstellt.

Der Rahmen sollte verpflichtende Grundätze beinhalten. Ich möchte Ihnen nachfolgend einige Beispiele für solche Grundätze vorstellen.

Acht Grundsätze zur Unternehmensführung

1. Grundsatz ethischen Verhaltens

Wir richten unser Handeln stets an rechtlichen und ethischen Grundsätzen aus. Wir beachten Rechtsvorschriften und berücksichtigen die Interessen anderer.

2. Grundsatz der Gewaltenteilung

Wir beschränken die Vollmachten unserer Führungskräfte und Mitarbeiter auf das für ihre Aufgaben erforderliche Maß.

3. Grundsatz der Loyalität

Keine Gruppe und kein einzelnes Mitglied der Organisation stellt persönliche Interessen vor die Interessen der Organisation.

4. Grundsatz der Gleichberechtigung

Wir sorgen dafür, dass kein Organisationsmitglied bei der Ausübung seiner Arbeit benachteiligt, bevorzugt oder behindert wird.

5. Grundsatz der Transparenz

Wir arbeiten nach genehmigten und dokumentierten Grundsätzen und machen unsere Arbeit im Rahmen der gesetzlichen Schutzbestimmungen nachvollziehbar und transparent.

6. Grundsatz der Verantwortung

Wir übernehmen Verantwortung und sind offen für konstruktive Kritik und Innovationen.

7. Grundsatz der Zuverlässigkeit

Wir handeln verbindlich und halten Zusagen und Vereinbarungen untereinander und gegenüber Dritten ein.

8. Grundsatz der Nachhaltigkeit

Wir lassen uns an unseren Vorsätzen messen. Wir erstellen und pflegen
ein zweckmäßiges Regelwerk, mit dem unsere Grundsätze in allen
Organisationsteilen und für alle Geschäftsabläufe sichergestellt sind und
laufend überwacht werden.

7.9 Grundsätze der ethischen Organisation

Auch diese Grundsätze sind noch viel zu abstrakt, um in der betrieblichen
Praxis „gelebt" zu werden. Um tatsächlich Blendwerken vorbeugen zu
können, bedarf es zu jedem Punkt eines Regelungsmechanismus, der dazu
beträgt, dass die Zusammenarbeit aller Organisationsmitglieder schon auf
der richtigen Grundlage beginnt, und dass sie anschließend den
allgemeinen Grundsätzen entsprechend funktioniert. Am Ende muss
kontrolliert werden, ob die konkreten Regelungen auch zweckgerecht
angewendet wurden.

Dabei muss es sich keineswegs um ein bürokratisches Monstrum handeln.
Gute Regelwerke zeichnen sich durch Einfachheit, Überschaubarkeit und
Kürze aus.

1. Grundsatz ethischen Verhaltens

Wir richten unser Handeln stets an rechtlichen und ethischen Grundsätzen aus.
Wir beachten Rechtsvorschriften und berücksichtigen die Interessen anderer.

Dieser Grundsatz klingt selbstverständlich, ist es aber nicht. Viele
Organisationen gehen davon aus, dass es reicht, firmeninterne Regeln und
Rechtsvorschriften zu beachten. Der Zusatz „ethische" Grundsätze
bedeutet allerdings, dass auch ein Ethik-Kodex zu beachten ist, wie er
heutzutage im Compliance-Kontext üblich ist. Die Interessen auch anderer
zu beachten, betont die Bedeutung des Respekts vor und der Fairness
gegenüber anderen. Einseitig rücksichtsloses Verhalten soll damit
ausgeschlossen werden., auch solches, welches nicht regelwidrig ist.

2. Grundsatz der Gewaltenteilung

Wir beschränken die Vollmachten unserer Führungskräfte und Mitarbeiter auf das zu ihrer Aufgabe erforderliche Maß.

Eine übermäßige Machtkonzentration entsteht oft durch fehlende, veraltete und/oder nicht dokumentierte Vollmachten und Zuständigkeitsregelungen. Sind Vollmachten nicht oder nur unzureichend geregelt, dann bilden sich Zuständigkeiten und Entscheidungsspielräume erst in der gelebten Praxis heraus, doch dann werden wahrscheinlich nach und nach die ehrgeizigsten und durchsetzungsstärksten Führungskräfte den größten Handlungsspielraum gewinnen. Das muss nicht unbedingt im Interesse der Organisation sein. Unter Umständen entsteht daraus bald eine unangemessene Machtkonzentration, die zu Missbräuchen einlädt.

Dagegen hilft es, klare Grundsätze für Vollmachten und die Zuteilung von Vollmachten in der Organisation festzulegen und die Vollmachten schriftlich zu erteilen.
Die Aufgaben und die Personalausstattung der einzelnen Verantwortungsbereiche sollten sich ausschließlich an angemessenen, rein sachlichen Kriterien orientieren. Außerdem sollten sie in einem geregelten Ablauf von einer möglichst unabhängigen Stelle vorgeschlagen und genehmigt werden.

Gelegentlich sollten die Stellenbeschreibungen und Vollmachten sowie der ganze Ablauf zur Genehmigung von Organisationseinheiten und Stellen von einer weiteren unabhängigen Instanz (z.B. interne oder externe Revision) auf Angemessenheit und Wirksamkeit hin überprüft werden.

Die Übernahme mehrerer verschiedener Rollen durch Führungskräfte in Personalunion (z.B. Abteilungsleiter ist gleichzeitig Gruppenleiter, Revisionschef ist gleichzeitig der Compliance Officer) sollte möglichst vermieden werden.

Um den sich im Zeitablauf ändernden Anforderungen an die Organisationstruktur gerecht zu werden, sollten Organigramme und Stellenbeschreibungen, die nach einheitlichem Muster für alle Bereiche aufzustellen wären, laufend überwacht und ggf. angepasst werden.

Ein Personalcontrolling mit den aktuellen Mitarbeiterzahlen und anderen KPI je Bereich hilft ebenfalls, die Machtbalance zu kontrollieren, und es trägt außerdem dazu bei, die Kosten im Blick zu behalten.

3. Grundsatz der Loyalität

Keine Gruppe und kein einzelnes Mitglied der Organisation stellt persönliche Interessen vor die Interessen der Organisation.

Um dieses wichtige Ziel zu erreichen, kommt es zunächst natürlich darauf an, dass die Organisationsleitung ihre diesbezügliche Vorbildfunktion wahrnimmt.

Darüber hinaus kann ein Ethik-Kodex, also eine allgemeinverbindliche Richtlinie, dazu beitragen, dass Klarheit darüber herrscht, welche Verhaltensweisen im Unternehmen unerwünscht sind und nicht toleriert werden, z.B. die Annahme oder das Angebot von rechtswidrigen persönlichen Vorteilen und Geschenken in Einkauf oder Vertrieb, aber auch Verstöße gegen Arbeits- oder Umweltschutzbestimmungen.

Dieser Ethik-Kodex sollte sich natürlich in besonderem Maße an dem konkreten Tätigkeitsfeld und Geschäftsmodell der Organisation ausrichten. Hierzu gibt die Compliance-Literatur zahlreiche Ratschläge.

Um eventuelle Regelverstöße früh als solche erkennen und darauf reagieren zu können, kann als mögliche Meldeinstanz für Regelverstöße eine sogenannte „Whistleblowing-Hotline"[11], also ein geregeltes Hinweisgebersystem, oder ein Ombudsmann für die anonyme Anzeige von Regelverstößen eingerichtet werden. Dabei muss der Hinweisgeber anonym bleiben können.

Aber Achtung: Den Mitgliedern der Organisation, die solche Verstöße melden wollen, sollte dazu eine Hilfe an die Hand gegeben werden, was

---

[11] Whistle-Blowing: Darunter versteht man im Allgemeinen die Meldung von geheimen Informationen an andere, auch an die Öffentlichkeit. Im firmeninternen Kontext wird aber erwartet, dass die Informationen eben nicht an die Öffentlichkeit gelangen, sondern zunächst an genau definierte interne Stellen gemeldet werden, besonders dann, wenn es sich um mögliche Compliance-Verstöße handelt.

unter Regelverstößen zu verstehen ist und welche Anforderungen an eine Meldung zu stellen sind, denn der Meldende muss auf den Schutz seiner Person vertrauen können, der i.d.R. Anonymität voraussetzt.

Doch das geht nur, wenn sich der Hinweisgeber bei der Meldung selbst korrekt verhält. Whistleblowing steht in einem starken Spannungsfeld zwischen einerseits der Pflicht, dem Arbeitgeber Regelverletzungen zu melden und andererseits der Beachtung vieler, diesem Grundsatz entgegenstehenden Schutzvorschriften, wie z.B. Datenschutz oder der Pflicht zur Wahrung des Betriebsfriedens.
Wer ein System zur Erfassung von Regelverstößen einrichten möchte, sollte dies daher unbedingt mit Fachleuten zum Thema „Compliance" besprechen. Bestimmte rechtliche Kenntnisse sind hierzu unerlässlich.

Beim Grundsatz der Loyalität kommt es aber nicht nur auf einen rechtlichen Kodex an, sondern auch auf das oben erwähnte Vorbild der Organisationsleitung, auf ernsthaftes Interesse der Führungskräfte an ihren Mitarbeitern und auf ehrliches Engagement und Loyalität der Mitarbeiter gegenüber dem Unternehmen.

In der Praxis muss dieses Ziel aber auch durch ein Bündel von Maßnahmen unterstützt werden. Seine Umsetzung stellt hohe Anforderungen an die Personalführung, das Bezahlungssystem, an den Umgang mit den Mitarbeitern und die Möglichkeit, Probleme auch von „unten" an das Management zu adressieren.

4. Grundsatz der Gleichberechtigung

Wir sorgen dafür, dass kein Organisationsmitglied bei der Ausübung seiner Arbeit ohne sachlichen Grund benachteiligt, bevorzugt oder behindert wird.

Dieser Grundsatz sollte im Ethik-Kodex verankert sein und kann durch die Personalabteilung, den Betriebsrat oder eine andere Instanz als Ansprechpartner unterstützt werden. Darüber hinaus sollten sich alle Führungskräfte der Organisation daran messen lassen.
Denkbar ist dazu die regelmäßige Durchführung einer anonymen Mitarbeiterbefragung, bei der Mitarbeiter nach bestimmten Kriterien den Grad ihrer Zufriedenheit, also auch den mit dem Umgang des

Unternehmens im Hinblick auf ethisches, faires und regelkonformes Verhalten, angeben können. Wenn dabei auch Fragen zum Thema Bevorzugung, Benachteiligung oder Behinderung formuliert werden, dann bringt eine solche Umfrage, sofern sie wirklich anonym ist, mögliche Mängel zu Tage.

Die Ergebnisse der Mitarbeiterbefragung sollten dann auch in der variablen Vergütung der Führungskräfte berücksichtigt werden.

5. Grundsatz der Transparenz

Wir arbeiten nach genehmigten und dokumentierten Grundsätzen und machen unsere Arbeit im Rahmen der gesetzlichen Schutzbestimmungen nachvollziehbar und transparent.

Sind Abläufe und Verfahrensweisen nicht oder nicht angemessen geregelt, dann bleiben Entscheidungen und Begründungen intransparent, weil sie ohne Grundlage nicht nachvollziehbar sind. Die daraus resultierende Intransparenz bietet unredlichem Verhalten und Minderleistungen einen guten Nährboden. Willkür und Manipulation werden wahrscheinlicher.

Dieses Risiko nimmt noch zu, wenn es außerdem kaum standardisierte Arbeitsvorlagen, Protokolle oder andere Formen der Dokumentation gibt, oder wenn diese Mittel in jedem Bereich anders gehandhabt werden.

Deshalb sollten alle Organisationsbereiche über schriftliche und verbindliche, verständliche und von den Mitarbeitern als nützlich empfundene Arbeitsanweisungen verfügen. Sie sollten für die Mitarbeiter zugänglich sein, und ihre Einhaltung sollte überwacht werden.

Dies gilt selbstverständlich auch für die Verantwortlichkeiten der Führungskräfte. Besonders zu empfehlen ist die Dokumentation von „Schnittstellen" im Betrieb, d.h. dort, wo verschiedene Organisationseinheiten zusammenarbeiten. Hier ist die Gefahr von Lücken, Überschneidungen, Reibungsverlusten, aber auch von Missbräuchen mit am größten.

Viele Organisationen fürchten eine überbordende Dokumentation, mit dem Ergebnis, dass sie manchmal lieber ganz darauf verzichten. Sie verkennen dabei aber, dass eine gute Dokumentation nur das regelt, was wirklich einer Regelung bedarf. Eine gute Dokumentation und praxisnahe Arbeitsvorlagen sind immer kurz, knapp und verständlich geschrieben, so dass sie auch wirklich von den Mitarbeitern genutzt werden können. Sie regeln niemals jeden Einzelfall! Dafür ist schließlich das Management zuständig.

Dokumentationen, in einem Umfang von beispielsweise mehr als 500 Seiten, können nur selten als gute Arbeitsanweisung dienen und sind überdies sehr aufwendig zu pflegen.

Doch eine gute und zweckmäßige Dokumentation bietet sehr viele Vorteile:

- Einheitlichkeit des Vorgehens statt Einzelfall-Entscheidungen
- Ständiges Verbessern durch Einarbeiten von Erfahrungswerten
- Entlastung der Führungskräfte von Besprechungen mit einzelnen Mitarbeitern
- Schnelle, selbständige Einarbeitungsmöglichkeit für neue Mitarbeiter
- Nachschlagewerk-Funktion für viele Jahre
- Nachvollziehbarkeit von Abläufen und Entscheidungen
- Grundlage für Beurteilungen
- Erschweren von heimlichen Absprachen und Missbrauchs-möglichkeiten

Eine gute, nachvollziehbare, nach einheitlichen Grundsätzen aufgebaute und schnell wieder auffindbare Dokumentation ist in Bezug auf die Steigerung der Leistung einer Gruppe und die Verhinderung von Missbrauch Gold wert.

Allerdings muss die Dokumentation auch Anforderungen erfüllen:

- Schnelle und einfache Zugangsmöglichkeit für alle Berechtigten
- Verständlicher, klarer und zweckmäßiger Schreibstil
- Übereinstimmung mit beruflichen Standards und rechtlichen Normen
- Geeignetes Berechtigungskonzept zur Einsicht und Änderung
- Beachtung von Archivierungspflichten
- Beachtung von Urheberrechten

- Qualitätssicherung
- Laufende Pflege mit klarer Verantwortung für die Pflege

Idealerweise werden die Mitarbeiter an der Erstellung einer solchen Dokumentation in angemessener Weise beteiligt.

## 6.	Grundsatz der Verantwortung

Wir übernehmen Verantwortung und sind offen für konstruktive Kritik und Innovationen.

Die Übernahme von Verantwortung ist eine sehr persönliche Angelegenheit. Umso mehr kommt es darauf an, hierfür die richtigen Rahmenbedingungen zu schaffen. Eine wichtige Voraussetzung dafür ist die klare, lückenlose und widerspruchsfreie Definition aller Rollen und Verantwortlichkeiten in der Organisation.
Wenn diesbezüglich Klarheit herrscht, wird es schon einmal schwerer, Verantwortung auszuweichen und sie auf andere zu schieben. Die Wahrscheinlichkeit von Missbräuchen und Fehlern nimmt tendenziell ab.

Verantwortung heißt auch, für angemessene Kritik und Verbesserungsvorschläge offen zu sein. Gute Kommunikationswege können überdies helfen, die Informationsstände der Mitarbeiter untereinander abzugleichen und konstruktive Verbesserungsvorschläge systematisch einzubringen.

Zur Verantwortung gehört es, dass Führungskräfte regelmäßig mit ihren Mitarbeitern kommunizieren. Neben den Gesprächen zwischen ihnen und einzelnen Mitarbeitern empfiehlt sich außerdem die Einführung sogenannter „Jour-Fixes".
Das sind gemeinsame Gespräche (oder Telefonate) unter Beteiligung aller Gruppenmitglieder. Mit Hilfe der Agenda wird dafür gesorgt, dass das besprochen wird, was für alle Gruppenmitglieder wichtig ist.

Darüber hinaus empfehlen sich interne Workshops zur Besprechung von möglichen Verbesserungen innerhalb der Gruppe.
Mit diesen Kommunikationsinstrumenten kann konstruktive Kritik zur Ausarbeitung von Verbesserungsmaßnahmen genutzt werden. Es gibt oft

viele kleine „Störfaktoren", die den Mitarbeitern das Leben unnötig schwermachen. Auf diese Weise lassen sie sich nach und nach abbauen. Wichtig ist, dass das Angebot der Vorgesetzten an die Mitarbeiter zur konstruktiven Kritik ernst gemeint ist. Sollte nach einer solchen Kritik anschließend wieder nur das allgemeine Tagesgeschäft den Vorrang haben und alles bleiben, wie es ist, wäre das Ganze reine Zeitverschwendung und würde die Mitarbeiter demotivieren.

Probleme in der internen Kommunikation können im Rahmen der anonymen Mitarbeiterbefragung, deren Ergebnisse den daran Beteiligten (aber ohne Verletzung der Anonymität der Teilnehmer) zugänglich gemacht werden, aufgedeckt werden.

Dadurch werden Mängel in diesem Bereich transparent, so dass sie von dritter Stelle (z.B. vom nächst höheren Vorgesetzten oder von der Personalabteilung) angesprochen werden können.

7.   Grundsatz der Zuverlässigkeit

Wir handeln verbindlich und halten Zusagen und Vereinbarungen untereinander und gegenüber Dritten ein.

Innerhalb der Organisation entsteht Zuverlässigkeit dann, wenn das Getane mit dem zuvor Versprochenen übereinstimmt. Doch häufig werden Dinge, die über den normalen beruflichen Alltag hinausgehen, z.B. die Arbeit an kleinen Innovationen, neuen Vorlagen, Änderungen an der Software usw. vergessen oder verschoben. „Wer täglich Bäume fällt, hat kaum die Zeit, die Axt zu schleifen" ist ein altes Sprichwort.

Hierzu kann es hilfreich sein, sogenannte „To-Do-Listen" einzuführen. Mit Hilfe dieser Listen können die im Rahmen von Gruppenbesprechungen aufgekommenen Aufgaben („To-Do's") mit Terminen und Verantwortlichen versehen, nachgehalten und systematisch abgearbeitet werden.

Die Einhaltung von Zusagen gegenüber Dritten setzt stets eine gegenseitige Zuverlässigkeit voraus. Sie beinhaltet einerseits die Einhaltung von Versprechungen der eigenen Organisation gegenüber ihren Geschäftspartnern, andererseits aber auch die Prüfung der Voraussetzungen bei den Geschäftspartnern für eine zuverlässige, rechtskonforme und ethische Zusammenarbeit.

Wenn eine Organisation auf der Suche nach neuen Geschäftspartnern ist, sollte sie sich zu Beginn der Geschäftsbeziehung einen Eindruck vom Geschäftsgebaren ihres Partners einholen:

- Wie lange ist das Unternehmen schon am Markt tätig?
- Wie ist sein Leumund?
- Wie finanzstark ist das Unternehmen?
- Wird über die potentielle Partnerorganisation negativ in der Presse berichtet, z.B. über eine schlechte Zahlungsmoral oder über Kinderarbeit im Ausland?
- Gibt es Gerüchte über eine drohende Insolvenz?

8. Grundsatz der Nachhaltigkeit

Wir lassen uns an unseren Vorsätzen messen. Wir erstellen und pflegen ein zweckmäßiges Regelwerk, mit dem unsere Grundsätze in allen Organisationsteilen und für alle Geschäftsabläufe sichergestellt sind und laufend überwacht werden.

Der Grundsatz der Nachhaltigkeit ist von besonderer Bedeutung, denn ohne ein verbindliches Regelwerk lassen sich die guten Vorsätze kaum im betrieblichen Alltag umsetzen. Es ist also eine Art firmeninterne „Aufsicht" einzurichten, die für alle Organisationsteile gleichermaßen gilt und die mit geeigneten Kontrollen überwacht wird.

Diese Aufsicht, das firmeninterne Regelwerk, ist nichts anderes als das sogenannte *Interne Kontrollsystem* der Organisation, ein Begriff, der häufig in der internen und externen Revision verwendet wird. Leider ist er im Management selbst nicht allzu gut bekannt.
Über ein Internes Kontrollsystem verfügt zwar – zumindest informell und ganz intuitiv – fast jede Organisation, aber vielen ist nicht bewusst, wie groß seine Bedeutung ist, und nur wenige wissen, welche Anforderungen an seine *kostengünstige* und *zweckmäßige* Ausgestaltung zu stellen sind.
Es handelt sich hierbei um ein sehr komplexes und umfangreiches Thema. Gleichwohl möchte ich Ihnen dieses - aus meiner Sicht – besonders

nützliche Werkzeug gegen Betrüger und Scheinheilige, aber auch gegen Minderleister, zumindest in seinen Grundzügen vorstellen.

7.10   Prävention durch ein Internes Kontrollsystem (IKS)

Jeder Organisation muss damit rechnen, dass unehrliche Menschen ihre Strukturen und Geschäftsabläufe für eigene Zwecke zu missbrauchen versuchen. Sind die Geschäftsprozesse unzureichend geregelt, dann können sie ihre Ziele oft ohne große Mühe in vielfältiger Weise erreichen:

Sie rechnen z.B. private Ausgaben unter Reisekosten ab und bezahlen sie aus dem Firmenbudget, sie kaufen Firmenmaterial nicht beim für die Firma günstigsten Lieferanten ein, sondern bei einem ihrer Bekannten, sie lassen sich Bestechungsgelder für die Erteilung eines Auftrags zahlen, sie steuern die „Provisionen" von Lieferanten für die Erteilung eines Auftrags auf eigene Konten, oder sie erlangen Aufträge durch Schmiergeldzahlungen.

Die Größenordnung solcher Praktiken kann für die Organisation ruinöse, Existenz gefährdende Ausmaße annehmen. Die Gefahr für die Organisation nimmt im dem Maße zu, wie der firmeninterne Einfluss des Täters zunimmt und die Möglichkeiten zu seiner Kontrolle abnehmen. Dann wird er bald Mitarbeiter einstellen, die ähnliche Verhaltensweisen aufweisen wie er selbst („wie der Herr, so das Gescherr"), die ihn bei seinen Machenschaften unterstützen oder zumindest gewähren lassen.

Ehrliche Leistungsträger, die unredliche Praktiken kritisch beäugen, wird ein solcher Manager hingegen schnell aussortieren. Dann breitet sich das „Amigo-System" wie eine Krake in der Organisation aus. Nach und nach werden dann auch die Überwachungsmechanismen der Organisation immer mehr umgangen oder außer Kraft gesetzt.

Eine besonders kritische Situation entsteht, wenn der Täter in seinem eigenen Bereich nicht nur für das operative Management allein verantwortlich ist, sondern wenn es ihm gelingt, sich den Kontrollen durch andere geschickt zu entziehen.
Mir ist ein Fall bekannt, in dem sich ein Prokurist und Finanzchef der Tochtergesellschaft eines Großkonzerns zinslose Firmenkredite an sich selbst genehmigte und die nicht unerheblichen Beträge auf das eigene

Konto überweisen ließ. Seiner Buchhalterin hatte er weisgemacht, dass dies alles mit seinem Chef abgestimmt sei.

In diesem Fall hatte es die Personalabteilung des Unternehmens überdies versäumt, bei der Einstellung dieses Mannes ein polizeiliches Führungszeugnis anzufordern. Aus diesem Zeugnis wäre hervorgegangen, dass der Mann bereits einschlägig vorbestraft war. Außerdem stellte sich später noch heraus, dass der Mann regelmäßig ins Spielkasino ging.

Doch geht es hier nicht allein um ein Führungszeugnis. Eine Vorstrafe im Lebenslauf ist eher die Ausnahme als die Regel, und irgendwann passiert jeder Betrug eben zum ersten Mal. Der Fall zeigt aber, wie sorglos die Konzernmutter mit ihrer Tochtergesellschaft verfahren war.

Nun stellt sich natürlich die Frage, mit welchen Kontrollmechanismen die o.g. Betrügereien vielleicht zu verhindern gewesen wären.

Und nun sind wir beim Internen Kontrollsystem angekommen.

„Unter einem internen Kontrollsystem werden die von dem Management im Unternehmen eingeführten Grundsätze, Verfahren und Maßnahmen (Regelungen) verstanden, die gerichtet sind auf die organisatorische Umsetzung der Entscheidungen des Managements

- zur Sicherung der Wirksamkeit und Wirtschaftlichkeit der Geschäftstätigkeit (hierzu gehört auch der Schutz des Vermögens, einschließlich der Verhinderung und Aufdeckung von Vermögensschädigungen),
- zur Ordnungsmäßigkeit und Verlässlichkeit der internen und externen Rechnungslegung sowie zur Einhaltung der für das Unternehmen maßgeblichen rechtlichen Vorschriften." [12]

Das Interne Kontrollsystem ist gewissermaßen der Schutzzaun um die gesamte Organisation. Es hat die Aufgabe, die Organisation, ihre Ziele und Geschäftsprozesse gegen Fehler aller Art abzusichern, d.h. gegen

---

[12] Siehe Institut der Wirtschaftsprüfer in Deutschland e.V. (IDW): IDW Prüfungsstandard: Feststellung und Beurteilung von Fehlerrisiken und Reaktionen des Abschlussprüfers auf die beurteilten Fehlerrisiken (IDW PS 261). In: Die Wirtschaftsprüfung 2006, S. 1433-1445).

Missbräuche in Bezug auf die Ordnungsmäßigkeit, aber auch gegen den Verlust von Vermögen oder Daten, gegen mangelnde Wirtschaftlichkeit oder gegen die Gefährdung der strategischen Unternehmensziele.
Dahinter steht die Erkenntnis, dass die Organisation und ihre Geschäftsprozesse stets Gefahr laufen, fehlzuschlagen, d.h. in irgendeiner Weise den angestrebten Zweck nicht, nicht in vollem Umfang oder zu spät zu erreichen. Diese sogenannten Fehlerrisiken „wohnen" dem jeweiligen Geschäftsprozess sozusagen „inne", denn ohne den Prozess gäbe es das Risiko ja nicht. Daher kommt der Begriff des sogenannten „inhärenten" (dem Prozess innewohnenden) Risikos.

Um diese „Fehler" (besser: Schäden) im Ablauf zu vermeiden, bedarf es einer Absicherung des Prozesses, einer „Steuerung" in Richtung des Prozessziels zur Verminderung des Risikos, dass der Prozess fehlschlägt oder bewusst missbraucht wird.
Diese Steuerung wird ein wenig irreführend „Kontrolle" genannt, denn zu den hier Kontrollen genannten Steuerungsmaßnahmen werden nicht nur die nachträglichen (die eigentlichen) Kontrollen, sondern alle Maßnahmen gezählt, die schon von vornherein Fehlschläge verhindern helfen, also zum Beispiel auch Firmenstandards und -richtlinien, einheitliche Arbeitsvorlagen usw.

Wir verstehen also im Folgenden unter Kontrollen alle *Steuerungsmaßnahmen*, die den Prozess „unter Kontrolle" bringen sollen, somit auch diejenigen, die schon vor Beginn des Prozesses wirksam werden oder seine Grundlage bilden.

Kontrollen können sowohl prozessunabhängig sein (eigener Kontrollprozess) als auch in den Prozess integriert sein (z.B. Vorgaben, Standards, Prozessschritte mit qualitätssichernden Elementen). Das Interne Kontrollsystem sollte regelmäßig von einer unabhängigen Instanz, z.B. einer internen oder externen Revision, auf Vorhandensein, Angemessenheit und Wirksamkeit hin geprüft werden, so verlangen es die Regeln guter Unternehmensführung.

Kontrollen in Geschäftsabläufen

Kontrollen sind meist ein fester Bestandteil des Prozesses oder ein eng mit dem eigentlichen Geschäftsprozess verbundener besonderer Kontrollablauf. Es gibt vorgelagerte und nachgelagerte Kontrollen.

Vorgelagerte Kontrollen helfen, Risiken bereits zum Prozessbeginn einzuschränken.
Beispiele sind: Richtlinien, Arbeitsanweisungen, Handbücher, Buchungsanweisungen, Passwörter, Zugriffsberechtigungen usw.

Nachgelagerte Kontrollen helfen, Risiken am Prozessende einzuschränken. Beispiele sind: Kontrollen nach dem Vier-Augen-Prinzip, Stichproben durch Auswertungen und Berichte, Systemplausibilisierungen am Ende eines Prozessschritts usw.

Am Beispiel <u>Einkauf</u> möchte ich einige ausgewählte Risiken und Kontrollen veranschaulichen. Sie sind in einer sogenannten „Risiko-Kontroll-Matrix" dargestellt.

Abb. 12: IKS im Einkauf (1)

Geschäftsprozess 1: Bestellung	
Ziel: Bestellungen entsprechen dem Bedarf	

Nr.	Risiko	Kontrolle
1	Die Bestellung hat keine betrieblichen Gründe, die bestellten Güter entsprechen nicht dem Geschäftszweck, oder es werden die falschen Güter bestellt.	Die Bestellung muss anhand eines Bestellformulars erfolgen und/oder wird durch eine zweite Person autorisiert. Die Autorisierung und die geschäftliche Begründung werden vor Auslösen der Bestellung von dem Einkäufer geprüft.
2	Lieferanten werden nicht dem Organisationsinteresse entsprechend ausgewählt.	Es gibt eine unabhängige Stelle zur Auswahl der Lieferanten, oder bei dem Lieferanten wird anhand des Bestellformulars von unabhängiger Stelle eingekauft.
3	Bestellungen werden nachträglich ohne Kontrolle geändert.	Nur autorisiertes Personal kann Bestellungen anlegen und ändern.
4	Bestellungen werden nicht, nicht zeitnah oder abweichend von der ursprünglichen Bestellung ausgeführt.	Bestellformulare sind zentral archiviert und verfügen über eine fortlaufende Nummer. Es wird regelmäßig geprüft, ob und in welcher Form eine Bestellung beim Lieferanten ausgelöst wurde.

Abb. 13: IKS im Einkauf (2)

Geschäftsprozess 2: Lieferung/Empfang		
Ziel: Die bestellte Ware wird zeitnah und fehlerfrei geliefert und empfangen		
Nr.	Risiko	Kontrolle
5	Die gelieferten Waren sind unvollständig.	Es erfolgt eine Wareneingangskontrolle, indem die Lieferscheine nach Art und Anzahl der bestellten Güter mit der Bestellung verglichen werden.
6	Die gelieferten Waren sind fehlerhaft oder es wurden die falschen Artikel geliefert.	Es erfolgt zeitnah nach der Lieferung eine Sichtkontrolle oder Funktionsprüfung der gelieferten Waren durch den Besteller.
7	Die Unvollständigkeit und Fehlerhaftigkeit werden nicht registriert.	Die Unvollständigkeit und Fehlerhaftigkeit werden auf dem Lieferschein oder in gesonderter Weise registriert und dem Einkäufer mitgeteilt.
8	Es wurden Waren geliefert, die nicht bestellt wurden.	Der Lieferschein wird geprüft (z.B. auf Adressfehler hin) und es wird geprüft, ob eine Bestellung vorliegt.

Abb. 14: IKS im Einkauf (3)

Geschäftsprozess 3: Rechnungserfassung	
Ziel: Rechnungen werden korrekt und zeitnah erfasst	

Nr.	Risiko	Kontrolle
9	Die Rechnungsdaten stimmen nicht mit den Bestelldaten überein.	Die Rechnung wird mit der Bestellung verglichen.
10	Es wurde eine Rechnung für Waren gestellt, die fehlerhaft oder unvollständig waren oder nicht bestellt worden sind.	Rechnungen werden zur Kontrolle zum Besteller weitergeleitet. Die Rechnung wird mit der Lieferung und der Bestellung auf folgende Kriterien hin verglichen: • Übereinstimmung der Rechnung mit der Lieferung und mit der Bestellung, • Vollständigkeit der Lieferung, • Fehlerfreiheit und Qualität der bestellten Güter. Nach der Prüfung wird die Rechnung mit einer Freigabe oder einem Vermerk an die Buchhaltung zurückgegeben.
11	Rechnungen werden doppelt erfasst.	Bearbeitete Rechnungen werden als "erfasst" gekennzeichnet.
12	Rechnungen werden mit falschen Daten erfasst.	Vier-Augenprinzip: Vergleich mit dem Originalbeleg durch 2. Person.

Das Beispiel Einkauf habe ich deshalb gewählt, weil es auch für Nicht-Kaufleute und Privatpersonen leicht zu verstehen ist.

Klassische Beispiele für Risiken im Einkauf sind, dass Besteller „Provisionen" (Bestechungszahlungen) vom Lieferanten erhalten, dass Waren oder Dienstleistungen für private Zwecke bestellt werden oder von Verwandten und Bekannten eingekauft werden (im Beispiel oben aus den Risiken 1 und 2 abzuleiten).

Die hier vorgestellten Kontrollen müssen vorhanden, angemessen und wirksam sein.

Ein Mangel im Kontrollsystem erhöht die Fehlschlagswahrscheinlichkeit eines Ablaufs und die Gefahr des Missbrauchs. Dafür reicht es, wenn die Kontrolle entweder nicht vorhanden, nicht angemessen oder nicht wirksam ist.

Erst, wenn alle drei Bedingungen erfüllt sind, sind die inhärenten Risiken angemessen begrenzt (eine vollumfängliche, 100-prozentige Risikokontrolle gibt es nicht, sie wäre unwirtschaftlich und nicht implementierbar).

Selbstverständlich lassen sich die Beispiele aus dem Einkauf auf andere Geschäftsabläufe übertragen.

In *jedem* Geschäftsprozess gibt es inhärente, zum Teil erhebliche Risiken, nicht nur im Hinblick auf Missbrauch, sondern auch in Bezug auf Wirtschaftlichkeit, Datensicherheit und andere Aspekte.

Stellen Sie sich nur vor, dass man eine Person mit zweifelhaftem Ruf zum Generalbevollmächtigten einer Tochtergesellschaft aus einem Land mit hohem Korruptionsindex ernannt hat, oder dass dem Vorstand eines mittelständischen Unternehmens entgangen ist, dass der neue Vertriebsleiter bei der Preisfestlegung eng mit Wettbewerbern zusammenarbeitet (Kartellrecht!). Das ist keine Fiktion, das kommt vor.

Vielleicht fällt der dortige Personalleiter durch einen überdimensionierten Firmenwagen auf, oder der Finanzchef verbringt seinen Urlaub häufig in Monte Carlo. Spätestens dann sollte man sich die Bilanzen seiner Tochtergesellschaften und auch die Lebensläufe dieser Manager einmal näher ansehen!

Prinzipien im Internen Kontrollsystem

Es gibt bestimmte Grundprinzipien im Internen Kontrollsystem, die sich zur Verhinderung von Missbrauch und zur Reduzierung von Fehlern gut bewährt haben.

1. Das Prinzip der Transparenz:

Dieses Prinzip besagt, dass für Prozesse Sollkonzepte etabliert sein müssen, die einem Außenstehenden die Beurteilung ermöglichen, inwieweit Beteiligte konform zu diesem Sollkonzept arbeiten. Erst wenn Sollvorgaben verpflichtend etabliert sind, werden unerwünschte Abweichungen davon erkennbar. Gleichzeitig wird dadurch die Erwartungshaltung der Organisationsleitung definiert.

2. Das Prinzip der vier Augen:

Dieses Prinzip ist wohl das bekannteste. Es besagt, dass in einem gut funktionierenden Kontrollsystem kein wesentlicher Vorgang ohne eine Prüfung durch ein weiteres Paar Augen durchlaufen soll.

3. Das Prinzip der Funktionstrennung:

Dieses Prinzip besagt, dass vollziehende (z.B. Abwicklung von Einkäufen), verbuchende (z.B. Finanzbuchhaltung, Lagerbuchhaltung) und verwaltende (z.B. Lagerverwaltung) Tätigkeiten, die innerhalb eines Unternehmensprozesses (z.B. Einkaufsprozess, verstanden als Prozess von der Bedarfsermittlung bis zum Zahlungsausgang) vorgenommen werden, nicht in einer Hand vereinigt sein sollen. Damit soll eine übermäßige Machtkonzentration verhindert werden.

4. Das Prinzip der Mindestinformation:

Dieses Prinzip besagt, dass für die ausführenden Mitarbeiter nur genau diejenigen Informationen verfügbar sein sollen, die sie für ihre Arbeit brauchen. Dies schließt auch die entsprechenden Sicherungsmaßnahmen bei IT-Systemen mit ein. Dieses Prinzip sorgt dafür, dass Missbrauch durch zu gute Kenntnisse des Gesamtablaufs erschwert wird.

7.11 Verantwortung des Managements für das IKS

Wenn Sie in einer gehobenen Position in einem Unternehmen als Führungskraft für Geschäftsabläufe welcher Art auch immer verantwortlich sind, dann haben Sie damit automatisch die Verantwortung für das IKS in Ihrem Verantwortungsbereich. Die *Aufgabe* zur Einrichtung eines IKS können Sie zwar delegieren, nicht aber Ihre *Verantwortung für das IKS*[13].

Sie müssen sich in regelmäßigen Abständen davon überzeugen, ob ein angemessenes IKS für alle wesentlichen Themengebiete Ihres Bereichs vorhanden ist und ob es wirksam ist, d.h. ob es wirklich in der Praxis funktioniert. Wenn Sie dieser Verantwortung nicht nachkommen, dann sind Fehler im Geschäftsablauf sehr wahrscheinlich, und Sie können dafür verantwortlich gemacht werden. Eventuell können Sie für Folgewirkungen haftbar gemacht werden. Wenn Sie Ihrer Verantwortung jedoch nachkommen, dann schützen Sie sich selbst, Ihre Mitarbeiter und Dritte auch gegen unredliches Verhalten.

7.12 Anforderungen an ein gutes IKS

Das Interne Kontrollsystem kann seine Schutzfunktion nur ausüben, wenn bestimmte Bedingungen erfüllt sind.

1. Das Interne Kontrollsystem sollte eine Dokumentation der inhärenten Risiken und der implementierten Kontrollen enthalten.

2. Das IKS muss in allen Organisationsteilen implementiert sein, es muss angemessen und wirksam sein.

3. Alle Führungskräfte der Organisation kennen ihre Verantwortung für das IKS und nehmen sie wahr, d.h. sie sorgen permanent für ein funktionsfähiges IKS.

4. Das Interne Kontrollsystem muss eine Balance zwischen der Sicherheit und Freiheit der Geschäftstätigkeit gewährleisten, und sein Nutzen sollte die Kosten überwiegen.

---

[13] Vgl. hierzu auch die Ausführungen zu den Themen Aufsichtspflicht und Compliance.

Dokumentation

Zunächst müssen die inhärenten Risiken erfasst werden, denn erst dann kann man ja geeignete Risikobewältigungsmaßnahmen, also Kontrollen, einrichten. Als Beispiel hierfür kann die eben vorgestellte Risiko-Kontroll-Matrix des Einkaufs dienen.

Dokumentation ist zwar für viele Betriebe oft das Schreckgespenst – aber eine Risikominderung gibt es nicht umsonst.
Sorgen Sie also dafür, dass es einen Katalog aus wenigen, aber guten Firmenrichtlinien und Arbeitsanweisungen und je Bereich eine einfache Risiko-Kontroll-Matrix gibt. Stellen Sie außerdem sicher, dass die Dokumente aktuell und nützlich sind, dass sie allen Mitarbeitern bekannt sind und eingehalten werden.
Bitte vermeiden Sie es aber, dass auch der letzte Einzelfall bis ins Kleinste geregelt ist. Die Regeln können dann nicht mehr eingehalten werden, weil sie den Betriebsablauf nicht mehr fördern, sondern behindern.

Konzentrieren Sie sich z.B. lieber auf eine überschaubare Anzahl von „Kernkontrollen", für deren Einhaltung gesorgt wird, und überlassen Sie Ihrem mittleren Management die konkrete Ausgestaltung des IKS im eigenen Verantwortungsbereich.

Verlassen Sie sich aber möglichst nicht auf ein völlig dezentralisiertes IKS. Sie könnten sonst eine unangenehme Überraschung erleben.

Implementierung

Ein gutes IKS erlaubt keine halben Sachen - es nützt nichts, wenn Sie nur eine Reihe von Vorschriften in der Schublade liegen haben, ohne dass sich jemand daran hält. Es nützt ja auch nichts, wenn im Lagerraum abends zwar alle Türen fest verschlossen sind, aber die Fenster noch auf Kippe stehen. Dann wäre das Kontrollsystem zwar rein formal vorhanden, aber nicht wirksam.

Deshalb müssen *alle* Organisationsteile und Geschäftsprozesse mit angemessenen und wirksamen Sicherungsmaßnahmen versehen sein. Es reicht ja auch nicht, wenn ein Anschnallgurt nur auf der Fahrerseite im Auto angebracht ist.

Doch das sollte keinen Anlass zur Beunruhigung geben, denn ein gutes Internes Kontrollsystem ist kein Hexenwerk. Beinahe jedes durchdachte System, das dem Ziel der Absicherung dient, trägt bereits Merkmale eines Internen Kontrollsystems in sich.

Fast intuitiv schließen wir Türen und Schränke unserer Büroräume ab, wir schauen durch den Türspion, bevor wir jemandem die Tür öffnen und lassen uns den Ausweis zeigen, wenn jemand vorgibt, von einer Behörde zu kommen.

In einem kleinen bis mittleren Betrieb kommt das IKS mit einem guten Organigramm, Stellenbeschreibungen und paar gut geschriebenen, allen betroffenen Mitarbeitern bekannten und „gelebten" Regeln aus.
Wenn dazu noch einige gute IT-Kontrollen, Passwörter, Schlüssel und Berechtigungskonzepte kommen und die Arbeitsqualität regelmäßig stichprobenartig gegen praxisnahe Arbeitsanweisungen geprüft wird, hat ein solcher Betrieb alles, was er braucht.

Nachhaltigkeit

Der Organisationsleitung und allen Führungskräften sollte bewusst sein, welche Konsequenzen es haben kann, wenn kein funktionsfähiges IKS vorhanden ist. Insbesondere aber müssen die Organisationsleitung und das Management sich in regelmäßigen Abständen von seinem Vorhandensein, seiner Angemessenheit und Wirksamkeit überzeugen. Diese Verantwortung ist nicht delegierbar!

Balance

Die Balance zwischen der Sicherheit und der Freiheit der Geschäftstätigkeit sowie ein gutes Kosten/Nutzen-Verhältnis ist sicherlich nicht ganz einfach herzustellen. Zum einen setzt sie ein gutes Verständnis des im Grunde einfachen, aber ohne konkrete Beispiele oft abstrakten Themas voraus, zum anderen sind sowohl die Kosten als auch der Nutzen eines IKS oft schwer zu beziffern, zumal der Nutzen des IKS meist immaterieller Art ist.

Nicht selten wird erst, wenn ein Schaden eingetreten ist, der durch ein wirksames IKS hätte verhindert werden können, deutlich, welche Folgen ein schwaches IKS nach sich ziehen kann.

Aber: Eine 100-prozentige Sicherheit kann kein Kontrollsystem gewährleisten. Dieser Grad an Sicherheit wäre wohl kaum bezahlbar.

Umgekehrt würden zu hohe Freiheitsgrade in der Geschäftstätigkeit (d.h. zu wenige Kontrollen) keinen ausreichenden Schutz gegen Fehler und Missbräuche bieten. Die Risiken würden dann mit großer Wahrscheinlichkeit zu Schäden führen und könnten die Existenz der Organisation gefährden. Deshalb kann das Thema Balance zwischen Freiheit und Regelung, Kosten und Nutzen nur argumentativ behandelt werden.

Einige Führungskräfte meinen in diesem Zusammenhang, eine „Kultur des Vertrauens" sei einer „Kultur des Misstrauens" vorzuziehen, oder sie nehmen an, das Interne Kontrollsystem sei vom Prinzip her zu teuer oder gar schlichtweg überflüssig. Solche Führungskräfte unterschätzen die Bedeutung des IKS und könnten das später bereuen.

Ein Internes Kontrollsystem stellt nämlich gerade sicher, dass Transparenz herrscht und Missbrauch erschwert wird. Mit einem guten IKS werden sich ehrliche Mitarbeiter in der Organisation wohlfühlen, weil sie wissen, dass das IKS dafür sorgt, dass sie ihrem Unternehmen vertrauen können.

Setzt man jedoch pauschal auf die „Kultur des Vertrauens" - woher weiß man dann, ob man den blauen Augen der Beteiligten tatsächlich vertrauen kann und ob sich alle Mitarbeiter redlich und regelkonform verhalten?

Darüber hinaus wird ein guter und redlicher Mitarbeiter kaum ein Problem damit haben, sich in einem gut organisierten Rahmen zu bewegen und mit nützlichen Arbeitsanweisungen zu arbeiten. Im Gegenteil, solche Instrumente erleichtern seine Arbeit.

Gute und engagierte Mitarbeiter haben auch kein Problem mit dem Vier-Augen-Prinzip, denn wenn ihre Arbeit einmal Fehler enthalten sollte, ist dies die Gelegenheit, die Fehler zu berichtigen und sie beim nächsten Mal zu vermeiden.
Derartige Mitarbeiter identifizieren sich mit der Firma, schätzen ihre Vorgesetzten, Kollegen und Mitarbeiter, weil sie wissen, dass sich ihr Engagement lohnt. Die Arbeitsatmosphäre macht ihnen Spaß und sorgt für Zufriedenheit am Arbeitsplatz. Außerdem können sie sich auf ihre

Kollegen verlassen. Sie können sich nach der Arbeit entspannen, weil sie am folgenden Arbeitstag keine Machtkämpfe um Zuständigkeiten und Kompetenzen in einem schlecht geregelten Umfeld austragen müssen.
Das IKS bietet Transparenz an, die Organisationsleitung kann bei auftretenden Problemen rechtzeitig eingreifen, weil sie frühzeitig informiert wird und sich wegen des Transparenzprinzips schnell ein Bild von der Lage machen kann.

Aber wie gelänge es, Fehler und Missbräuche zu entdecken, wenn diese aufgrund der „Vertrauenskultur", die keine Überwachung der Abläufe (nicht der Menschen!) erlaubt, vertuscht werden können?
Es ist nicht sehr realistisch, anzunehmen, dass jeder Mitarbeiter ehrlich ist und Verantwortung für seine Fehler übernimmt.

Natürlich darf man das Interne Kontrollsystem nicht für Schuldzuweisungen und Strafaktionen missbrauchen. Das wäre fatal. Man sollte es unbedingt dafür nutzen, Fehler zu vermeiden, es beim nächsten Mal besser zu machen und aus Fehlern zu lernen.
D.h. bis zu einem gewissen Grad müssen Fehler toleriert und als Chance zur Verbesserung wahrgenommen werden.

Zurück zur Kultur des Misstrauens: Würden Sie auf ABS und Airbag, Navigationssystem und Sicherheitsgurt in Ihrem Auto verzichten, wenn es Ihnen erlaubt wäre? Ist es nicht eher so, dass die dadurch verhinderten Schäden die Kosten für die Sicherheitssysteme meistens überwiegen?

Meiner Ansicht nach ist ein gutes IKS keineswegs ein Hindernis für die Geschäftstätigkeit und auch kein Ausfluss einer Misstrauenskultur. Voraussetzung ist allerdings, dass nicht die Menschen, sondern die Abläufe überwacht werden. Dann ist das IKS das Öl im Getriebe, das den Kolbenfresser verhindert, die Taschenlampe, die den Schwund im Lager anzeigt, oder die Sonnenbrille, die vor Augenschäden schützt.

Und gleichzeitig ist es ein schwer zu überwindendes Hindernis für alle Scheinheiligen.

8 Die Entwicklung in der Gesellschaft

Wir haben nun das Thema Scheinheilige aus der Nähe beleuchtet und gesehen, dass uns Scheinheilige in vielerlei Gestalt und an vielen Orten begegnen können. Wir können ihnen nicht immer ausweichen, doch wir können uns zumindest gegen sie wehren.

Zu fragen bleibt natürlich, wie sehr die Tendenz, sich auf unredliche Weise Vorteile zu verschaffen, in der Gesellschaft verankert ist, und welche Entwicklung sie in Zukunft nehmen wird. Gesellschaftliche Trends beeinflussen die Haltung des Einzelnen oft maßgeblich.

Wenn man zu einer Einschätzung darüber kommen will, wie sich ethische Wertvorstellungen und moralische Normen in den letzten Jahren entwickelt haben und wohin sie sich künftig entwickeln könnten, dann schaut man sich am besten die größeren gesellschaftlichen Trends an.

Leider ist derzeit eine Reihe von gesellschaftlichen Trends zu beobachten, die Blendwerken eher fördern als hemmen. Dennoch: gesellschaftliche Entwicklungen verlaufen wellenartig. Die Entwicklung muss also nicht zwangsläufig so bleiben.

8.1 Trends, die die Entwicklung beeinflussen

Auf Moral und Ethik haben m.E. folgende Trends einen besonderen Einfluss:

1. Der Trend zur Individualisierung der Gesellschaft
2. Der Einfluss der sozialen Medien und des Internets
3. Die zunehmende Komplexität und Technisierung
4. Die Veränderungen in Betrieben und Unternehmen
5. Der gestiegene Wohlstand

1. Der Trend zur Individualisierung der Gesellschaft

Ich denke, man kann ganz klar sagen, dass es einen Trend zur Individualisierung in der Bevölkerung gibt. Dies lässt sich beispielsweise an der abnehmenden Bedeutung der traditionellen Familie beobachten, die zunehmend von anderen Formen des Zusammenlebens, z.B. eheähnlichen Lebensgemeinschaften, schwulen oder lesbischen Partnerschaften, Wohngemeinschaften zwischen eng befreundeten Menschen usw. abgelöst wird. Die „Patchwork-Familie" ist längst keine Seltenheit mehr. Zudem gibt es immer mehr Single-Haushalte.

Darüber hinaus ist seit Jahrzehnten eine Zunahme der Kinderlosigkeit und eine relative Zunahme der Familien mit Einzelkindern zu verzeichnen, auch wenn derzeit Heiraten und Familiengründungen zumindest unter den jüngeren Generationen wieder deutlich stärker im Trend sind.

Was bedeutet der Trend hin zur Individualisierung? Wie immer ist es schwer, hier eine pauschale Aussage zu treffen, aber ich denke, einige subjektive Überlegungen hierzu sind erlaubt.

Der enge Familienverband war früher stärker von wirtschaftlichen Notwendigkeiten als heute geprägt. Kinder hatten mehr Geschwister und waren für die Altersversorgung wichtiger als heute.
In einem größeren Familienverband hatten die individuellen Ziele Einzelner stärker zurückzustehen gegenüber dem Gesamtwohl der Familie. Dem entsprach als „koordinierende Ordnungsmacht" die im Vergleich zu heute stärkere und autoritärere Stellung der Eltern.

Die häufiger vorkommende Mehr-Kind-Familie erleichterte es wohl auch, dass Kinder lernten, ihre Bedürfnisse mit anderen zu teilen. Bei einer großen Anzahl von Geschwistern konnte dem einzelnen Kind naturgemäß nicht so viel Bedeutung geschenkt werden wie heutzutage.

Spielsachen, Kleidung und andere kindliche Besitztümer waren im Verhältnis zu heute auch aus Sicht des Kindes höherwertiger, da sie relativ teurer und schwerer zu bekommen waren. Deshalb galt es damals vermutlich als schwererer Verstoß, einem anderen Kind etwas wegzunehmen als heute.

Auf diese Weise waren bestimmte Strukturen festgefügt und wurden seltener als heute in Frage gestellt. Wer sich den Machtverhältnissen in der Familie und im Beruf fügte, wurde belohnt, Fehlverhalten sanktioniert. Man lernte, in der Gruppe füreinander einzustehen, und dass die Gruppe Schutz und andere Vorteile für alle bot.

Sich ethisch zu verhalten, war für den Einzelnen in einer Zeit, als sich Menschen noch stark an allgemeinen Werten orientierten, die von Familie, Kirche und Gesellschaft vorgegeben waren, insofern wohl etwas einfacher.

Heute ist die Autorität der Eltern wesentlich geringer, oft fehlt ein Elternteil, es gibt viele Alleinerziehende. Harte Strafen, zu denen früher auch die Prügelstrafe zählte, sind heute in der Gesellschaft auch zu Recht verpönt.

Auf allgemeine ethische Werte kann sich jedoch - auch angesichts des Rückgangs des kirchlichen und familiären Einflusses - eine zunehmend individualisierte Bevölkerung kaum noch verständigen. Und der gesellschaftliche Ton ist in den letzten Jahrzehnten zunehmend rauher geworden.

Was bedeutet dies heute? Für mich ergibt sich folgende Einschätzung:

Die Orientierung der eigenen Wertmaßstäbe an den Eltern und der Familie hat spätestens in den sechziger Jahren deutlich abgenommen und wird in ihrer früheren Form vermutlich auch nicht zurückkommen. Ebenfalls nachgelassen hat die Orientierung an kirchlichen Werten.

Aufgrund dieses Fehlens allgemeinverbindlicher Maßstäbe gehen Menschen (zumindest in den westlichen Gesellschaften) heute verstärkt dazu über, sich an eigenen Wertmaßstäben oder an den Maßstäben bestimmter, individueller Gruppen innerhalb der Gesellschaft zu orientieren.

2. Der Einfluss der sozialen Medien und des Internets

Die Medien haben im Zuge der starken Verbreitung des Fernsehens, des Aufkommens der Privatsender, aber auch des Internets, bei der Prägung von Lebensstilen und Wertvorstellungen in der Bevölkerung stark an Bedeutung zugenommen.

Da gleichzeitig die Orientierung an allgemeinen, christlich geprägten und familiären Werten nachgelassen hat, orientieren sich heute mehr Menschen an dem, was im Fernsehen gezeigt wird oder - wahrscheinlich sogar noch mehr - an dem, was in Sozialen Medien verbreitet wird.

Soziale Medien haben jedoch den Nachteil, dass sie moralisch gesehen blind sind. Das Ziel der Betreiber der Sozialen Medien ist und bleibt vor allem die Gewinnung von Mitgliedern und die Gewinnmaximierung durch Werbeeinnahmen, mögen sie sich auch noch so sehr einen altruistischen Anschein geben.

Soziale Medien können per Definition keine Werte vermitteln, denn sie wurden nicht aus ethischen Motiven heraus gegründet.
Im Gegenteil, „Fake News" scheinen ein fester Bestandteil der Sozialen Medien zu sein. Und, da es vor allem um Aufmerksamkeit geht, gilt hier häufig: Schlechtes Verhalten ist auffälliger als gutes Verhalten, Sensationen sind wichtiger als sachliche Informationen. „Fake News" sollen sich Studien zufolge auch viel schneller verbreiten als echte Nachrichten. Mit Empörung (heute allerorts zu beobachten), lässt sich viel Aufmerksamkeit erzeugen und daher viel Geld verdienen.
Und auch bei den Nutzern sind offenbar nicht wenige der Ansicht, dass Meinungsfreiheit nicht die Toleranz der Meinung anderer bedeutet, sondern ausschließlich die der eigenen…

Soziale Medien sind aber ein enorm starkes Mittel zur Beeinflussung von Meinungen - und sie werden kaum kontrolliert. Gerade deshalb werden sie von Konzernen, Politikern und einflussreichen Privatleuten gern zur Vermittlung der eigenen, parteiischen Sicht der Dinge genutzt.

Der Trend zu sozialen Medien vereinfacht das Lügen, Täuschen und Tricksen beträchtlich – und Scheinheilige müssen wegen der laschen Kontrollen hier kaum Sanktionen für ihr Fehlverhalten befürchten.

Dass Soziale Medien für die geistige Gesundheit genauso giftig wie Zigaretten für die körperliche Gesundheit sein können, hat offenbar noch nicht Eingang in das allgemeine Gedankengut gefunden (Verzeihung, liebe Instagram-Poster, Facebook-Freunde und Tik-Tok-Fans).

Noch in den Achtziger Jahren waren Zigaretten ein akzeptiertes Life-Style-Produkt und wurden auf Plakaten, im Fernsehen und den Zeitungen ohne Warnhinweise ausgiebig beworben. Es hat Jahrzehnte gedauert, bis man die Schädlichkeit anerkannt und Maßnahmen dagegen ergriffen hat. So ähnlich, vermute ich, wird es auch bei den „sozialen" Medien sein.

3. Zunehmende Komplexität und Technisierung

Der technische Fortschritt hat zwei Seiten: Einerseits erleichtert er das Leben, andererseits erzeugt er zusätzliche Komplexität und erhöhte Abhängigkeiten von technischen Entwicklungen.

Wer hat sich vor einigen Jahrzehnten schon mit dem Update seiner Firmware auf dem Internet-Router beschäftigen müssen?
Wer musste damals ständig Aktualisierungen seiner Anti-Viren-programme herunterladen?
Wer musste sich ständig mit der endlosen Eingabe von Zahlencodes seine Zeit vertreiben oder alberne „Cookies" („Kekse" ist m.E. ein zynischer Ausdruck für die dahinterstehenden Aushorchungsmechanismen) wegklicken oder bestätigen?

Und wenn das Netz auf einmal nicht mehr funktioniert? Wer einmal drei Tage Internetausfall erlebt hat, weiß, was das heißt! Man ist so hilflos wie ein Baby, oder man fühlt sich wenigstens so.

Im Grunde ein Widersinn: Updates, um Fehler zu beheben, Codes, um Missbrauch zu verhindern, Cookies, um Werbung an den Mann/die Frau zu bringen, obwohl doch alles nachhaltiger werden soll, eine spezielle Software, um Windows-Datenmüll zu entfernen, aber alles soll/muss online abgewickelt werden.

Der bekannte Börsenspezialist Dirk Müller hat in einem seiner Videos einmal gesagt: „Das wahre Leben ist analog". Wie wahr!

Nur leider ist die Realität eine andere. Von morgens bis abends werden wir mit überflüssigen Daten zugemüllt, von morgens früh bis tief in die Nacht können manche Zeitgenossen den Blick vom Handy nicht losreißen.

Wie kann ich denn noch unterscheiden, ob eine E-Mail echt ist, das You-Tube-Video nicht durch KI gefälscht, die mir online zugesendete Rechnung korrekt und kein Betrugsversuch? Die Phishing-E-Mails werden immer raffinierter, die Trojaner immer wirkungsvoller.

Wie undurchschaubar ist für den Laien die Welt der Algorithmen, wie komplex sind die Zusammenhänge – und in dieser Intransparenz gedeiht die Scheinheiligkeit. Es ist eben kaum noch unterscheidbar, was echt und was gefälscht ist. Und kaum noch jemand hat die Zeit, rechtzeitig den Beweis dafür anzutreten.

4. Die Veränderungen in Betrieben und Unternehmen

In Betrieben und anderen Organisationen haben sich in den letzten Jahrzehnten ebenfalls eine ganze Reihe nicht zu unterschätzender Umwälzungen vollzogen. Früher kam es häufiger vor, dass ein neu ins Unternehmen eintretender Mitarbeiter nach vierzig Jahren aus genau diesem Unternehmen wieder ausschied, um seinen Ruhestand anzutreten. Dieser Fall dürfte inzwischen wohl recht selten geworden sein.

Unternehmen unterliegen heute dem Zwang, sich schneller organisatorisch und personell an veränderte Marktbedingungen anzupassen als jemals zuvor. Die durchschnittliche Dauer der Betriebszugehörigkeit hat abgenommen. In der Krise trennen sich Firmen schneller als bisher von ihren Mitarbeitern.

Im Management dagegen sind die durchschnittlichen Gehälter im Vergleich zu den durchschnittlichen Gehältern der Arbeiter und Angestellten gestiegen (teilweise um ein Vielfaches), obwohl viele angestellte Manager an den Risiken, die der Markt für das Unternehmen bereithält, durch geschickte Verträge so gut wie nicht mehr beteiligt sind. Ihr Management wird also selbst im Fall von gravierenden Fehlentscheidungen oft noch belohnt.

Anders ist es bei Selbstständigen. Sie haften mit ihrem Vermögen für ihre Fehler, sie teilen somit meistens das Schicksal ihrer Firma.

Es ist mir nicht daran gelegen, <u>gute</u> Manager für ihr hohes Gehalt zu kritisieren. Wer viel leistet, soll auch viel für seine Leistung bekommen. Aber wenn die arbeitende Bevölkerung im Verhältnis zum Management immer weniger für ihre Arbeit bekommt, dann muss man sich über eine zunehmende Anspruchsmentalität und abnehmende Moralvorstellungen nicht wundern. Und dass das Management im Durchschnitt über die letzten Jahrzehnte hinweg immer besser geworden ist, ist wohl kaum anzunehmen!

Blendwerken im Betrieb ist für manche Menschen daher oft nur noch ein Kavaliersdelikt, gewissermaßen ein Werkzeug, um sich gegen die immer größer werdende Schere zwischen Top-Gehältern und Durchschnittsgehältern zu wehren. Das soll das Fehlverhalten Einzelner keineswegs entschuldigen, aber eine Erklärung für nachlassende Moralvorstellungen kann es allemal sein.

Insgesamt hat die Entwicklung zur Folge, dass sich Mitarbeiter heutzutage weniger stark mit dem Betrieb identifizieren als früher. Auch aufgrund des Bewusstseins, dass die schnell fortschreitende technologische Entwicklung in Zukunft häufigere Veränderungen mit sich bringen wird, fühlen sich insbesondere jüngere Arbeitnehmer heute weit weniger mit ihrem Arbeitgeber verbunden als ältere Generationen.

Im Gegenzug zu diesen Trends findet das Thema Gerechtigkeit gegenüber den Mitarbeitern angesichts des zunehmenden Fachkräftemangels langsam auch wieder mehr Beachtung.

5. Der gestiegene Wohlstand

Auch wenn das Wirtschaftswachstum inzwischen langsam wieder abnimmt, so haben doch die vielen Jahre nach dem zweiten Weltkrieg einen nie dagewesenen Wohlstand hervorgebracht. Die harte Arbeit der Wirtschaftswunderjahre hat Früchte getragen. Doch heute scheint es so, dass die Bereitschaft hart zu arbeiten, nachgelassen hat. Der Sozialstaat gibt wesentliche höhere Beträge aus als früher, die Verschuldung steigt, es scheint, als sollten zukünftige Generationen die Zeche bezahlen, damit es der heutigen Generation gut geht.

Bei denen, die das gerne ausnutzen, steckt eine ganz am Anfang dieses Buchs bereits erwähnte, nicht unökonomische Überlegung dahinter: Es ist eben leichter, etwas von der Gesellschaft einzufordern, wenn es etwas von einer bereits bestehenden Substanz zu verteilen gibt, als hart für das Entstehen neuer Werte zu arbeiten. Dass diese Einstellung nicht stärker kritisiert wird, ist auch eine politische Frage.

Vom ethischen Standpunkt aus ist es auch nicht allzu schwer, der Versuchung zu widerstehen, ein wenig zu tricksen, denn es tut ja - zumindest aus Sicht des Scheinheiligen - niemandem wirklich weh, wenn man sich an einer wohlgefüllten Sozialkasse bedient und - zumindest in Deutschland - niemand mehr verhungern muss.

Nur leider hat diese Einstellung Folgewirkungen: Leistungsträger sind frustriert und ziehen sich zurück, da sie immer mehr für andere aufbringen müssen. Der Gesamtwohlstand sinkt infolgedessen nach und nach ab.

8.2 Fazit

Muss man nun ob dieser etwas düsteren Zukunftsprognose jetzt verzweifeln? Nicht unbedingt.

Augenblicklich leben wir zwar in einer Zeit, in der ein ehemaliger US-Präsident einen Aufstand anzetteln kann, ohne im Gefängnis zu verschwinden, wo ein wegen betrügerischer Insolvenz verurteilter ehemaliger Tennisspieler nach vorzeitiger Haftentlassung schon wieder ganz das Wohlwollen der Medien genießt, und wo eine nicht vom Volk gewählte, nicht von den Parteien nominierte Frau plötzlich von zwei Staatschefs als Kommissionspräsidentin aus dem Hut gezaubert wurde, obwohl es bei der Europawahl 2019 dafür offizielle Spitzenkandidaten gab.

Was die sozialen Medien betrifft: Vielen Menschen ist offenbar immer noch nicht bewusst, welche ungeheure, manipulative und zerstörerische Gewalt die Welt der Informationen, des Internets, ausüben kann.

Milliardenfach multipliziert können Hetze, Lügen, Verdrehungen, Werbung und Propaganda über die kleinen Telefone in fast jede Westentasche, in fast jeden Winkel der Welt geschickt werden.

Und viele große Nutznießer dieser Situation profitieren derzeit davon, dass viele kleine Nutzer fest an die Nützlichkeit ihrer Apps glauben.

Aber ich denke, hier wird noch eine gewisse Reifezeit abzuwarten sein. Dann wird dieser Wildwestzustand in einigen Jahren durch hoffentlich sinnvolle Regelungen zur Eindämmung der unkontrollierten Informationsflut wahrscheinlich besser als heute geregelt sein (Beispiel Zigaretten).
Und der eine oder andere Nutzer wird dann verstehen, wie sehr er durch das Netz und seine Hintermänner manipuliert worden ist.

Denn in dem Maße, wie Blendwerken zunimmt, wächst auch das Bedürfnis des Einzelnen, davor geschützt zu werden. Viele Trends nehmen zunächst zu, um sich dann abzuschwächen oder sich sogar in die entgegengesetzte Richtung umzukehren. Möglicherweise entwickelt sich das Thema Blendwerken auf lange Sicht ja ähnlich.

Ich selbst bin nach wie vor überzeugt davon, dass Ehrlichkeit auf Dauer nicht nur am längsten währt, sondern auch tiefe innere Zufriedenheit beschert. Allerdings ist es dafür nötig, die eigenen falschen Freunde zu erkennen und sich erfolgreich gegen sie zur Wehr zu setzen.

Oder wie Shakespeare es vor etwas mehr als 400 Jahren bereits sagte:

„Hüte Dich, in Händel zu geraten, bist Du drin, führ' sie, dass sich Dein Feind vor Dir mag hüten!"[14]

Der Autor

im Herbst 2024

---

[14] Aus Shakespeares Hamlet.

Abbildungsverzeichnis